HERMES

在希腊神话中，赫耳墨斯是宙斯和迈亚的儿子，奥林波斯诸神的信使，道路与边界之神，睡眠与梦想之神，亡灵的引导者，演说者、商人、小偷、旅者和牧人的保护神……

经典与解释　古今丛编
HERMES
中国社会科学院外国文学研究所
古典学研究室　编
主编　刘小枫　贺方婴

普鲁塔克的柏拉图主义

The Platonism of Plutarch

［美］琼斯（Roger Miller Jones）　著

肖训能　译

中国社会科学出版社

图书在版编目（CIP）数据

普鲁塔克的柏拉图主义 /（美）罗杰·米勒·琼斯著；肖训能译. -- 北京：中国社会科学出版社，2024.6
（经典与解释. 古今丛编）
ISBN 978 – 7 – 5227 – 3557 – 3

Ⅰ.①普… Ⅱ.①罗…②肖… Ⅲ.①柏拉图主义—哲学思想—研究 Ⅳ.① B502.232

中国国家版本馆 CIP 数据核字（2024）第 100011 号

出 版 人	赵剑英
项目统筹	朱华彬
责任编辑	李　立
责任校对	谢　静
责任印制	李寡寡

出　　版	中国社会科学出版社
社　　址	北京鼓楼西大街甲 158 号
邮　　编	100720
网　　址	http://www.csspw.cn
发 行 部	010 – 84083685
门 市 部	010 – 84029450
经　　销	新华书店及其他书店

印刷装订	北京君升印刷有限公司
版　　次	2024 年 6 月第 1 版
印　　次	2024 年 6 月第 1 次印刷

开　　本	880×1230　1/32
印　　张	8.875
字　　数	226 千字
定　　价	68.00 元

凡购买中国社会科学出版社图书，如有质量问题请与本社营销中心联系调换
电话：010 – 84083683
版权所有　侵权必究

出版说明

1953年2月，新中国成立第一个国家级文学研究所，涵盖中国文学学科和外国文学学科。1955年6月，中国科学院设立哲学社会科学学部等四个学部，文学研究所遂隶属于中国科学院哲学社会科学学部，其外国文学学科下设四个组，即苏联文学组、东欧文学组、东方文学组和西方文学组。

1957年7月，在"古为今用、洋为中用"的文化方针引领下，文学研究所创办《文艺理论译丛》辑刊，"旨在有计划、有重点地介绍外国的美学及文艺理论的古典著作"，1959年年初停刊，共出版6辑。同年，文学研究所制订"外国古典文学名著丛书"和"外国古典文艺理论丛书"编译计划。1961年，《文艺理论译丛》复刊，更名为《古典文艺理论译丛》，同时创办《现代文艺理论译丛》，历史地刻写了文学研究所外文组古今并重的学术格局，"为新中国文艺理论界提供了丰富而难得的参考资源，成为公认的不可缺少的资料库"。

1964年9月，为加强对外研究，经毛泽东同志批示，中国科学院哲学社会科学学部以文学研究所下辖的四个外国文学组，加上中国作协《世界文学》编辑部，另行成立外国文学研究所。自晚清以来，我国学界译介西方文明古今典籍的学术生力终于有了建制归属。

时世艰难，国际形势的变化很快中断了外国文学研究所的新生热情。《古典文艺理论译丛》在1965年停办（共出版11辑），"外国古典文艺理论丛书"选题39种，仅出12种。

1977年，中国科学院哲学社会科学学部独立组成中国社会科学院。值此改革开放之机，外国文学研究所迅速恢复"外国古典文学名著丛书"和"外国古典文艺理论丛书"编译计划，"分别删去两种丛书中的'古典'二字"。显然，译介西方现当代学术文籍乃我国新时期发展所亟需。1979年，外国文学研究所推出大型"外国文学研究资料丛书"，开创了经典与解释并举的编译格局（至1993年的15年间，出版近70种），尽管因人力所限无法继续秉持古今并重的编译方针。

1958年出版的《文艺理论译丛》（第四期）曾译介过十九世纪法国著名批评家圣·佩韦（1804—1869，又译"圣勃夫"）的文章《什么是古典作家》，其中对古今作家之别有清晰界定。classique这个语词引申为"经典作家"的含义时，起初仅仅指古希腊的荷马、肃剧诗人和柏拉图等。大约公元二世纪时，罗马人也确认了自己的古典作家——西塞罗和维吉尔。但自但丁（1265—1321）、乔叟（1340—1400）、马基雅维利（1469—1527）、拉伯雷（1494—1553）、蒙田（1533—1592）、塞万提斯（1547—1616）、莎士比亚（1564—1616）以来，拉丁欧洲也有了自己的古典作家，他们与新兴王国或者说领土性民族国家的形成有关。1694年，法兰西学院的第一部词典把classique界说为"具有权威的古代作家"，而十九世纪的圣·佩韦则认为，这种界定过于"拘束"，现在是时候"扩大它的精神含义"了。因为自"拿破仑帝国时代"——如今称为"大西洋革命时代"——以来，只要作品"新鲜"或"多少有些冒险性"就能够成为classique。由此看来，在今天的中国学人面前，实际上有两个品质不同的西方古典文明传统，以及自启蒙运动以来形成的现代欧洲文明传统。

从1959年的"外国古典文学名著丛书"和"外国古典文艺理论丛书"编译计划，到1979年的"外国文学研究资料丛书"编译计划，记录了前辈学人致力于整全地认识和译介西方文学传统所付出的历史艰辛，尽管因时代所限，对两个西方古典文明的基础文本及研究文献的编译刚刚开始就中断了。2002年，古典文明研究工作坊创设"经典与解释"系列丛书和专题辑刊，意在承接数代前辈学人建设新中国学术的坚韧心志，继续积累可资参考的学术文献。

2023年12月，在"两个结合"的学术方针激励下，外国文学研究所正式设立古典学研究室。值此之际，我们开设"经典与解释·古今丛编"，志在赓续三大编译计划的宏愿，进一步型塑古今并重和经典与解释并举的编译格局，同时向普及性整理中国文史典籍方面拓展，为我国的古典学建设尽绵薄之力。

中国社会科学院外国文学研究所
古典学研究室谨识
2024年5月

目 录

中译本说明 …………………………………………… 1

英文版前言 …………………………………………… 1

第一章　普鲁塔克思想总论

1　阿摩尼乌斯 ……………………………………… *4*

2　普鲁塔克思想的发展 …………………………… *7*

3　神与世界 ………………………………………… *9*

4　灵魂学与伦理学 ………………………………… *16*

5　普鲁塔克与新毕达哥拉斯学派 ………………… *20*

6　普鲁塔克与学园 ………………………………… *24*

7　普鲁塔克与亚里士多德 ………………………… *31*

8　普鲁塔克与廊下派 ……………………………… *33*

9　普鲁塔克的宗教观 ……………………………… *35*

10　普鲁塔克的精灵学和预言观念 ………………… *44*

11　普鲁塔克的终末论神话 ………………………… *65*

第二章 作为柏拉图之阐释者的普鲁塔克

1 世界灵魂的创造 …………………………… 111
2 《伊希斯与俄赛里斯》与色诺克拉底 ……… 154
3 神与理念 …………………………………… 170
4 《柏拉图探究》 …………………………… 174

第三章 普鲁塔克与柏拉图之间的对比

1 导言 ………………………………………… 180
2 对比列表 …………………………………… 184
3 不在维滕巴赫和伯纳达基斯版本中的
   希腊语对比文本 ………………………… 198
4 补遗 ………………………………………… 243

附录一 希拉德法词汇对照表 ………………… 246
附录二 普鲁塔克《伦语》篇目 ……………… 250
附录三 普鲁塔克《对比列传》篇目 ………… 260

中译本说明

本书作者琼斯（Roger Miller Jones）毕业于美国芝加哥大学的古典系，并获得哲学博士学位（1913年），其主要代表作便是脱胎于其博士学位论文的《普鲁塔克的柏拉图主义》(The Platonism of Plutarch, Menasha: The Collegiate Press, 1916)。百余年来，琼斯的这一著作在普鲁塔克研究领域中（尤其是涉及普鲁塔克的哲学背景方面）仍具有相当的分量。塔兰（Leonardo Taran）便于1980年编辑出版了《普鲁塔克的柏拉图主义和论文选》(The Platonism of Plutarch, and Selected Papers)，该书收录了琼斯的博士学位论文（重印1916年版）及其7篇原发表于1918—1932年的期刊论文。在晚近的十余年来，琼斯的这部《普鲁塔克的柏拉图主义》(1916年版) 更是受到了西方学界越来越多的重视，并得到多次再版和重印（Kessinger Publishing，2008.11、2008.12、2010.9；Biblio Bazaar，2009.3；Biblio Life，2011.5；Nabu Press，2012.2、2013.11；Andesite Press，2015.8、2017.8；Franklin Classics Trade Press，2018.10、2018.11、2019.1；Wentworth Press，2019.2；Legare Street Press，2022.10 et al.）。

普鲁塔克（希腊文：Πλούταρχος，拉丁文：Lucius Mestrius Plutarchus，约公元45—125年）生于罗马帝国初期，青年时曾受教于彼时柏拉图学园（the Academy）的掌门阿摩尼乌斯（Ammonius

门下,他对柏拉图和学园派的推崇现今已成学界共识。比如,拉塞尔(D. A. Russell)在其所著的《普鲁塔克》(*Plutarch*, 1973)一书中直言普鲁塔克是一名"公开且坚定的柏拉图主义者(Platonist)"(页63),罗斯卡姆(Greert Roskam)在新近出版的同名著作《普鲁塔克》(*Plutarch*, 2021)中亦称他是一名"思想开明的柏拉图主义者"(页18)。不过,在二十世纪初之时,普鲁塔克作为一名柏拉图主义者的身份定位却一度受到不小的质疑。1902年,奥克史密斯(John Oakesmith)在他颇有影响的论著《普鲁塔克的宗教》(*The Religion of Plutarch*)中,曾批评著有《普鲁塔克的生平、著作与哲学》(*Leben, Schriften und Philosophie des Plutarch von Chaeronea*, 1869)一书的福尔克曼(Richard Emil Volkmann)过分看重了普鲁塔克与柏拉图之间的关系,并指出普鲁塔克对柏拉图的批评与他对廊下派(the Stoics[斯多亚派])和伊壁鸠鲁派(the Epicureans)的批评一样,均非常明显(页xvii)。结果是,在奥克史密斯看来,"普鲁塔克的教诲充满太多逻辑上的不一致,以至于无法把它确立为一个哲学体系"(页xviii—xix)。其言下之意是,普鲁塔克的思想过于驳杂而没有一个可见的"主心骨",也因此后人便没有理由将其界定为一名柏拉图主义者。

  当然,奥克史密斯的这一"偏见"并未成为学界的主流观点,且很快就受到了后学的批评并遭摒弃(虽说这无损其《普鲁塔克的宗教》一书的整体价值)。事实上,普鲁塔克对柏拉图的推崇在他自身对后者的称谓中已可见一斑,因为他毫不吝啬夸赞之词地称呼后者为"神一样的($\delta\alpha\iota\mu\acute{o}\nu\iota o\varsigma$)柏拉图"(《论孩子的教育》[*De lib. educ.*]3F)或"神圣的($\theta\hat{\epsilon}\hat{\iota}o\nu$)柏拉图"(《一个人如何能透过敌人获益》[*De cap. ex inim.*]90C)。而从某方面来讲,琼斯写作《普鲁塔克的柏拉图主义》一书便是有意在以极为详细的文本证据来回应前述奥克史密斯的观点,他在该书的开篇就提及并回应了奥克史密斯所引发的争议（原文页7注），此后他也明确地指出："普鲁塔克哲学作品中的观点一律是一名柏拉图主义者的观点，而且无论何种由其他来源加入进来的元素，都不会与他对柏拉图的解释互不相容"（原文页9）。自此以后，我们便难以再见到有人对普鲁塔克作为一名柏拉图主义者的哲学立场提出疑义了。如今，我们可以不无夸张地说，琼斯的这部《普鲁塔克的柏拉图主义》几乎在百余年前已一劳永逸地终结了有关普鲁塔克哲学立场的争议。所以，对于了解普鲁塔克与柏拉图哲学的亲密关联来说，本书无疑是一部不可多得的研究力作，而这也应是此书在近百年后的今天仍多次再版和重印的主要原因。

在本书中，作者琼斯致力于详细地探究普鲁塔克著作中的柏拉图元素（Platonic elements），他将相关讨论划分为如下三个章节。作为总论，本书第一章探讨了普鲁塔克的总体思想。这涉及普鲁塔克的师承及其思想的发展，以及他与新毕达哥拉斯学派（Neo-Pythagorean）、学园派、亚里士多德、廊下派等之间的关联。在此基础上，作者也重点讨论了普鲁塔克的宗教观、精灵学（demonology）和终末论神话（eschatological myths）的基本面貌及其所受到的柏拉图思想的影响。

本书的第二章则专注于直接讨论普鲁塔克存世作品对柏拉图的某些学说的理解和阐释。除了分析普鲁塔克在《柏拉图探究》（Quaest. Plat.）中所关注的十个有关柏拉图著作的问题外，琼斯主要探讨了普鲁塔克的柏拉图注疏作品，尤其是《论〈蒂迈欧〉中灵魂的产生》（De an. Procr.）所关注的"世界—灵魂"（world-soul）的构成及其创造问题。基于对柏拉图《蒂迈欧》中涉及世界—灵魂之构成的相关文段（35a及其后）的古希腊语原文的细致考察，并诉诸柏拉图的三个学生——亚里士多德、斯彪西波（Speusippus）和色诺克拉底（Xenocrates）——对于这一文段的理解,以及普鲁塔克之后、新柏拉图主义者(Neo-Platonists)之前的几种对于世界——灵魂的阐述,琼斯尖锐地批评了海因策(Heinze)将普鲁塔克的创造理论归因于色诺克拉底的观点。

本书的第三章以对比(parallels)列表的形式,详尽地列举了普鲁塔克著作与柏拉图著作之间的相似之处。正如琼斯所指出的,在数量上,普鲁塔克对柏拉图著作的参引显然远远超过了他对其他任何作家的参引,但他引用相关柏拉图对话的频率和方式也有所不同。《蒂迈欧》是普鲁塔克引用或提及次数最多的柏拉图对话,但这主要归因于他写作了《论〈蒂迈欧〉中灵魂的产生》这类注疏性作品。在此之外,普鲁塔克最常引用的柏拉图著作依次是《理想国》《法义》(又译作《法律篇》)《斐德若》《会饮》《斐多》和《高尔吉亚》等。而相较于正式的引用,普鲁塔克更为频繁地使用的方式是将柏拉图著作中的字词或语段融入他自身的写作语境中。琼斯的这些发现都体现在他事无巨细地列举出的普鲁塔克与柏拉图的对比之中,借此我们可以非常直观地看到普鲁塔克的写作是如何深度地受到了柏拉图著作和思想的影响。

最后,关于本书原文和汉译,有几点须做说明。(1)本汉译依据的是1916年版《普鲁塔克的柏拉图主义》,译者采纳了原文中的所有注释,由译者自行补充的注释或按察文字则均标明"[译注]"以示区分。(2)作者虽在本书"目录"的各章之下设置了二级标题,但实际在正文中没有标注出相应的小节,现下译者依据自身的理解将它们还原到了正文相对应的具体位置。(3)本书原文的主体语言是英语,但作者在文中也大量参引了古希腊语、拉丁语、德语、法语等非英语文献和材料,译者虽几乎全部将其译成了汉语,但能力所限便仍在行文中保留了这些希、拉、德、法等原文内容以为存照。(4)正如伯里(R. G. Bury)在对本书的书评中所言,本书原文"包含了少数明显的印刷错误"(The

Classical Review，Vol. 33，No. 1，February 1919，p. 45），译者在汉译中尽可能辨识和改正了这些错误，但难免仍有错漏。（5）原书末尾本没有"参考文献"和"索引"之类的附录信息，为了便于汉语读者的阅读与检索，译者整理和制作了五个附录置于文末以供参考。

一般情况下，正文中置于中括号（[ ]）内的汉语内容为译者根据行文需要所加，原则上只是为了改善汉语的表达。此外，对本书原文中的古希腊语、拉丁语、德语、法语等非英语的字词、句段内容的汉译，也会置于相应原文后的中括号内（如下文的 κόσμος [宇宙]），此类汉译若非特别注明均为笔者自译。再者，文中有关柏拉图著作的汉译篇名均参照刘小枫主编出版的《柏拉图全集》（华夏出版社 2023 年版）；且除《理想国》和《法义》这两个文本外，出自其他柏拉图著作的引文汉译均取自该全集版本。而在有关普鲁塔克的著作方面，文内涉及的普鲁塔克《伦语》（*Moralia*，又译作《道德论丛》或《道德论集》）篇目的汉译名，通常为译者依据"洛布版"（Loeb Classical Library）《伦语》中的古希腊语原文篇名所译，普鲁塔克《对比列传》（*Parallel Lives*，又译作《希腊罗马名人传》等）诸篇名则主要借鉴了目前学界通行的译名。具体可分别参考文末的附录。

本书的翻译得到了导师张文涛研究员的全力支持，译者谨致谢忱。师兄章勇博士对本书的翻译初稿提出了诸多修改意见，在此一并致谢。然译事之难，如"一仆二主"，文中错误仍不可避免，惟请方家和读者指正。

肖训能
2024 年 3 月

英文版前言

1906年7月，我有幸参加了肖雷（Paul Shorey）教授（芝加哥大学）主持的"后亚里士多德哲学"（the post-Aristotelian Philosophy）研讨会。在这个研讨会的过程中，肖雷教授建议我以探究普鲁塔克的柏拉图主义作为博士论文的选题。在整个研究工作的进展期间，肖雷教授的帮助和批评给我带来了无法估量的益处。

琼斯（Roger Miller Jones）

第一章　普鲁塔克思想总论

[7] 在本研究中，我们的目的是考察普鲁塔克著作中的柏拉图元素。在第一章中，我们将通过特地论及柏拉图的影响来处理普鲁塔克的总体思想，第二章处理的是普鲁塔克本人对柏拉图重要学说的阐释，第三章则处理他参引或影射柏拉图[著作]文段的程度（extent）。①

我们对于[柏拉图]学园以下这段历史的认知非常贫乏，即

---

① 正如我们将在本研究的过程中看到的，毫无疑问的是，普鲁塔克被归类为柏拉图主义者。参见 Zeller, *III*, 2, p.175 ff.（[译注] 该文献应是指策勒（Eduard Zeller）所著的《古希腊哲学史》（*Die Philosophie der Griechen in ihrer geschichtlichen Entwicklung*）第三卷第二部分，但本书作者使用的版本已难以考证。由于本书出版于一百多年前，且书末未附参考文献索引，而作者在文中对相关文献的引用又相对比较随性（比如有时会省略、简写或缩写文献名称，出版社和年份信息也常会省略，甚至对于页码或文本编码的使用也常有难于分辨之处，诸如此类），故在本汉译本中，译者通常会原样照录这些文献信息）；Volkmann, *Plutarch von Chaeronea*, 3 Abschnitt, p.8 ff.；Gréard, *La Morale de Plutarque*, p.69 ff.；以及 Décharme, *La Critique des Traditions Religieuses chez les Grecs*, pp.415-416。尽管我们把普鲁塔克归为一名柏拉图主义者，但需要明确说明的是，在某些观点上，他并不赞同柏拉图。关于这类分歧，格雷亚尔（Gréard）的主要例证——普鲁塔克在他的伦理学中引入了亚里士多德元素——将在随后加以讨论。德沙尔姆（Décharme）则说[普鲁塔克]他并没有接受《蒂迈欧》中的，尤其是有关世界—灵魂的创造（the creation of the world-soul）的所有学说；作为对此的确证，他引述了《论〈蒂迈欧〉中灵魂的产生》（*de anim. procr.*）1012B：διὰ τὸ τοῖς πλείστοις τῶν ἀπὸ Πλάτωνος ὑπεναντιοῦσθαι [由于与多数源出于柏拉图的人相对立]，于此德沙尔姆也展示出了一种对这一文段的完全的误解。另一方面，希策尔（Hirzel, *Der Dialog II*, p.234）否定了《爱欲对话》（*Amatorius*）的作者是普鲁塔克，其理由是他认为他在这一文本中找到了与柏拉图的某些观点相对立的地方。奥克史密斯（Oakesmith）则在他相当受欢迎的论著，即《普鲁塔克的宗教》（*The Religion of Plutarch*）中，在没有引用任何证据的情况下冒昧地提出了以下观点（页 xvii）：（转下页）

从斐洛（Philo）①和安提奥库斯（Antiochus）②的时代到普鲁塔克的老师阿摩尼乌斯（Ammonius）③的时代。很有可能的是，这段历史的趋势是要回归柏拉图和老学园（the Old Academy）。④

（接上页）在我们看来，福尔克曼（Volkmann）既给普鲁塔克对于柏拉图的追溯者的关系，又给他针对廊下派和伊壁鸠鲁派的论辩，赋予了过多的重要性。普鲁塔克对柏拉图的反对与他对廊下派和伊壁鸠鲁派的反对一样，常常是非常明显的；而他受到廊下派和伊壁鸠鲁派的恩惠与他受到柏拉图的恩惠也是如此［明显］。

① ［译注］斐洛（Philo of Larissa，公元前154/3—84/3年），学园怀疑（the Academic Sceptics）派哲人；克莱托马库斯（Clitomachus，公元前187/6—110/9年）的学生接替前者担任学园领袖，曾旅行罗马，西塞罗听过其讲课。
② ［译注］安提奥库斯（Antiochus of Ascalon，公元前125—公元68年），学园派哲人，斐洛的学生，也是西塞罗的一位老师，他试图把廊下派和漫步学派（Peripatetic，即逍遥学派）的学说引入柏拉图主义中。
③ ［译注］阿摩尼乌斯（Ammonius of Athens，生卒年不详），公元1世纪在雅典讲学，普鲁塔克曾就他的这位老师写过一篇传记，但已佚失。
④ Cf. Zeller, *III*, 1, p.630 ff.; also p.831 ff..

1　阿摩尼乌斯

关于阿摩尼乌斯，我们的唯一信息来自普鲁塔克和欧纳皮乌斯（Eunapius）。① 依据后者，他按出生来讲是埃及人；而我们从普鲁塔克那里得知，他住在雅典。②

[8] 不过，若根据普鲁塔克放在阿摩尼乌斯口中的言论来就他［即阿摩尼乌斯］所教导的具体学说得出什么结论的话却很危险；稳妥起见，我们或许可以假定：前者［即普鲁塔克放在阿摩尼乌斯口中的言论］并不该归于他，因为其中的思考方式与他实际上所拥有的思考方式完全相悖。我们看见阿摩尼乌斯被描绘成

---

① ［译注］欧纳皮乌斯（Eunapius，公元4—5世纪），希腊4世纪时的智者和历史学家，现存的主要著作是《哲人和智者列传》（*Lives of Philosophers and Sophists*）。

② Eunapius, p. 3 (Boissonade)；《会饮的问题》（*quaest. conv.*）720D。阿摩尼乌斯是《会饮的问题》中多篇对话的参与者，也是《论已然式微的神谕》（*de defectu oraculorum*）和《论德尔斐的E》（*de E apud Delphos*）中的对话参与者——他在后者中是作为普鲁塔克自身观点的代表者出场的。此外，《一个人如何能区分谄媚者与朋友？》（*de adulatore et amico*）70E 和《地米斯托克利传》（*Life of Themistocles*）第 30 章也对他有所提及。参见 Gréard, *op. cit.*, pp.33-35；Volkmann, *op. cit. I*, pp.26-27。后者通过迪布内（Dübner）的《索引》（*Index*）把阿摩尼乌斯称作漫步学派；但我未能发现这依据的是何正当理由。

一名柏拉图主义者①——带有一种强调神②的超验的趋势、③对神谕和宗教礼仪感兴趣，④且相信预言；不过，他也带有一种并不严肃地对待毕达哥拉斯学派的数字—理论（number-theories）的倾向，⑤

---

① 《论德尔斐的E》391E ff.；《论已然式微的神谕》427E ff., 430F；《会饮的问题》720E, 745D ff.。
② ［译注］作者在本书中通常都以首字母大写的God来称谓哲人的"神"；为了区分希伯来宗教传统中的"上帝"，本汉译本统一将原文单数形式的God（以及god）译作"神"，将gods译作"诸神"。
③ 《论德尔斐的E》391E ff.。
④ 《论德尔斐的E》385 ff.；《论已然式微的神谕》413E, 431B。
⑤ 《论德尔斐的E》391E（［译注］原文错误地标注成了《论已然式微的神谕》，本汉译本改之）：

> 由于阿摩尼乌斯明晰地认为在数学中所包含的并不是哲学中最不重要的部分，所以他对这些言论非常满意，并且说道："与年轻人就这些（问题）极其精细地进行辩驳是不值得的；因为，每一个数给那些愿意去赞扬和咏唱的人所提供的不会是微不足道的东西。"

类似地，《会饮的问题》744B 在谈话者之一试图解释缪斯女神（the Muses）的数目之后，道出了数字9的某些长处（virtues）：

> 阿摩尼乌斯微笑着对他说，"你勇敢地谈论了这些事；此外你还应该给它们加上这么多的（谈论），数字（9）是由最前面的（两个）立方数——1和8——组合而成，再者，它也是由另外的（两个）三角数——3和6——（组合而成）；它们中的每一个都是完美的（数字）。但是，为什么这些（数字）容许缪斯多过其他诸神，也就是我们有九位缪斯，却没有（九位）德墨忒尔、（九位）雅典娜和（九位）阿尔特弥斯呢？"

另参见740B。我之所以引用这些文段，是因为策勒的如下陈述（*III*, *2*, p.177 n.1）：

> 《论德尔斐的E》17（页391）可能是在提及他（即阿摩尼乌斯）对毕达哥拉斯派数学的偏爱："由于阿摩尼乌斯明晰地认为在数学中所包含的并不是哲学中最不重要的部分。"

并对科学问题很感兴趣。[1]

---

[1] 《会饮的问题》648B ff., 720E。

2 普鲁塔克思想的发展

普鲁塔克的著作仅为我们提供了极少量有关他的哲学发展的重要证据，[1] 而单是评估它对于解决问题起多大作用都有几分困难。在《论德尔斐的E》中，普鲁塔克叙述了一篇被设想为于尼禄造访希腊的那一年在德尔斐举行的会谈，该会谈发生在阿摩尼乌斯、兰普瑞阿斯（Lamprias）、提翁（Theon）、普鲁塔克本人以及若干［9］其他人之间，主题是铭刻在阿波罗神庙之上的字母E的意义。很明显，由阿摩尼乌斯最后提出的解释就是普鲁塔克所偏好的解释（391 ff.）。但是，普鲁塔克置于他本人口中的理论乃是建立在新毕达哥拉斯学派的数学和廊下派有关世界—循环（world-cycles）的观念之上（387F-391E）。[2] 此外，就在他开始叙述他自己的言论之前，他告诉我们彼时他满怀激情地投身于数

---

① 对普鲁塔克精灵学（demonology）的发展进行探查是有可能，对此我们将在论及希策尔和其他人的位置之后加以讨论。

② ［译注］world-cycles，或译作"世界—周期"，廊下派认为世界是循环往复、周期性的（文中有关普鲁塔克与廊下派的关系的讨论可参见原文页21）。作为参照，柏拉图在《理想国》546B 中也提到了"对于神性的创造物（即宇宙）来说有一个周期（περίοδος）"，参见柏拉图《理想国》，顾寿观译，吴天岳校注，岳麓书社 2010 年版，页 371；徐学庸则将 περίοδος 一词译作"循环"，参见柏拉图《〈理想国篇〉译注与诠释》，徐学庸译，安徽人民出版社 2013 年版，页 685。

学，尽管不久后他就成了学园的拥趸，并欣然接受了凡事"$μηδὲν$ $ἄγαν$［勿过度］"这一学说（387F）。尽管事实上我们无法为这样一种学说的结合给出任何准确的对比（parallel），但我认为我们没有很好的理由不去接受普鲁塔克的表述作为以下这一点的证据，即在某个时候他并不是学园的追随者，而是偏向于某种形式的折中主义（eclecticism），而毕达哥拉斯学派的数字—理论在其中起到了十分重要的作用。

但是，无论这事会是怎样，我们发现，普鲁塔克哲学作品中的观点一律是一名柏拉图主义者的观点，而且无论何种由其他来源加入进来的元素，都不会与他对柏拉图的解释互不相容。

3 神与世界

我们将以一个对普鲁塔克有关神与世界的观念的描述作为开始。他在《论已然式微的神谕》(*de def. orac.*) 436E 中说,最古老的神学家和诗人们将神视为世界的唯一起因;正如以下这一古老诗节将它表明为:

Ζεὺς ἀρχή Ζεὺς μέσσα Διὸς δ' ἐκ πάντα πέλονται.[①]
[宙斯是开端,宙斯也在正中间,万物自宙斯而出。]

而自然学者[②]则只关注质料因。柏拉图是结合这两种本原

---

① [译注] 在洛布版《伦语》中,这一引文的具体出处是《论已然式微的神谕》436D。作者琼斯的这一论著的写作时间早于洛布版《伦语》第 5 卷的首印时间——1936 年,而作者在行文中也没有明确表明他参考的是何种版本的普鲁塔克著作,因此偶尔会出现这类文本位置偏差的情况(不限于普鲁塔克著作)。

② [译注] 在此处语境中,physicist(通常译作"物理学家")对应的是(前苏格拉底的)"自然哲人",也就是拉丁语中的 physicus [自然哲人/自然的研究者]。此处汉译为"自然学者"乃参考了张卜天在同样语境下的译法(参见戴维·林德伯格《西方科学的起源》,张卜天译,湖南科学技术出版社 2016 年版,页 572);相应地,译者也将原文页 18 注中所谓柏拉图的 physics 译作"自然学"(另译作"自然哲学"亦无不妥)。

(principles)[①]并给它们每一个都分配了合宜位置的第一人:两者都是必要的,因为神不能使无形体之物变成有形体之物(make the incorporeal corporeal)(《论〈蒂迈欧〉中灵魂的产生》[*de an. procr.*] 1014C)。

但是,如果我们假定除了神和无限定的物质(unqualified matter)[②]之外就没有其他本原了,那么我们就将面临以下这一困难,即对世界之中邪恶的存在做出解释。[③]所以,柏拉图引入了第三种元素,即无序的灵魂,它是无序的物质中的动力因;[10]因为依据《斐德若》,[④]运动只能由灵魂引发。[⑤]如此一来,神以这种

---

① [译注]principle(s)是本书中的一个关键词汇,由后文(原文页57)可知,它在此语境中对应于古希腊语 ἀρχή(ἀρχαί),本汉译本统一将哲学(本体论)语境下的该词译作"本原",而在一般的语境中则译作"原理",后不另行注明。

② [译注]本汉译本中一般只在亚里士多德哲学的意义上才将 matter 译作"质料"(比如前一段落中的"质料因"),而通常情况下则译作"物质"。

③ 《论〈蒂迈欧〉中灵魂的产生》1015B。

④ [译注]本书原文中偶尔会出现不加斜体的书名(比如此处的 the Phaedrus,以及原文页50 的 the Timaeus 等),依译者判断,这很可能是本书原文在录入和印刷过程中的失误所致,故汉译中仍直接译作正常的书名。其他类似情况(比如原文页107 的 the Phaedo),不再另行注明。

⑤ 《论〈蒂迈欧〉中灵魂的产生》1014B ff.。普鲁塔克通过试着整合柏拉图那里的以下这类文段而获得了他关于原初的邪恶灵魂的观念——比如《法义》896D,在那里,柏拉图确认了至少有两种灵魂存在:一种是善的,另一种是恶的;还有《斐德若》245E,那里说所有运动都起因于灵魂;《治邦者》(*Politicus*) 273B 则说世界上所有的善都源于创造者,而所有的恶都来自它[即世界]的先前状态;还有《蒂迈欧》52D ff. 描述了在创造之前物质的无序运动。如此推演而出的恶的灵魂就等同于《蒂迈欧》35A 中的可分的本质(divisible essence)。[译注]学界对柏拉图文本的引证标准是斯特方页码(Stephanus Pagination),现今通常用"页数+节数(小写字母 a-e)"标注,但作者在本书中仍采取斯特方版(转下页)

方式实现了 κόσμος［宇宙］的创造。也就是说，他通过给邪恶的灵魂赋予一种和谐元素以及取自他自身的合理性（rationality，或作"理性"），而将邪恶的灵魂转变成了善的世界—灵魂（the good world-soul）。因此，他不只是创造者（creator），也是世界—灵魂之父。① 然而，他却完全不能根除它原初的邪恶；存在于 κόσμος［宇宙］中的所有邪恶是这一灵魂的原始状态中留存下来的东西。② 反过来，善的世界—灵魂通过使物质的运动和谐化，并在物质之中植入它已然得自神的形式而创造了 κόσμος。③ 除了拥有引发运动的机能（faculty）以外，世界—灵魂还拥有认知（cognition）的机能：既有它凭自身力量而归属于它的 αἴσθησις［知觉］，也有源于神的

（接上页）《柏拉图全集》原始文本中的大写字母 A-E 来标注节数。由于本书对柏拉图著作的引注较多（尤其第三章），故本汉译本仍采取了作者的标注方式。

① 《论〈蒂迈欧〉中灵魂的产生》1014E；《柏拉图探究》（quaest. Plat.）1001BC：

> 然而，当灵魂分有了理智、推理与和谐时，它就不仅仅是神的作品，而且也是（神的）一部分，不是被他所造，而是出于他并由其所生。

策勒（p.191 n.4）对这一文段做出以下评论：

> 在这个措辞中，廊下派对这种表述的影响非常清晰；灵魂是神的一部分和流溢的说法最初是廊下派的（观念）。

不论这种表达是否受到了廊下派哲学的影响，以下这一点却非常清楚明了，即这一文段中的观念与《论〈蒂迈欧〉中灵魂的产生》中详细阐述了的观念相同（普鲁塔克通过他的对话者直接从柏拉图那里获得了这种观念）。

② 《论〈蒂迈欧〉中灵魂的产生》1015C。
③ 《柏拉图探究》1003A。

νοῦς［理智］。① 世界—灵魂的这一创造行动发生在时间之中，世界也在时间中产生。②

普鲁塔克有关神的本性（nature）③的观念是柏拉图式的，尽管正如我们在此所发现的那样，这些观念并不总是精确地与柏拉图结合在一起。④ 唯独神是真正的存在（true being）；其他所有事物都摇摆于毁灭与［11］生成之间。⑤ 存在是唯一适合于神的谓述（predicate）。⑥ 因此，德尔斐的字母 E 是崇拜者对神的称谓（address）：Εἶ，您存在（Thou art［或：您是］）。唯独神是真正的一；其余任何事物都是多——无数特质（qualities）的一种集聚。⑦ 关于神我们只能说他存在（或：他是），而不能说他曾在或他将在

---

① 《论〈蒂迈欧〉中灵魂的产生》1023E。
② 《论〈蒂迈欧〉中灵魂的产生》1013A ff.。
③ ［译注］nature 一词在本汉译本中依本书原文的具体语境而分别译作"本性"或"自然"。
④ 参见 Zeller，p.183：

> 正如普鲁塔克所言，没有其他哲人能像柏拉图一样对神灵持有一种健全的观点；因此，他在这方面也坚持柏拉图的规定，只不过他对这些（规定）的看法与它们在当时的新毕达哥拉斯学派中的理解本质上是一样的。

我们在普鲁塔克那里发现了这样一些应用于神的表述——它们在柏拉图那里被用于可理知之物（the intelligible），以及善理念（the Idea of Good）之上。

⑤ 关于这种观念和下文，参见《论德尔斐的 E》392 ff.。这通常被说成是柏拉图那里的理念，参见《蒂迈欧》52A。
⑥ 参见 Philo，*quod Deus sit immutabilis*，281M，289M；以及 Zeller，III，2，p.403 n. 5 援引的文段。
⑦ 关于事物都是特质的复合物的观念，可对照《泰阿泰德》（*Theaetetus*）157B。

(或：他曾是或他将是）。① 他以一种永久的现在（one everlasting Now）充满了永恒。他是 τὸ πρῶτον［第一本原］、τὸ νοητόν［可理知之物］和 τὸ ἀγαθόν［善的本原］。②

不过，普鲁塔克并没有将关于神的超验的学说带到像新柏拉图主义者，甚至某些其他的柏拉图主义者或新毕达哥拉斯学派的相同程度上。③ 他没有把神置于 νοῦς［理智］之上，④ 没有称他为 ἄποιος［无限定］，⑤ 也没有把德木格（demiurgus）视作一个次等的神（a second god）。⑥ 看来很有可能的是，普鲁塔克根本就从

---

① 对照《蒂迈欧》37E ff., 那里说的是 ἡ ἀίδιος οὐσία［永久的存在/实体］。

② 《论伊希斯与俄赛里斯》（de Iside et Osiride）372F, 382D。［译注］关于 τὸ πρῶτον、τὸ νοητόν 和 τὸ ἀγαθόν 的汉译，可参见普鲁塔克《论埃及神学与哲学：伊希斯与俄赛里斯》，段映虹译，华夏出版社 2009 年版，页 106、143；此处汉译本略有改动（比如 τὸ νοητόν 的翻译参照了后文的对应英译，即 the intelligible［可理知之物］，参见原文页 26）；英译则可参见 Plutarch, Moralia, Vol. V, trans., Frank Cole Babbitt, Cambridge: Harvard University Press, 1999, pp. 129, 181。

③ Cf. Zeller, p.186.

④ 对照亚里士多德《论祈祷》（περὶ εὐχῆς）1483a27: ὅτι ὁ θεὸς ἢ νοῦς ἐστιν ἢ ἐπέκεινά τι τοῦ νοῦ［神要么是理智，要么是某种理智之外（或"超过理智"）的东西］（［译注］或译作"神就是理智以至某种理智之外的东西"，参见亚里士多德《亚里士多德全集》第 10 卷，苗力田主编，中国人民大学出版社 2016 年版，页 187）。Pseudo-Archytas apud Stob, Ecl. I, 716:

这样的东西不仅仅是理智（νόον），而且也是某种比理智更强大的东西。我们将这个比理智更强大的东西称作神。

⑤ 对照 Philo, Leg. Alleg., 53M。Alcinous, Εἰσαγωγή, c. 10, 说神既不是 ποιός［限定］也不是 ἄποιος［无限定］。

⑥ Cf. Numenius apud Euseb, Praep. Evang., XI, 18.

未提出过关于神的位格的问题。[①] 因此，他毫不犹豫地就把[12]最高的诸种德性归因于他。[②] 神的幸福在于他的智慧和德性；[③] 他拥有所有的善；[④] 他绝对地自足。但若假定他进入了与尘世事物

---

① 很难恰到好处地确定，[普鲁塔克]针对亚里士多德有关神——他作为 νόησις νοήσεως [对思想的思想]——的活动（activity）的观念的批评有多大重要性，我们可在《论已然式微的神谕》426D 看到这种批评：

> 但是，真实者（即宙斯）在更多的世界中拥有美丽的和显而易见的变化，他不会观看外面的无限虚空，也不会（像一些人所想象的那样）专注于自身或任何东西，但他从上面观看神和人的许多作品以及星辰在（它们的）圆形轨道上的运动和行程。

这样一种批评与普鲁塔克自身的观念是不一致的，但是，我认为我们可以对认定普鲁塔克在这里展示了他自己的意见这一点存疑，因为如上所引的文段出现在兰普瑞阿斯的言论中——在那里，后者正在以柏拉图的元素理论为基础来论证五个世界的存在，而且这个文段也带有"不要对之加以非常严肃地对待"的迹象。

② 在这一点上，他在追随柏拉图，参见《理想国》（Rep.）379A-C（那里说道：神是善的，也是善的唯一起因）和《斐德若》247A、《蒂迈欧》29D-E（那里否定了神会嫉妒）。

③ 《论伊希斯与俄赛里斯》351D。

④ 《论已然式微的神谕》423D。跟随这一段落之后的句子或许没有得到太过认真的对待：

> 神天生就不拥有任何无目的的和无用的东西。因此，存在处于外面的其他诸神和诸世界，他针对他们使用共有的（或"社会性的"）德性。因为，正义或恩惠或仁慈的使用不在于针对他自身，也不在于针对他自身的部分，而是在于针对他者（使用这些德性）。

但是，作为与这种思想的对比，可对照 Aeneas of Gaza, 51, 3：

> 因为，他希望拥有可以加以善待的（存在者）；基于此，他创生了天上的种种力量，以致它们可以受益于好人的和首要的充足善行，因为好人不会对任何事物心存嫉妒。

（earthly things）的直接接触中，则是在贬低他的威严。① 按照惯常的方式，普鲁塔克认为 θεός［神］这个名字来自 θέω［发光］和 θεατός［可看见的］。②

---

① 《论伊希斯与俄赛里斯》78，382F；《论已然式微的神谕》414F。对照柏拉图《会饮》(Symp.) 203A：θεὸς δὲ ἀνθρώπῳ οὐ μίγνυται［神不和世人相交］（［译注］此处汉译参见［古希腊］柏拉图《柏拉图全集：中短篇作品》(上)，刘小枫主编，刘小枫等译，华夏出版社 2023 年版，页 589）。

② 《论伊希斯与俄赛里斯》375C；关于 θέω 的这个起源，可对照柏拉图《克拉提洛斯》(Cratylus) 397C-D；关于这一词源的出现列表，可参见奥桑（Osann）对 Cornutus, c.1 的注释。在 Placita, I, 6 (Dox. 296a9) 中，θεός 乃是源自 θέω 和 θεωρέω（对应这里的 θεατός）。关于这后一个词源，也可对照 Basil, IV, 265A5 (Migne), Greg. Nyss., II, 1108B2。

4　灵魂学与伦理学

　　普鲁塔克关于人的灵魂的理论主要来自柏拉图。① 人的灵魂——无论它是世界—灵魂的一个部分还是对世界—灵魂的一种模仿（imitation），它都像后者一样是由两个部分组成：一个是 τὸ νοερὸν καὶ λογιστικόν［有思想的和推理的部分］，另一个是 τὸ παθητικὸν καὶ ἄλογον καὶ πολυπλανὲς καὶ ἄτακτον［充满激情、无理性、到处漫游和无秩序的部分］；② 而后者又可细分为 τὸ θυμοειδές［血气的部分］和 τὸ ἐπιθυμητικόν［欲望的部分］。③ 通过将这种灵魂的细分与亚里士多德的［观念］（the Aristotelian）④

---

　　①［译注］此处小节标题中的 psychology 一词在当下语境（或者说在本书所涉及的古希腊哲学的意义上）并不等同于近现代兴起的"心理学"，而"灵魂学"当是更为合适的译法。
　　②《论伦理德性》（de virtute morali）441F；《论〈蒂迈欧〉中灵魂的产生》1025D。普鲁塔克受到他对世界—灵魂之创造的解释的引导，从而断言：θυμρειδές［血气］和 ἐπιθυμία［欲望］源自可分的本质，尽管柏拉图清楚地陈述了低阶灵魂（lower soul）乃是出自受造的诸神（the created gods）（《蒂迈欧》42A，69D）。
　　③《论伦理德性》442A。
　　④［译注］Aristotelian 一词虽有"亚里士多德学派的人、亚里士多德学派的"等含义，但作者在文中一般都会用 Peripatetic 来表示"亚里士多德学派"，即漫步学派，故本汉译本中通常情况下都会将（转下页）

相组合，他得到了以下这五个机能：τὸ θρεπτικόν［生长的本原］、τὸ αἰσθητικόν［感知力］、τὸ ἐπιθυμητικόν［欲望的部分］、τὸ θυμοειδές［血气的部分］、τὸ λογιστικόν［推理的部分］。①

普鲁塔克对伦理学最为系统的处理可在《论伦理德性》（de virtute morali）一文中找到，在那里他跟随的是亚里士多德。伦理德性［13］区别于理智［德性］（intellectual）。伦理德性不在于根除激情，而在于用理性管制它们；德性意味着在过度与不足（deficient）之间；πάθος［激情］是它的ὕλη［质料］，λόγος［理性］是它的εἶδος［形式］。②

（接上页）Aristotelian 译作该词最为常见的含义，即"亚里士多德的"；但原文页 35、36 的 Aristotelians 和页 53 的 Aristotelian 则是例外（相关语境使然）。

① 《论德尔斐的 E》390F；《论已然式微的神谕》429F。不过，可能需要注意的是，这两个文段都出现在对决定普鲁塔克自身思想来说不大重要的言论中。人类灵魂中的 αἰσθητικόν［感知力］，正如在世界—灵魂中一样，也似乎是源自可分的本质。参见《论〈蒂迈欧〉中灵魂的产生》1024A-B（关于世界—灵魂）和 1025E。另一方面，柏拉图似乎说的是 αἴσθησις［感觉/知觉］是由受造的诸神添加的。参见《蒂迈欧》42A，69D。

② 对照亚里士多德，《尼各马可伦理学》（Arist. Eth.）1104a。不过，亚里士多德在那里并没有使用 ὕλη［质料］这个术语，该术语乃是出现在古代注疏者们对这一文段的疏解之中：Aspasius, in Eth., p.42, 20 ff., Anonymus, in Eth., p.127, 4 ff.。关于德性不是 ἀπάθειαι［无知觉］而是 μεσότητες［中道］，请参见《尼各马可伦理学》1104b24。亚里士多德是在反对谁的意见并不是十分清楚；而普鲁塔克当然是在反对廊下派的见解。

普鲁塔克与亚里士多德之间的其他密切关联如下：
在 442B 中，θυμρειδές［血气］和 ἐπιθυμία［欲望］因为构成了 ἄλογον［非理性］而形成一组，但 τὸ θρεπτικόν［生长的本原］和 τὸ αἰσθητικόν［感知力］不是在同样的意义上形成一组。关于这一点，可对照《尼各马可伦理学》1102b。（转下页）

当然，我们没有理由假设普鲁塔克在承接来自亚里士多德的伦理理论架构时就拒绝了柏拉图的伦理学。①纵观他的著作，我们发现了很多柏拉图的伦理观念——例如：伤害某人比受到伤害更坏、②德性是与神相似、③我们不认为善仅仅是逃脱恶、④纯粹的快乐是那些没有分有它们的对立面（即痛苦）的快乐。⑤

（接上页）443C：ἦθος［性情］和ἔθος［习性］。对照《尼各马可伦理学》1103a14 ff.，亦可对照柏拉图《法义》792E。

443D：δύναμις［能力］、πάθος［激情］和ἕξις［习惯］的区分。对照1105b19 ff.。

443F：σοφία［智慧］和φρόνησις［明智］的区分。对照《尼各马可伦理学》卷六。

444C：正确地做一件事只有一种方法；错误地做一件事则有无限种方法。对照《尼各马可伦理学》1106b28。

444D：在某种意义上，德性是一种中庸之道（mean）；在另一种意义上，它是ἀκρότης［顶峰/完美］。对照《尼各马可伦理学》1107a6 ff.。

445：《尼各马可伦理学》1106b28。σωφροσύνη［明智/审慎］和ἐγκράτεια［自制］。对照《尼各马可伦理学》卷七。

① 不过，对照Gréard, p.72：C'est la pure doctrine d'Aristote: on ne saurait pas plus formellement se détacher de Platon［这是亚里士多德的纯正学说：我们无法明确地脱离柏拉图］。关于在新毕达哥拉斯学派中柏拉图伦理学与亚里士多德伦理学的结合，参见 Zeller, *III*, 2, p.156。Alcinous, cc.27–32显示了亚里士多德伦理学是如何为柏拉图主义者承接过来的。不过，阿提科斯（Atticus）——正如我们将看见：他对柏拉图的解释与普鲁塔克最为接近——强烈反对了这一趋势，他自己倾向的是廊下派伦理学。参见 Mullach, *Frag. Philosoph. Graec. III*, p.186 f.。

② 《年轻人应当如何听诗？》（*quom. adol. poel. aud.*）36B。对照《高尔吉亚》（*Gorgias*）473A。

③ 《论神的延迟惩罚》（*de sera vindicta*）550D。对照《泰阿泰德》176B。

④ 《依循伊壁鸠鲁不可能快乐地生活》（*non posse suaviter*）1091B。对照《理想国》584D-E。

⑤ 《依循伊壁鸠鲁不可能快乐地生活》1092E。对照《斐勒布》(*Phil.*) 51–52。

[14] 普鲁塔克维护意志的自由，尽管他没有提供支持它的论证。①

---

① 参见《科里奥拉努斯传》(*Life of Coriolanus*)第32章；在《论廊下派的矛盾》(*de Stoic. rep.*) 1050E 中，普鲁塔克抨击了以下这种观念，即神对恶负有责任，他却还要惩罚恶。

5　普鲁塔克与新毕达哥拉斯学派

新毕达哥拉斯学派和普鲁塔克之间的联系的要点是数字的象征性价值（symbolic value）理论。① 但是，通过考查后者处理这个主题的著作中的诸多文段，我认为，我们必须得出以下这一结论，即尽管他喜欢这种推测的形式，但他并不十分重视它。② 总而言之，普鲁塔克所说的关于任何特定数字之德性的东西，均颇为符合我

---

①　诚然还存在某些其他相似的点，例如：对宇宙中善与恶的对立力量（the opposing forces）的强调，参见 Zeller, III, 2, p.130, I, 1, p.360 ff.。但需注意的是，它们中没有一个拥有普鲁塔克关于最初的恶的世界——灵魂的学说；它们从神获得善，从物质获得恶，老学园跟进了这一点。参见 Theophrastus frag. XII, 33。尼科马库斯（Nicomachus，参见 Photius, Cod. 187, p.143a24, theol. arithm., p.6 [Ast]）和亚历山大·波里希斯托（Alexander Polyhistor，参见 Diogenes Laertius, VIII, 25）所代表的毕达哥拉斯学派展现了新毕达哥拉斯学派中的另一个趋势，即双体（the dyad）或物质出自一，而这在普鲁塔克那里并未提及。不过，很容易看出来的是，它应该会像廊下派的唯物一元论（materialistic monism）一样，完全不符合他的喜好；参见由努美尼乌斯（Numenius）显明的与之相悖的对立意见（Chalcidius, in Tim., c. 293），努美尼乌斯是一个在对待恶的问题的态度上与普鲁塔克极为相似的思想者。

②　在普鲁塔克那里的主要例子有：《论德尔斐的E》388 ff.；《会饮的问题》738D，740A-B，743F；《罗马诸事原由》（quaest. Rom.）270A-B；《论已然式微的神谕》428F ff.。《论德尔斐的E》中对这一正在讨论——这种讨论依赖于数字的象征性价值——的问题的解决方案并不（转下页）

们在新毕达哥拉斯学派论著中找到的东西。[①] 但是，在《论德尔斐的 E》中有一个段落，那里以一种我们——至少在我的知识范围之内——没有可与之相比的方式解释了数字 5 的某些特性。既然它出现在普鲁塔克以下这样的言论中——普鲁塔克承认这样的言论给出了 [15] 某些早期的、在他成为一名柏拉图主义者之前所持有的观点，而且既然这件事自身对于哲学史而言意义重大，那么我们可以稍微详细一些地来考察它。

除了它的其他长处（virtues）之外，数字 5 在乘以任何数字时得到的要么是它自身，要么是 10（也就是 10 的倍数）。考虑到，第一实质（primary substance）[②]——火（fire）——只会变成 κόσμος［宇宙］，而 κόσμος 又会变回火。这些状态之间的交替与 5 和 10 之间的交替类似：5 对应的是火，而 10 对应

（接上页）是最终被接受的那个解决方案。在《论已然式微的神谕》428 中，数字一理论出现在兰普瑞阿斯对存在五个世界这一结果的一个论证中；但是，兰普瑞阿斯自己对他的论辩并不怎么重视；参见 430F：“关于诸宇宙的数目，我不会自信地断言（它们就是这么多）。”所以在《会饮的问题》740 和 743 中，以这类理论为基础的解释也被否弃了，而探寻还在继续。关于《论已然式微的神谕》438 ff. 中从单体（monad）到双体的数字的起源，请参本书第二章，原文页 102 脚注 71。

① 例如，可参见《论德尔斐的 E》388A，390D，连同［杨布里科斯的］*theol. arithm*，pp. 25，26，32（Ast）。

② ［译注］本书中，作者在同等含义的意义上同时使用了 substance 和 essence 这两个词（均对应古希腊语词汇 οὐσία，可参见原文页 68），此外他也使用了同样可用来翻译 οὐσία 的 entity 一词。在这里（以及后文中），作者很显然并不是在亚里士多德"第一实体"的意义上来使用（primary）substance，所以，为与之做出区分，同时也在前述三个用词之间做出直观上（但非意义上）的区分，本汉译本分别用不同译法处理如下，即 substance（实质）、essence（本质）和 entity（实体）。

的是 $κόσμος$。^① 再者，古时的智者用阿波罗来象征 ecpyrosis［大火］^②——阿波罗这个名字意味着对多的否定（the negation of plurality；$ἀ$-，$πολύς$），又用狄俄尼索斯（Dionysus）来象征 diacosmesis［调整］。^③ 因此，数字 5 对于阿波罗而言是神圣的，其结果是，它也适合于德尔斐。

这里提出的有关连续的世界—周期的理论当然是廊下派的［理论］。但多少有些令人惊讶的是，［我们］发现阿波罗和狄俄尼索斯的寓意化（allegorizing）以及毕达哥拉斯学派的数字推测（number speculation）和它［即如上这种理论］联系在了一起。鉴于我们不能举出任何确切的相似性这一事实，完全可以想象到的是：这种结合可能归因于普鲁塔克自身。但是，有证据表明，廊下派是出于他们自身的目的而使用了狄俄尼索斯神话，而且似乎并非不可能的是：他们中的某些人利用了象征性的数。在《论已然式微的神谕》415F 中，谈话者之一提到廊下派试图将 ecpyrosis［大火］学说置于赫西俄德之上，正如他们将之置于赫拉克利特以及俄耳甫斯教的著作之上一样。现在，后者那里适用于这样一种处理的神话之一就是狄俄尼索斯·扎格列欧斯（Dionysus Zagreus）的神话；泰坦们将扎格列欧斯撕碎，这自然而然会意味着 diacosmesis［调整］，即单一实质（the unitary substance）向 $κόσμος$ 的多样实体（the manifold entities）的分裂；

---

① 10 是［杨布里科斯的］*theol. arith*，p.25（Ast）中关于 $κόσμος$［宇宙］的数字："整个宇宙正是由十（$τὴν\ δεκάδα$，或'十体'）所完成和封闭起来的——这是我们经常展示的一种说法（$λόγος$）"（［译注］关于 $τὴν\ δεκάδα$，沃特菲尔德（Robin Waterfield）将其译作 decad［对应前面的"十体"这一译法］，参见 Iamblichus, *The Theology of Arithmetic*, trans., Robin Waterfield, Grand Rapids: Phanes Press, 1988, p. 66）。

② ［译注］ecpyrosis 是古希腊词语 $ἐκπύρωσις$［大火］的拉丁转写。

③ ［译注］diacosmesis 是古希腊词语 $διακόσμησις$［调整］的拉丁转写。

他的恢复则意味着 ecpyrosis［大火］，即万物向统一体（unity）的还原（reduction）。这确实就是我们在《论德尔斐的 E》中找到的东西。① 而且，将阿波罗这个名字解释为对多的否定，这一点也为［16］克律西波斯（Chrysippus）② 和新毕达哥拉斯学派所接受。③ 鉴于这些事实，对于某些廊下派来说，将 Dionysus［狄俄尼索斯］这个术语应用于处在 diacosmesis［调整］状态之中的宇宙，并将 Apollo［阿波罗］这个术语应用于处在 ecpyrosis［大火］状态之中的宇宙，这应该会是非常简单的一个跨步。而且，在新柏拉图主义者那里，我们发现 Apollo 和 Dionysus 这两者，一个被用作秩序与和谐的象征，另一个则被用作分裂的象征。④ 所以，狄俄尼索斯的撕碎也被解释为从统一体到多的进程。⑤

---

① 《论德尔斐的 E》389A。格鲁佩（Gruppe，*Culte und Mythen*，p.646）从赫拉克利特的学说（即 Phanes 的词源等）出发，来论证俄耳甫斯教的狂想神学（rhapsodical theology）的原初观念就是宇宙源于火又复归于火。

② Macrobius, *Saturn.*, I, 17, 7：克律西波斯认为阿波罗这个名字出自 ἀ 和 πολύς，以此意指太阳不是 τῶν πολλῶν καὶ φαύλων οὐσιῶν τοῦ πυρός［火的多种微小的实质（οὐσιῶν）之一］，或表示 μόνος ἐστὶ καὶ οὐχὶ πολλοί［他是一而不是多］。

③ Plot., V, 5, 6.

④ Proclus, *in Tim. II*, pp.197 and 208（Diehl）。

⑤ Proclus, *in Tim. I*, p.173; Macrob, *in Somn, Scip.* I, 12, 12；关于其他段落，请参见 Lobeck, *Aglaophamus*, pp.710, 711。

6 普鲁塔克与学园

对普鲁塔克与老学园之间的关系的处理,几乎总是存在于有关色诺克拉底施加于他身上的影响的讨论之中。因为,尽管[普鲁塔克]有多处提及斯彪西波以及色诺克拉底[①]的继承者们,但我们没有理由认为普鲁塔克在构建他的学说的任何饶有分量的部分时对他们有所依赖。谈及色诺克拉底,情况就大不相同了。正如我们将会在本章后文看到的,有很强的迹象表明他直接或间接地影响了普鲁塔克的精灵学。但至少从福尔克曼(Volkmann)的普鲁塔克研究作品开始便曾有过这样一种趋势,即试图显明他在形而上学和伦理学上对色诺克拉底的依赖。而我认为,这些结论在很大程度上并没有得到证据的支撑。我们必须把有关这些论争的最为详尽之处的讨论推迟到本书的后续部分中;在这里我们将考察福尔克曼与这一主题相关的论述。

[①] 参见迪布内(Duebner)的人名索引([译注]此处 Duebner 应是指前面原文页 7 脚注中的 Dübner)。

首先，福尔克曼（*II*，15）①表明毕达哥拉斯化的数字象征主义（pythagorizing number-symbolism）会使人想到色诺克拉底，而柏拉图的理念论的从属地位也会如此。不过，我们已经看见数字推测对于普鲁塔克来说没有什么真正的重要性可言。而且，正如我们所知，色诺克拉底的数字—理论中最具特色的要点乃是用数学上的数来代替理念，以及将灵魂界定为会自我移动（moving itself）的数。②而普鲁塔克没有接受这些理论中的任何一个：事实上，[17]他明确地拒绝了第二个［理论］。最后，在任何将柏拉图学说归纳为一个系统的尝试中，再自然不过的事情是：神会占据一个更为重要的地位，而理念则占据一个较不重要的地位。

再者，福尔克曼声称，在反对柏拉图和信赖色诺克拉底的背景下，普鲁塔克假定了邪恶精灵（evil demons）的存在。我认为，色诺克拉底毫无疑问对将这种观念引入哲学负有责任；但是，下述事实表明了普鲁塔克并未意识到要背离柏拉图，即他将后者——连同色诺克拉底一道——作为他的学说的权威来加以引用。③

此外，福尔克曼注意到了色诺克拉底对某些神的物理解释（physical explanations）④与普鲁塔克在其《论普拉塔伊阿的代达

---

① ［译注］这应该是指福尔克曼所著的《普鲁塔克的生平、著作与哲学》（全两卷）一书的第 2 卷页 15。原文参见 Richard Emil Volkmann, *Leben, Schriften und Philosophie des Plutarch von Chaeronea*, Vol. 2, Berlin: Verlag von S. Calvary & Co., 1869, p.15。

② 关于作为数字的理念，参见 Heinze, *Xenocrates*, p.47 ff.; p.171（fr. 34）。关于作为会自我移动的数字的灵魂，可对照 Heinze, *Xenocrates*, pp.65, 181 ff.(fr. 60)。

③ 《论已然式微的神谕》419A。

④ Cf. Heinze, *Xenocrates*, p.164（fr. 15）.

拉节日》(de daedalis Plataeensibus)① 残篇中提出的那些解释之间的相似之处。不过，后者文段所表达的种种观点明显与普鲁塔克的解释原则相左，而且正如我们将在后文看到的，这一证据与将它们放在那里来作为他本人之信念的表述自相抵牾。② 福尔克曼提议普鲁塔克伦理学中显得是具有漫步学派起源的东西可能真的来自色诺克拉底，但这完全不能为证据所支持。他所引用的西塞罗的表述——大意是说老学园的教诲与亚里士多德的教诲没有很大不同③——并不能证明我们如下这样做便是正当的，即忽视普鲁塔克的《论伦理德性》与《尼各马可伦理学》之间明显的相似之处，④ 并假设他依赖于一位我们对其伦理理论知甚微的哲人。

《兰普瑞阿斯索引》(the Index of Lamprias)⑤ 中篇目为 63 的

---

① [译注] 洛布版《伦语》第 15 卷收录了篇名为 Περὶ τῶν ἐν Πλαταιαῖς Δαιδάλων [论普拉塔伊阿的代达拉节日] 的残篇，英译为 On the Festival of Images at Plataea [论普拉塔伊阿的塑像节日]（页 285）。Πλαταιαῖς 是位于波俄提亚（Boeotia）的普拉塔伊阿（Plataea），Δαιδάλων 是纪念赫拉的节日 [Daidala（代达拉节日）]，据编译者桑德巴赫（F. H. Sandbach）所言，在节日中，人们砍倒橡树并将其雕刻成一个形象，这被称作一个 daidalon，关于这个节日的具体细节可参见 Plutarch, Moralia, Vol. XV, trans., F. H. Sandbach, Cambridge: Harvard University Press, 1987, pp. 283-284。

② [译注] 洛布版《伦语》第 15 卷的编译者桑德巴赫也提到这一残篇中与普鲁塔克观点相左的言论几乎不可能是出自他本人之口，而应该是出自对话中的某个角色，参见 Plutarch, Moralia, Vol. XV, p. 282。

③ 福尔克曼引用了西塞罗《学园派哲学》(Acad.) I, 4, 18；《论演说家》(de orat.) III, 18, 67。

④ 参见前述对普鲁塔克伦理学的讨论，原文页 13。

⑤ [译注] 此处兰普瑞阿斯的 Index（原文即为正体）在后文中几乎全部拼作 Index（斜体），这份"索引"虽非通常意义上的著作，但作为一份古典文献，作者在著作名的意义上使用 Index 也并无不妥，故本汉译本统一用书名号表示这份文献，即《兰普瑞阿斯索引》，同样情况后文不另行注明。不过，作者也在原文页 101、103 的注释中两次将这份文献称作 the catalogue of Lamprias，即"兰普瑞阿斯目录"。

《论柏拉图学园》(περὶ τοῦ μίαν τὴν ἀπὸ τοῦ Πλάτωνος Ἀκαδημίαν)为我们提供了一个有关普鲁塔克对待晚期学园(the later Academy)的态度的重要证据。① 当然,这并不意味着柏拉图与学园中他的所有继承人之间在所有的学说要点上均完全一致;因为在《论〈蒂迈欧〉中灵魂的产生》(de animae procreatione)中,普鲁塔克试图显明:作为老学园成员的色诺克拉底和克兰托尔(Crantor),他们在针对世界—灵魂的解释上的意见远远不是在正确地表达柏拉图的[18]观点。相关意义应当是这样的,即在所有时期的学园代表人物之间存在一种精神上的共识,而这一点却为以下这种表述所掩盖了,即老学园是教条论(dogmatic),而中期学园和新学园(the Middle and New Academies)则是怀疑论(sceptical)。现今,当我们回想起普鲁塔克本人对积极的(positive)② 柏拉图学说的坚守,以及他赋予它们的重要性时,以下这一点就变得极具可能性,即如果他没有思想过这些学说中的本质性的东西,即使是在阿尔克西劳斯(Arcesilaus)的时代之后,仍在这一学派中以这样或那样的方式被教导过,那么他就不会主张学园的统一性。③

对于我们而言,要精确地确定普鲁塔克是如何证明他对学园之教诲的构想的正当性,这或许是不可能的。不过,还是存在某些可能会在这一问题上对我们有所助益的考量因素。首先,即使

---

① 参见 Volkmann, II, p.12。借助西塞罗《学园派哲学》(Acad., I, 4, 13),我们发现了归属于拉里萨的斐洛的相同言论。

② [译注] 在作者那里(原书页 18),柏拉图学说的 positive 与 negative (side) 是一组对立的概念,其相应的内涵可参见下一段落。

③ 我们知道,古代有某些人认为阿尔克西劳斯仅仅是将怀疑论的方法用作一种预备教育(propaedeutic),并用柏拉图的学说指导他的更为高阶的学生。不过,我并不相信这一证据也指向普鲁塔克对学园的怀疑论教诲的本性拥有这种构想。参见 Sext., Pyrrh., I, 234; Numenius in Eusebius, Praepar. Evang., XIV, 6, 5 以及 Augustine, contra Acad., III, 17。

当普鲁塔克认为《对一切悬置判断》(ἡ περὶ πάντων ἐποχή)属于阿尔克西劳斯时，他似乎最想强调的东西是他对诸种感觉的证据的不信任。① 类似地，据学园的迪亚杜梅努斯（Diadumenus）称（1058F），他也"鄙视感觉"——《论共同概念：反廊下派》(de comm. not.) 中的论证即被置于他的口中。我们也记得，拉里萨（Larisa）的斐洛所攻击的与其说是廊下派的知识标准，不如说他攻击的是知识本身的可能性。② 因此，普鲁塔克有时将新学园的态度视作一种有所保留和谨慎（reserve and caution）的[态度]，在[这种态度]之中，绝对的确定性是不可能的。③ 这样一来，如果普鲁塔克认为学园的立场是对感觉之证据的不信任，并且不愿在晦涩模糊的事务上教条化，那么，他看来就很可能不会变得与柏拉图自身立场的消极一面大不相同，④ 也不会排斥在某种形式的积极的柏拉图学说中的保留[成分]（preservation）和教诲。

普鲁塔克有意向要最小化新学园那里纯粹怀疑的方面，有关于此的一个例子可在《兰普瑞阿斯索引》(Index) 中篇目71的[19]《论由学园派保留下来的预言术》(περὶ μαντικῆς ὅτι σώζεται κατὰ Ἀκαδημαϊκούς) 那里看到——篇目131的《论不要用预言术攻击学园派的言论》(περὶ τοῦ μὴ μάχεσθαι τῇ μαντικῇ τὸν Ἀκαδημαϊκὸν λόγον) 可能暗示了这同一篇作品。鉴于卡尔内亚德斯（Carneades）对预言进行了特别的攻击这一事实，对以上这篇论著的辩护就必然会异乎寻常的困难。

鉴于普鲁塔克对晚期学园的构想，那么正如我们自然而然就

---

① 《反科洛特斯：关于其他哲人》(adversus Coloten) 1121E ff.。
② Cf. Sextus, Pyrrh., I, 235.
③ 参见《论已然式微的神谕》431A；《论神的延迟惩罚》549E-F。
④ 关于柏拉图拒绝将自然学（physics）教条化，参见《蒂迈欧》44C, 29C。

会对其有所期待的那样，即无论在他自己的思想中存在什么样的怀疑主义，他都在某些他相信不可能有明确答案的科学问题上局限于悬置判断（a suspension of judgment），[1] 并且在宗教事务上局限于一种谨慎——εὐλαβεία［小心谨慎／敬畏］——的感受。[2] 但是，我认为，在普鲁塔克那里不存在真正的怀疑主义的痕迹。[3]

从普鲁塔克对晚期学园的友好态度，以及他对廊下派的反对来看，自然而然就可得出他对安提奥库斯没有什么同情可言的结论。《西塞罗传》（Life of Cicero）第 4 章中的一个段落似乎指出了这一点，普鲁塔克在那里提议安提奥库斯离开新学园的可能的原因要么是他为感觉的ἐνάργεια［清晰度］折服了，要么就是他受到了与克莱托马库斯（Clitomachus）和斐洛的学生们之间的某

---

[1] 参见《论冷的本原》（de primo frigido）955C；《会饮的问题》700B。
[2] 参见《论神的延迟惩罚》549E-F。
[3] 人们已经做了多次尝试以证明普鲁塔克是一个怀疑派，参见 Sepp, *Pyrrhonische Studien*, p.115 ff., 亦参策勒对这一理论的回应（III, 2, pp.181-182）。最近的有关这种意见的表述可于施勒特（J. Schroeter）的论著《普鲁塔克对怀疑派的立场》（*Plutarch's Stellung zur Skepsis*）中找到。这里不可能去考查他所呈现的论证，但我认为他们中的很多人是没有根据的，而他也未能证明他的论证。普鲁塔克在他的其他作品中似乎也讨论了晚期学园和怀疑派（Pyrrhoneans［皮浪派／绝对怀疑派］），它们是：（1）《兰普瑞阿斯索引》篇目 64，即《论皮浪派与学园派之间的不同》（περὶ τῆς διαφορᾶς τῶν Πυρρωνείων καὶ Ἀκαδημαϊκῶν），尽管这是纯粹的推测，但我们可以设想普鲁塔克所发现的不同就是皮浪派是彻底的怀疑论者，而学园派则不是——依据就是我们在《兰普瑞阿斯索引》篇目 71 中已经举例说明的有关他们的构想；（2）篇目 134：《学园派讲学》（σχολαὶ Ἀκαδημαϊκαί）；（3）篇目 158：《论皮浪的十种治疗方法》（περὶ τῶν Πύρρωνος δέκα τρόπων）（［译注］该篇名中的 τρόπων 在本书原文中是 τότων，因语义不通，故参照洛布版《伦语》进行了校正）；（4）篇目 210：《是否对所有事物悬置判断是徒劳的？》（εἰ ἄπρακτος ὁ περὶ πάντων ἐπέχων）。

些私人方面的困难的影响。①

---

① 尽管《卢库鲁斯传》(*Life of Lucullus*)和《布鲁特斯传》(*Life of Brutus*)第2章对安提奥库斯给予了若干有利的关注，但对福尔克曼的评论来说，要把它应用到安提奥库斯身上几乎没有什么正当理由（*II*, pp.11-12）：

> 然而，在学园的不同取向中，普鲁塔克优先考虑了旧的取向，而不是由卡尼德斯（Karneades）建立的新的具有绝对优势的取向。这就是为什么他也欣赏安提奥库斯（Antiochus von Ascalon），他在《卢库鲁斯传》(*Leben des Lukullus*) 第42章中认为，他是旧的取向的代表。

不过，福尔克曼后面又承认普鲁塔克与安提奥库斯的调和性（syncretistic）趋势之间几乎没有什么共通点。

7 普鲁塔克与亚里士多德

［20］亚里士多德施加于普鲁塔克身上的影响很大程度上是在伦理学和灵魂学领域之中。[1] 处于普鲁塔克那里应归因于亚里士多德的那些主题之外部的最为重要的观念是以下这种思想，即质料会渴望神或者形式。[2] 但超出这些被普鲁塔克并入了他自己的系统的元素之外，几乎没有什么可以显明他对亚里士多德［思想］的采用——除了技术性术语（technical terms）、[3] 少许分散的

---

[1] 参见前述关于普鲁塔克伦理学的讨论。福尔克曼（*II*，p.17 ff.）几乎完全否定了亚里士多德的影响；参见前述关于色诺克拉底的讨论，亦参见 Zeller，*III*，2，p.180。

[2]《论月球中显现出来的面貌》（*de facie in orbe lunae*，或《论月面》）944E；《论伊希斯与俄赛里斯》372 ff.；《爱欲对话》（*Amatorius*）770B。

[3] 比如 τὸ τί ἦν εἶναι［本质（之所是）］,《反科洛特斯：关于其他哲人》1120A；τὰ ἐν ὑποκειμένῳ καὶ καθ' ὑποκειμένου λεγόμενα［内在于一个主体或关于一个主体所断言的东西］（［译注］此处汉译乃参照洛布版英译转译，参见 Plutarch, *Moralia*, Vol. XIV, trans., Benedict Einarson and Phillip H. De Lacy, Cambridge: Harvard University Press，1996，p. 267），《反科洛特斯：关于其他哲人》1120B。我们可能尤其会注意到的是，在残篇 *de parte an facult. Animi*（Vol. VII, p. 13. 1. 16 Bernadakis）中，διαλεκτικός［善于论辩的］与ἐπιστημονικός［有知识上的能力的］受到了亚里士多德方式的反对，尽管普鲁塔克在别处也在柏拉图的意义（转下页）

暗示,①以及数量可观的来自他的科学著作的引用以外。②因此,我们只有少量的方法来判断是否普鲁塔克的知识是第一手[知识](direct),还是源自某些中介来源(intermediate sources)。不过,假设他没有任何关于亚里士多德的第一手知识是非常轻率的,这就如同断言在每一种引用亚里士多德的意见的情况下,它都是直接来自亚里士多德的文本一样[轻率]。③依据《兰普瑞阿斯索引》,普鲁塔克写过一部论述亚里士多德的《论题》(Topics)的八卷本著作,以及一部 διάλεξις περὶ τῶν δέκα κατηγοριῶν [《关于十篇指控的对话》]。④

(接上页)上使用了 διαλεκτικός [善于论辩的]。不过,这一残篇被福尔克曼(I, p.105)和伯纳达基斯认作伪作。

① 在《论已然式微的神谕》426D 中存在一处有关亚里士多德的以下观念的暗示,即"思想自身"(thinking himself)的神(《形而上学》[Met.] 1072b20)。([译注] 此处 thinking himself 译作"思想自身",参见(亚里士多德《形而上学》,苗力田译,载《亚里士多德全集》第7卷,页 278)。在《论伊希斯与俄赛里斯》374F 有一处对《论灵魂》(de anima) 429a27 的明显参照。在《论〈蒂迈欧〉中灵魂的产生》1024F 中对 φαντασία [想象/表象]的定义实质上是《辩谬篇》(Soph.) 264B 的定义,但[所用的]语言似乎表明在普鲁塔克所想的形式中它是引自《论灵魂》428a24,可参见本书下文第三章。残篇 I, de libidine et aegritudine (VII, 2, 6-7 Bernadakis),以及《论伦理德性》442B 也是一样,都让人回想起《论灵魂》403a30。在《反科洛特斯:关于其他哲人》1115C 中,他参考了亚里士多德反对柏拉图理念学说的论证。在《柏拉图探究》1007A 中,他从《物理学》219b2 引用了对时间的定义,1006D 则引用了来自《论灵魂》412a27 对灵魂的定义。

② 福尔克曼总结了 50 处这类参引。
③ Cf. Zeller, III, 2, p. 180 n.1.
④ 篇目 56、192。当然,我们不能全然信任这一"索引"。

8　普鲁塔克与廊下派

[21] 尽管普鲁塔克也使用了某些出现在廊下派那里的观念——多半是关于实践道德的老生常谈(commonplaces),但他对这一派别持反对态度。[1] 着手详细地描述普鲁塔克与他们的不同,这无助于我们的[写作]目的。但是,我们可以留意他在大多数重要哲学问题上[与他们]的分歧。普鲁塔克反对他们的泛神论,因为这使得神成为世界之中的邪恶的起因,[2] 而且因为他感觉:让神成为质料性物体(material objects)的实质就是在贬

---

[1]　除了已然保存下来的《论廊下派的矛盾》(de Stoicorum repugnantiis)、《论共同概念:反廊下派》(de communibus notiliis),以及残篇《廊下派言说得比诗人更为悖谬》(Stoicos absurdiora poetis dicere)外,从《兰普瑞阿斯索引》我们还得知以下这些应对廊下派的篇目,即篇目 59: περὶ δικαιοσύνης πρὸς Χρύσιππον βιβλία γ΄; 篇目 78: περὶ συνηθείας πρὸς τοὺς Στωικούς; 篇目 148: Στωικῶν καὶ Ἐπικουρείων ἐκλογαὶ καὶ ἔλεγχοι; 篇目 149: αἰτίαι τῶν περιφερομένων Στωικῶν; 篇目 154: περὶ τοῦ ἐφ᾽ ἡμῖν πρὸς τοὺς Στωικούς。《论廊下派的矛盾》的真实性不容置疑,不过这遭到了以下几人的拒绝,参见 Kolfhaus, Plutarchi de communibus notitiis librum genuinun demonsiratur (Marburg, 1907); Giesen, de plutarchi contra Stoicos disputationibus; 以及 Rasmus, Plutarchi libro qui inscribitur de communibus notitiis commentatio。关于普鲁塔克用于攻击廊下派的可能的学园派资源,参见 von Arnim, Fragmenta Stoica I, pp.x-xv。

[2]　参见《论廊下派的矛盾》1049F ff.;《论共同概念:反廊下派》1076C ff.。

低他。① 普鲁塔克的宗教情感受到了以下这种学说的冒犯，即唯有宙斯，或世界—大火（the world-fire）是不朽的，而其他诸神则被周期性地（periodically）吸收到他里面；② 同样，[他的宗教情感]也受到了将诸神解释为物理性力量（physical forces）的冒犯。③ 在灵魂学方面，普鲁塔克反对正统（orthodox）廊下派的以下学说，即 πάθη [激情] 是 κρίσεις [判断]。④ 在伦理学方面，他攻击有关 ἀπαθία [不动情/摆脱情感]、⑤ 所有犯罪的平等性（equality），⑥ 以及理想的智者等学说。⑦ 当然，很自然的是，普鲁塔克也憎恨芝诺和克律西波斯对柏拉图的吹毛求疵的攻击。⑧

---

① 参见《论德尔斐的 E》393E。
② 参见《论廊下派的矛盾》1051E ff.；《论共同概念：反廊下派》1074E ff.。
③ 参见《论伊希斯与俄赛里斯》377C ff.。
④ 参见《论伦理德性》441C ff.。[译注]《论伦理德性》那里的完整表述是："激情（τὸ πάθος）是邪恶而无节制的理性（λόγον），它出自庸俗而误入歧途的判断（κρίσεως）"。可参见 Plutarch, *Moralia*, Vol. VI, trans., W. C. Helmbold, Cambridge: Harvard University Press, 1939 (2000), pp. 22-25。
⑤ 参见《论伦理德性》451C ff.。[译注] 此处 ἀπαθία 在一般情况下均拼作 ἀπαθεία，不过琼斯所标注的地方并未出现该词，而是谈及了这种观念。该词在洛布版《伦语》第 6 卷）的《论伦理德性》中共出现 3 次，分别是 443C（洛布版英译为 the absence of passion [没有激情]）、445A（洛布版《伦语》删除了这一处）和 449B（洛布版英译为 insensibilities [不关心/无感觉]）。此外，普鲁塔克也在诸如《"廊下派言说得比诗人更为悖谬"概览》(*Compendium Argumenti Stoicos absurdiora poetis dicere*) 1057D 等论著中多次提到了 ἀπαθεία。
⑥ 参见《论伦理德性》449D ff.；《论廊下派的矛盾》1038C ff.。
⑦ 参见《论共同概念：反廊下派》1061B ff.。
⑧ 参见《论廊下派的矛盾》1039D-1041E，1047B ff.。

9 普鲁塔克的宗教观

在我们对普鲁塔克面对国民宗教（national religion）①的态度的叙述中，以简要陈述柏拉图在这一主题上的观点作为序言会是［22］很好的［做法］。《理想国》(Republic，或译作《王制》]) 377 ff. 中，②在紧随着理想城邦中所有的神话—创作者（myth-makers）［的相关讨论］之后，柏拉图制定了三条神学法则（canons），③即诸神不是邪恶的起因；④他们不会改变他们的样

---

① ［译注］此处 national religion 译作"国家宗教"或"民族宗教"都不太妥当，因为作者接下来也在 national religion 这一概念之下谈论了柏拉图《理想国》中的"城邦的宗教"，而古希腊的城邦政制并不完全等同于现代意义上的（民族）国家，乃至普鲁塔克时期的罗马帝国意义上的国家。但为了表示这一概念乃是意指一个"政治共同体"的宗教，此处还是选择了一种折中的译法。

② ［译注］英语中 ff. 这个缩略语表示的是"及以后几页（或行）"，文中出现多次。由于将其翻译出来有时会使汉语表达显得有些拗口冗长，故汉译中全部保留原样。

③ ［译注］《理想国》383C 提到"这些［关于神的］规范，且我会如法律般使用它们"。汉译参见柏拉图《〈理想国篇〉译注与诠释》，页 191。

④ ［译注］《理想国》380C："神祇不是一切事物，而是善的事物的原因。"汉译参见柏拉图《〈理想国篇〉译注与诠释》，页 181。

貌;①他们不会欺骗人。②这些原则所导致的[宗教方面的]必要修订,使得他的城邦的宗教看起来与希腊的民间宗教(popular religion)是一样的了。宗教程序方面的种种问题则通过德尔斐神谕得到了解决。③类似地,在《法义》中,柏拉图规定了对十二位神的崇拜,以及对精灵和英雄的崇拜。④但是,所有这一切似乎在很大程度上是因为这样一种承认,即承认对于人们而言的国民宗教的必要性,而不是因为对它的任何信仰,甚或是对它的任何兴趣。在柏拉图没有以道德为由而批判神话(mythology)中的故事的地方,他的语气是一种反讽性地接受(ironical acceptance)的语气,这几乎不会在现代读者的心灵中就他的真实感受留下什么怀疑。⑤但是,很有可能的是,一个如下所述的希腊人在柏拉图那里找不到任何反对他的信仰的东西——这个人的情感倾向于古老宗教,并且他在寓言以及诸如此类的东西中拥有避开它的道德困境的方法。

但在普鲁塔克身上,我们看到了这样一个人:他不仅确信对

---

① [译注]《理想国》381 C:

　　神……不可能想改变自己,但看来,由于他是最美最优秀,他们每一位都有能力一直将自己完全维持在自己的样貌中。(汉译参见[古希腊]柏拉图《〈理想国篇〉译注与诠释》,页 183。)

② [译注]《理想国》382E:"神祇没有理由说谎。……超凡及神圣之物皆完全不会说谎。"383A:"(神祇)他们不是会变化自己的魔术师,也不会在言行上以虚假来欺骗我们吗?——我同意。"汉译参见柏拉图《〈理想国篇〉译注与诠释》,页 189。

③《理想国》427B, 461E;《法义》738B, 759C, 828A 以及其他地方。

④《法义》801E 以及其他地方。

⑤ Cf. Zeller, *II*, 1, p.931 ff..

于人们而言的国民宗教的必要性,而且体会到了一种对它的个体性献身。[1] 对我们而言,饶有兴致的事情是去探究他是以何种方式将它[即国民宗教]与他已然从哲学中汲取的种种观念相调和。

在《爱欲对话》(Amatorius) 763C 中,普鲁塔克跟随廊下派而区分了诗人的神学、立法者的神学以及哲人的神学。但与廊下派不同,他并没有接受第一本原[2]的权威。他在《年轻人应当如何听诗?》(quomodo adolescens poetas audire debeat) 中说,年轻人应当牢记诗人们说了很多假话——有些人是因为无知而无意地[说了假话],另有一些人则是出于故意(16A);而那些因为无知而说了[假话]的人在数量上超过了那些[23]为了给人带来快乐这一目的而捏造[假话]的人(16F)。荷马在这条规则上也不例外;因为无知而造成的错误的第一个例子是《伊利亚特》卷二十二第 63 行 ff.。同样,在《论伊希斯与俄赛里斯》(de Iside et Osiride) 358F 中,普鲁塔克在那里区分了诗人们的故事和宗教传统的神话:关于前者,他说他们[诗人]像蜘蛛一样从头脑中编织出这些故事,而后者则包含了某些真理。

因此,我们已经保有宗教知识的两种来源,即立法者的神学和哲人的神学——前者是体现在传统宗教的仪式(rites)和神话中的神学,后者于普鲁塔克而言则意味着柏拉图的神学。对普鲁塔克本人的宗教立场的理解,事关如何确定他所构想的存在于上

---

[1] 参见 Zeller, p.213。普鲁塔克是德尔斐的阿波罗的一位祭司,且任职多年。他有三篇对话都将对话场景设置在德尔斐,而且神殿也就显明了它们的主题。在《论迷信》(de superstitione) 169D 和《依循伊壁鸠鲁不可能快乐地生活》1102 中,他详述了人们在宗教节日中从诸神的在场及其接纳他们的祭品中体验到的欢乐。我们将在下文看到有关他专注于神话和仪式的诸多例证。

[2] [译注] 此处 the first 可参照本书原文页 11 的 τὸ πρῶτον [第一本原] 来加以理解。

述这两个来源之间的关系。我认为,这可以通过以下方式得到暂时的说明,即普鲁塔克接受了传统神学,但他是根据他自己对柏拉图神学的解释而在柏拉图神学的意义上对之进行解释。在《论伊希斯与俄赛里斯》378AB 中,他说,在我们所有的关于传统和礼仪(ceremonies)的思想中,我们必须让哲学成为是我们的秘法师(mystagogue,或作"宗教奥秘解释者")。① 如果我们执行所有的仪式并且哲学式地解释它们——要记住,我们不能向神提供比关乎他的正确观点更可接受的祭物了——那么,我们就既避开了迷信也避开了无神论(atheism)(355C)。我们能向诸神索求的最大礼物就是有关他们自身的知识(351C-D)。

很显然,普鲁塔克解释神话和仪式的方法必然在很大程度上取决于他期望在它们之中找到的哲学内容。当然,他无法给出一个可以应用于任何情况下的通用方案(general formula),但他确实制定了某些解释原则。普鲁塔克在《论伊希斯与俄赛里斯》377C 中说,我们绝不能认为伊希斯(Isis)神话中的诸神象征着尼罗河(Nile)、埃及之地,诸如此类,因为这些神属于全人类而不仅仅是埃及人。正如太阳、月亮和诸天(heavens)对所有人来说都是共同的(common),但它们在不同的地方被唤作不同的名字;同样,唯一的理性(the one reason)赋予宇宙以秩序,并且置于它的诸个部分上的次级力量(subordinate powers)在世界的不同地方获得了不同的称谓和不同的崇拜形式(377F)。还有,更为重要的是要谨防将神明(the divine [或作"神圣者"])归结为物理现象,就像那些认为狄俄尼索斯是酒、赫淮斯托斯(Hephaestus)是火、珀耳塞福涅(Persephone)是 [24] τὸ διὰ

---

① [译注] mystagogue 一词直接源自 μυσταγωγός 这个古希腊词语,其含义为"宗教奥秘解释者""引人入秘教者"或"神秘教义信仰者"。

τῶν καρπῶν φερόμενον καὶ φονευόμενον πνεῦμα [通过果实而被带来并被抹杀的气息]①（377D）的人所做的那样。② 在《爱欲对话》757BC 中也是如此，在那里，普鲁塔克因为克律西波斯将阿瑞斯（Ares）的名字解释为 ἀναιρεῖν [杀死/消灭]③ 而批评了他，因为通过这种解释，他激励了以下这样的人——这些人认为在我们里面的好战精神（the warlike spirit）可被称作 Ares [阿瑞斯]，而阿弗洛狄特是激情、赫尔墨斯是理性、雅典娜是理智（intelligence）、缪斯是技艺（arts）。这种解释把我们引入了无神论的深渊。Ares 不是我们对于勇敢的感觉，而是命令和指导这种

---

① [译注] 或译作"一种气息……这种气息进入土地的果实并与它们一起死去"，参见普鲁塔克《论埃及神学与哲学：伊希斯与俄赛里斯》，页 124。

② 这种解释方法，即所谓的 physica ratio [物理解释]，尤其为廊下派所采用，参见 Zeller, III, 1, p.330 ff.。Eusebius, Praep. Evang., III, 1 中保存了《论普拉塔伊阿的代达拉节日》（de daedalis Plataeensibus）这一被归于普鲁塔克的论著的残篇，而它似乎与《论伊希斯与俄赛里斯》中透露出来的他的理论和实践相矛盾。这一残篇的第 4 章用这种方式把赫拉（Hera）视为与勒托（Leto）等同：赫拉代表地球（the earth），勒托则与雷索（Letho）——也就是夜（night），它是地球的影子——相同。在第 77 章中，宙斯和赫拉之间的争吵被解释为诸元素的骚乱，宙斯是火热的（fiery）本原，赫拉是潮湿的（moist）本原。与其如此公然地假定一种对他的解释原则的背离，我宁愿跟随 Décharme, Mélanges Henri Weil, p.111 和 Hirzel, Der Dialog II, p.218 而认为这个残篇是取自一篇对话，并且一个并不代表普鲁塔克本人观点的角色在讲话，而他的观念很可能在讨论的过程中受到了反驳。我相信，迄今为止还没有人唤起对这一使得这种解释更加合理的事实的注意：优西比乌（Eusebius）在这同一本书的第 2 章引用了《论伊希斯与俄赛里斯》对伊希斯神话的不同解释，但他在每一种情况下都没有给出任何表明它是否受到了普鲁塔克的认可或谴责的证据。

③ [译注] 该词在洛布版《伦语》中的拼法是 ἀναίρην，英译者将其译为 Anaires（assassin [刺杀者/杀手]），参见 Plutarch, Moralia, Vol. VIX, trans., Edwin L. Minar, Jr., F. H. Sandbach and W. C. Helmbold, Cambridge: Harvard University Press, 1993, pp. 352-353。

感觉的神。①

透过这些文段,尤其是《论伊希斯与俄赛里斯》377F,相当明显的是,普鲁塔克相信次级诸神的存在:他们处在至高神(the supreme god)的主权之下,负责支配宇宙的不同领域。他用民间的信仰和崇拜中的诸神来界定他们的身份。②

[25] 很显然,许多有关诸神的传统与普鲁塔克的神明概念并不一致。③ 不过,将它们解释为对人——他们随着时间的推移而被视为诸神——的行为的描述则会导致无神论。④ 正如我们已经在上文所看到的那样,普鲁塔克也不会允许任何将诸神降格为物理现象或人类激情的寓意化。⑤ 我们已经留有以下这样的可能性,即将这些故事视为对伟大精灵(great demons)的行为和遭遇的真实叙述,它们中的某些精灵——比如伊希斯和俄赛里斯(Osiris)、狄俄尼索斯和赫拉克勒斯——因为它们的德性而被提升到了诸神的等

---

① 很有意思而值得注意的是,普鲁塔克反对对荷马的故事进行物理解释,而廊下派便采用了这种做法(《年轻人应当如何听诗?》19F)。诸如阿瑞斯和阿弗洛狄特的通奸以及赫拉对宙斯的迷惑这样的故事很显然是为了教导道德训诲。正如我们在上文所指出的,对诗人们的解释不应与宗教传统的寓意化相混淆。因此,我们必须理解诗人们使用赫淮斯托斯表示火,又使用阿瑞斯表示战争的做法(《年轻人应当如何听诗?》23BC),尽管如上所述,我们被警告不要用自然的力量或我们自己的激情来界定诸神的身份。

② 关于普鲁塔克对次级诸神的信仰,参见《论廊下派的矛盾》1052A ff.。在那里,他抨击了克律西波斯,因为后者认为诸神中唯有宙斯或 κόσμος [宇宙] 是不朽的。当然,唯一自然而然的是,普鲁塔克会相信低阶诸神(lower gods),因为他们在名义上为柏拉图所接受,实际上柏拉图让他们参与了人类的创造(《蒂迈欧》41),并且在《蒂迈欧》40E 和《斐德若》246 ff. 中使用他们的传统名字来称呼他们。

③ 参见《论伊希斯与俄赛里斯》355B。

④ 参见《论伊希斯与俄赛里斯》359D-360D。除了它们会导致无神论这一事实之外,他还说这类解释最不具可能性。

⑤ 参见原书前文页 23、24。

级。① 但是，以一种更具高度的方式来解释某些神话是有可能的；也就是说，将它们解释为对形而上真理（metaphysical truth）的描述。因此，普鲁塔克在伊希斯神话中发现了柏拉图《蒂迈欧》的哲学：俄赛里斯代表神；伊希斯代表物质；提丰代表恶的本原（the evil principle）；何鲁斯（Horus）则代表 κόσμος［宇宙］。② 类似地，在宙斯与哈得斯（Hades）的敌对中，以及在哈耳摩尼亚（Harmonia）是阿瑞斯和阿弗洛狄特的女儿的故事中，普鲁塔克又发现了以下这一学说，即宇宙既包含善的本原，也包含恶的本原。③

［26］普鲁塔克不仅在神话中，而且在宗教仪式中发现了隐

---

① 参见《论伊希斯与俄赛里斯》360D ff.；《论已然式微的神谕》417E ff.、421E。与此相同，诸种关乎一个残酷或令人憎恶的自然［现象］（nature）的仪式被解释为是交付给了邪恶的精灵，而不是诸神。参见《论已然式微的神谕》417C。关于这一论题的更为完整的讨论可参下文论述精灵的部分。

② 参见《论伊希斯与俄赛里斯》379 ff.。关于普鲁塔克对《蒂迈欧》的一般解释与他在这里所提出的［言论］之间的关系的讨论，参见本书的第二章。普鲁塔克在这个神话中将伊希斯处理为象征性的物质，这可能看起来与我们上面言及的他的原则——不要把神明降格为物理事物（the physical）——相矛盾。也许正是考虑到这一点，他小心翼翼地强调了物质朝向神的自然欲望或吸引力，而这使得它不仅仅是一个消极的施动者（agency）。再者，尽管这个寓言是对那个似乎最终被接受了的神话的解释，而这显然也是普鲁塔克最感兴趣的东西，但似乎很有可能的是，他会持守伊希斯和俄赛里斯乃是诸神这一事实（reality），而相关仪式和神话描绘了他们在被提升至这个位置之前的经历。我们可以对照 Philo Judaeus 的案例，他既坚持对希伯来圣经（Hebrew Scriptures）的字面解释，也坚持对它的灵意（spiritual）解释。参见赫斯曼（Mrs. Hersmann）的学位论文，《希腊寓意解释研究》（Some Studies in Greek Allegorical Interpretation），页 30、22。

③ 参见《论伊希斯与俄赛里斯》370C-D。

藏的意义。① 伊希斯的神圣祭服（vestments）有多种色彩，因为物质会呈现出多种形式（forms）；俄赛里斯的神圣祭服则像光一样白，因为可理知之物（the intelligible）纯洁且无混杂。② 狄俄尼索斯的祭祀秘仪（mysteries）是灵魂不朽的证据。③ 古代的丧葬礼仪证明了那些年纪轻轻就去世了的人的福佑。④

然而，普鲁塔克无法否认平民百姓的宗教观念中存在迷信的元素。但他在《依循伊壁鸠鲁不可能快乐地生活》（non posse suaviter vivi）1101C ff. 中说，最好还是应该有一种融合了与诸神相关的意见的恐惧元素，而不应该把它与来自信仰的所有希望和慰藉一起废除。如果可能的话，我们应该尝试让宗教摆脱迷信，但如果这是不可能的话，我们就不应该破坏群众对诸神的信仰。民间信仰并不是某些人所想象的那种可怕的事物，对诸神的恐惧对于作恶之人来说是件好事；而对于绝大多数人来说，来自宗教的欢乐和慰藉超过了恐怖。

然而，在《论迷信》一文中，普鲁塔克提出了一些至少在表面上看来几乎是与《依循伊壁鸠鲁不可能快乐地生活》直接相互矛盾的观点。他宣称，迷信比无神论更糟糕，而它其实就是无神论的起因。无神论者认为没有诸神；迷信的人则希望没有任何

---

① 依据《论伊希斯与俄赛里斯》353E，在埃及人的仪式中没有任何非理性的、迷信的和纯粹神话的东西。他将诸如对诸神的哀悼和对动物的崇拜这样的实践解释为原始仪式的腐败，而这是因为随着时间的推移而悄然出现的误解（379）。普鲁塔克并不是说在任何已建立的宗教中都没有迷信的元素。可参见（比如）他在《论迷信》169C 和 170D 中关于犹太人和叙利亚人的宗教的言论，以及《论廊下派的矛盾》1051E、F。

② 《论伊希斯与俄赛里斯》382C-E。[译注] 此处 the intelligible 是作者对本书原文页 11 提到的古希腊词语 τὸ νοητόν 的英译。

③ 《致妻子的吊唁信》（consol. ad. uxor.）611D。[译注] 此处 "mysteries" 是对古希腊语原文 ὀργιασμῶν [祭神的秘密仪式] 的英译。

④ 《致妻子的吊唁信》612A。

[神]。认为善意的力量（beneficent powers）是我们的敌人比认为它们并不存在更糟糕。无神论不会妨碍生活中的日常活动，而迷信却会。

［27］当然，我们必须承认上述两个文段之间在态度上存在广泛的差异。《论迷信》的语气是一部修辞作品的语气；普鲁塔克试图尽可能强烈地陈述反对迷信的所有论据。而在《依循伊壁鸠鲁不可能快乐地生活》中，有各种迹象表明他正在表达自己的信念。不过，我们应该牢记一点，在《论迷信》中，普鲁塔克在很大程度上考虑了在东方的祭仪（cults）中出现的更为暴力的迷信形式，当时这些迷信正充斥着罗马世界；而在《依循伊壁鸠鲁不可能快乐地生活》中，他断言希腊民间宗教中的迷信元素并不危险和有害。①

---

① 参见《论迷信》166A。在169C中，他提到耶路撒冷被围期间犹太人的行为是迷信的一个例子；在170D中他说到了对迪亚·叙利亚（Dea Syria）的崇拜；在《论廊下派的矛盾》1051中，他也说犹太人和叙利亚人的宗教充满了迷信。参见 Zeller, *III*, 2, p. 213 n. 5。另一方面，在《马克卢斯传》(*Life of Marcellus*)中，罗马人因为使其宗教远离迷信而受到了称赞，他们即使是在最小的细节上也保持了他们祖先的仪式。一般来说，普鲁塔克不赞成引进外国宗教。一个妇人应该和她的丈夫一样崇拜相同的诸神，并且对 περιέργοις θρησκείαις καὶ ξέναις δεισιδαιμονίαις ［古怪的宗教崇拜和外邦的迷信］拒之门外（《婚姻教谕》[*conjugalia praecepta*] 140D）。普鲁塔克并没有把对伊希斯和俄赛里斯的崇拜视作外邦的崇拜，而且他试图通过他们的名字来表明这一点。

10 普鲁塔克的精灵学和预言观念

［之前］我们在讨论普鲁塔克对神话的解释时，已经提到了他的精灵理论；现在我们必须更为彻底地考虑一下这个问题了。普鲁塔克谈论精灵学的最为重要的文段是《论已然式微的神谕》414F ff.。它的主旨大致是如下所述的那样：那些使神成为万事万物的起因的人和那些使神不成为任何事物的起因的人乃是犯了相等的错误。相较于柏拉图因为发现了物质［而为哲学作出贡献］，那个发现了精灵之存在的人为哲学作出了更伟大的贡献。在希腊人中，赫西俄德首次区分了四种理性存在者（rational beings）：诸神、精灵、英雄、人。据他所说，黄金时代的人变成了好的精灵、半神（demigods）和英雄。其他一些人宣称，就像土变为水，水变为气，气变为火；同样，人变成英雄，后者中的那些更好的［英雄］则变成精灵，这些［精灵］中的极少数——通过德性而得到净化——又达到了诸神的等级；其他的［精灵］则无法统治它们自身，并沦落到在凡人的身体（mortal bodies）中重生。赫西俄德认为，精灵的生命有一个限度（limit）。无论这个限度可能是什么，它都很清楚地为以下这种［28］古代的证言所证明，即诸神与人之间存在诸种自然物（natures），它们对人类的情感（affections, πάθη）和必要的改变（necessary changes）

负有责任。我们把这些［自然物］称为精灵，并按照我们父辈的习俗来尊敬它们。色诺克拉底将诸神比拟为等边三角形（the equilateral triangle），将人比拟为不等边三角形（the scalene），并将精灵比拟为等腰三角形（the isosceles）：因为精灵拥有神的力量，但也拥有凡人的情感。在自然中，太阳和星辰可比作诸神，彗星和流星可比作人，月亮——它是天宇和尘世（heavenly and earthly）的混合物——则可比作精灵。正如我们无法消除地球[①]与月亮之间的空气而不破坏宇宙的统一性，同样地，否认精灵的存在要么会消除诸神与人之间的所有交流，要么就会因为与人类的接触而玷污神明。这两种选择我们都不能接受，所以，我们相信精灵是受到诸神委派来作为神圣仪式和祭祀秘仪的守护者，另有一些精灵是恶行的报复者，还有一些精灵则是赫西俄德笔下的"纯洁的财富给予者"。与人一样，精灵在德性上也有差异；在有些精灵中，激情元素的残留非常轻微；但在另一些精灵中它却非常暴烈且难以克服。关于这一事实，宗教仪式、祭祀秘仪和神话故事中都有许多迹象。所有野蛮而残忍的仪式都是为了安抚邪恶的精灵而设计的，而不是为了向诸神表达敬意。那些讲述诸神的漫游（wanderings）和强制奴役（enforced servitude）的故事是真实的，但这些故事不是关于诸神，而是关于精灵；比如，弑蟒者（Python-slayer）阿波罗的故事。当掌管神谕的精灵离开神谕时，神谕就中止了。赫拉克利翁（Heracleon）抗议说我们不应该将人类的情感和必死性（mortality）归因于精灵，克莱姆布罗图

---

① ［译注］汉译有时也将 the earth 译作"大地"（如本书原文页 35）。公元前 6 世纪的毕达哥拉斯便已提出了大地是球形的构想，柏拉图、亚里士多德等哲人也都持有这种观念。很显然，作为柏拉图主义者的普鲁塔克继承了这一构想，所以此处（以及后文）视汉语的表达习惯而将 the earth 译作"地球"并无不妥。可参见《蒂迈欧》22d, 33b, 62d。

斯（Cleombrotus）对此的回答是：如果我们要把它们与诸神区别开来，我们就必须这样做。不仅恩培多克勒相信邪恶的精灵，柏拉图、色诺克拉底、克律西波斯以及（很显然）德谟克利特也是如此。克莱姆布罗图斯讲述了大潘（great Pan）之死的故事。德米特里乌斯（Demetrius）讲述了不列颠西部岛屿的精灵之死的故事。在回应了伊壁鸠鲁派反对精灵理论的异见之后，克莱姆布罗图斯讲述了一个聪明的野蛮人的故事，他说阿波罗这个精灵已经因为谋杀而被放逐——不是被放逐到坦佩谷（the vale of Tempe），而是另一个世界。

在继续讨论这些理论的起源之前，我们必须考虑一个解释的要点：纵观这一部分，普鲁塔克是否将精灵设想为从身体中释放出来的人的灵魂？当然，在《论已然式微的神谕》第10章[①]415B、C中有明确的表述，即有些人认为人的灵魂变成了精灵。[29]但是，这是克莱姆布罗图斯的观点，417B中的一个短语似乎表明了这种观点：激情的和非理性的本原（the passionate and irrational principle）之剩余物（τοῦ παθητικοῦ καὶ ἀλόγου ……λείψανον）。作为进一步的确认，我们还掌握以下这一事实，即《论月球中显现出来的面貌》（de facie in orbe lunae，或译作《论月面》）944C-D中的精灵与《论已然式微的神谕》中描述的那些精灵具有完全相同的功能，而它们是人的灵魂，且在人死后到达了月球。[②]

我认为，毫无疑问的是：作为诸神与人之间的中介者（mediators）的精灵，这一概念的最终来源是柏拉图的《会饮》

---

① ［译注］与一般的文段编码（比如此处的"415B-C"）不同，这里的所谓"章"是指普鲁塔克著作中比"415B-C"之类编码包含了更大范围文本内容的划分编号。后文不另行注明。

② 参见 Heinze, Xenocrates, p.83。任何关于一般而言的，尤其是普鲁塔克那里的精灵学的讨论都应该会非常受惠于这一著作的第二章。

（*Symposium*）202E ff.。海因策（Heinze）似乎已经建立了他的论点，即在柏拉图之前，诸神与精灵之间的区别并没有得到清楚的确立；也就是说精灵仅仅指的是较小（lesser，或作"次要"）的神，但它仍然是神。①《论已然式微的神谕》第 13 章中普鲁塔克自己的用语显明了这一文段所受到的柏拉图影响的痕迹。

但是，在柏拉图那里还有其他一些我们没有找到的元素。《论已然式微的神谕》第 14 章中提出的以下理论在《论伊希斯与俄赛里斯》361B 中被归因于色诺克拉底，即残酷而野蛮的仪式是为了平息邪恶精灵的愤怒，而不是为了向诸神表达敬意。第 15 章中的以下观念，即与诸神并不相称的神话故事是关于精灵的真实故事，也出现在《论伊希斯与俄赛里斯》360E-F 中。将精灵的概念应用于仪式与将其应用于神话之间的相似性是如此惊人，以至于人们很自然地就会受到引导而将这两者归因于同一个来源。同样，将诸神、精灵和人类与几种三角形进行对照——这很显然指的是色诺克拉底——可能导致一个人将不同天体（heavenly bodies）的对照也归因于他。在这些考虑的基础上，海因策得出结论，《论已然式微的神谕》第 13、14、15 章（后者的最后部分除外）是来自普鲁塔克对色诺克拉底的借鉴。我认为，非常有可能的是，色诺克拉底是这些章节中的观念的最终来源，而这些观念并未出现在柏拉图那里，但鉴于我们对色诺克拉底时代与普鲁塔克时代之间的文献知之甚少，坚持将前者作为直接来源其实是在冒险。②

[30] 关于《论已然式微的神谕》431B，有人评论说，为了理解精灵如何对神谕的终止负有责任，我们首先必须知道它们是如何影响预言的灵感。阿摩尼乌斯提出的解释是，人与精灵之间

---

① 关于柏拉图之前的精灵的含义，参见 Heinze, p.84 ff.。
② 海因策对从柏拉图那里的不同段落到色诺克拉底之精灵理论的发展的描述非常合理，参见 Heinze, p.89 ff.。

的唯一不同是，前者有一个适合这种尘世生活（earthly life）的身体；而精灵在我们的理智（minds）①中留下有关未来的知识的印象这并不奇怪。在这一点上，我们可以考察《论苏格拉底的精灵》(de genio Socratis) 第 20 章 588C 对这一相同理论的更为延伸性的描述，这一描述被放在了忒拜人西米阿斯（Simmias）的口中。他的论述大致如下：苏格拉底丝毫不会关注那些宣称他们看到过神明显现（divine manifestation）的人，但是他热切地倾听任何一个声称他听到过神明的声音的人。从这一点人们可以推测，他自己的 δαιμόνιον [精灵]是对一个声音的感知，或毋宁说是对一种思想的理解（λόγου νόησις），因为在睡眠中当一种思想进入我们的理智中时，我们会认为我们听到了一个声音。大多数人处于清醒状态时都不易于接受神明的影响，因为他们的理智充满了其他事物。但苏格拉底由于其理智的纯洁，则对这种影响保持开放——醒着与睡着时都是一样。正如人的灵魂引领和指导他的身体一样，灵魂自身也受到更为高阶的灵魂的引导。人们通过言语使自己得到理解；精灵则不需要这些来传达他们的思想；但如果他们的 λόγοι [思想]②是通过空气来传输的话，这也不足为奇，尽管它们只能为那些具有纯洁而平静的灵魂的人所理解。因为，假设精灵只会启示睡着的人，这与有人认为音乐家是在琴弦松弛时而不是在合调（in tune）时演奏七弦琴弦一样，非常荒谬。

---

① [译注]作者在此处，乃至全文中应该是在特定的含义上来使用 mind 一词（所以该词译作"心智、心灵或头脑"等应都不太妥当），尤其是作者在后面的原文页 48 中提到"人是由身体（body）、灵魂（soul）和理智（mind）"三个部分构成，而 mind 是 νοῦς [理智]的对应英译。

② [译注]依据此处语境，以及作者在前文（本书原文同一页）中将 λόγου νόησις 中的 λόγου 译作 thought，译者也将这里的 λόγοι 译作"思想"。

海因策（页 102—103）试图证明这种言论的来源是波希多尼乌斯（Posidonius）。① 在指向廊下派的这种起源时，他考察了 συντείνειν［缚紧］、ἀντιτείνειν［拉回］等诸如此类词汇的频繁性使用，以及醒来和睡着与七弦竖琴的拉紧和松弛的对比（参见第欧根尼·拉尔修《名哲言行录》卷七 158［Diog. Laert. VII, 158］），并且作为与《名哲言行录》卷七 158 和 *Plac*., IV, 10 ② 的对比，他还考察了普鲁塔克的如下语句（《论苏格拉底的精灵》589C）：

> 当收到清晰的声音的压力时，空气便全部变成了言辞和声音，把思想传递给听者的灵魂。③

他进一步指出，我们的理智从盘旋在空气中的灵体（spirits）④ 那里获知未来的这种观念是来自波希多尼乌斯，并引用西塞罗《论预言》（*de divinatione*［或作《论占卜》]）中的文段作为证明，

---

① ［译注］波希多尼乌斯（Posidonius，公元前 135—51 年），廊下派哲人，被称为他那个时代最为博学的人。他的作品如今仅存残篇。

② ［译注］由于作者在原书中并未附上参考文献索引或相关缩略语的说明，译者暂无法最终确定此处 *Plac*., IV, 10 具体所指的文献为何，故原样照录于此。据查，原文页 12 注中出现过 *Placita*，但彼处未提及作者；而原文页 102 脚注则提及了 Pseudo-Plutarchean［伪—普鲁塔克的］"*Placita*"。由于作者在本书中并未提及其他可以缩写为 *Plac*. 的文献，故译者认为这一文献很大可能是指伪—普鲁塔克的《论哲人的快乐》（Περὶ τῶν ἀρεσκόντων τοῖς φιλοσόφοις，*De Placitis Philosophorum*）。

③ ［译注］此处汉译参见罗勇《普鲁塔克〈论苏格拉底的精灵〉中的哲学与政治》，中山大学，硕士学位论文，2014 年，未刊（以下的引用一般只注明"罗勇译文"）。

④ ［译注］为在汉译中区分作者惯常所用的 demon［精灵］，此处将 spirits 译作"灵体"。

[31] 而他认为这些文段乃是源自后者[即波希多尼乌斯]。[①] 博克（Friederich Bock）接受了海因策的结论，认可了他的大部分论证并对其有所添加。[②] 在我看来，海因策的主要论点即西米亚斯的这一言论来自廊下派——非常值得称赞。但是，这些意图确定普鲁塔克任何文段的确切来源的尝试总是在冒险；在有关那些不是任何一个学派之所有物的观念的情况下尤其如此。

在这一点上，我们可以来看看特阿罗（Theanor）的言论，该言论出现在《论苏格拉底的精灵》第24章。其主旨如下：正如骑兵不会对所有马匹给予同等的关注，而是选出最好的进行专门训练一样；同样地，高阶力量（higher powers）选择最好的人来

[①] 在他所引用的文段中，来自波希多尼乌斯的 I 30.64 在这里是一种提议（propos）。I 49.110 尽管是来自波希多尼乌斯，但它与普鲁塔克的这个段落并没有相似之处。其行文如下：

> 由于所有事物（即宇宙整全）充塞和填满了永恒的思想和神圣的理智，所以人类的灵魂受到它们和诸神之间的联系的影响就是不可避免的。

有关于此的准确含义可参考 I 30.60 而得知：

> 但是，他（即波希多尼乌斯）认为，人类做梦受到了诸神的三个方面的影响，首先是因为灵魂通过自身可以进行预见，当然，这也是因为（灵魂）拥有与诸神的联系，另一方面，空气中充满了不朽的灵魂，而和真理（或真实）有关的印记就清楚地显现在它们之中，等等]

这表明 I 49.110 所提及的是灵魂先天的预言能力（natural divining power）。这一点在他这里所引用的其他文段中似乎也为真。

[②] *Untersuchungen zu Plutarchs Schrift περὶ τοῦ Σωκράτους δαιμονίου*, pp.29-33。在页 34—38 中，他对希策尔的意见（*Der Dialog II*, p.160）给出了充分的反驳，并认为普鲁塔克这里的资料来源是狄凯阿科斯（Dicaearchus）。

进行特殊的引导，因为并非所有人都能够接受它。因此，荷马将某些先知（seers）称作 οἰωνόπολοι［占卜师］，但他把其他人描述成是在直接与诸神交流。正如国王们和将军们只让很少的人亲自知道他们的计划，并通过宣告和信号将其传达给其他人；同样地，诸神只向少数人直接显露他们自身，但他们给多数人提供征兆（signs），ἐξ ὧν ἡ λεγομένη μαντικὴ συνέστηκε［出于此，就形成了所谓的"预言术"］。① 因为诸神只指导少数人的生活；而如赫西俄德所言，摆脱了重生循环的精灵则是人类的守护者。他们并没有失去对尘世之物的所有兴趣；他们同情那些正在接近他们已经达到了的目标的人，而且当他们看到他们［这些人］接近它时，他们就会施以援助，但不是在［这些人接近目标］之前。如果灵魂听从（harkens unto）精灵，它就会得救；但如果不［听从］，精灵就会离开。

这一言论一直是个具有相当大争议的主题，而且毋庸置疑它涉及到一些困难，这主要是由于突兀的［32］过渡（abrupt transitions）以及观念上的看似不连贯。希策尔（Hirzel, *Der Dialog II*, p.158 n. 2）将其划分成三个部分：第一部分包含以下这一观念，即诸神通过征兆（λόγῳ διὰ δυμβόλων）来引导某些人；第二部分包含 τεχνικόν［技艺性的（预言）］和 ἄτεχνον［无技艺的（预言）］这两个种类的预言，只有那些受到诸神高度青睐的个体才拥有后者；第三部分讲的是诸神自身只关心少数人，并把其他人交到了精灵的手里。他认为第一部分来自那些认为苏格拉底的 δαιμόνιον［精灵］是一种征兆（sign）——例如是一个 φωνή［声音］、ἠχώ［回音］、κληδών［召唤］、πταρμός［喷嚏］、ὄψις［幻象］——的人，而第二部分来自将其赋予 ἄτεχνον γένος

---

① ［译注］参见《论苏格拉底的精灵》593D（罗勇译文）。

[无技艺的种族]的廊下派。但正如艾泽勒（Eisele）[1]和博克[2]已经注意到的，这样做是为了给 δ ιὰ συμβόλων [通过征兆]这个表述提供一种非常明确的意义。诚然，思想上的联系是相当松散的，但这一文段很可能只意味着以下这一点，即有些人会受到诸神的特殊照顾，就像某些马匹从他们的训练员那里得到了特殊照顾一样。诸神最喜爱的这些人拥有先天的预言（natural divination）天赋，其他人则只能求助于 genus artificiosum [有技艺的种族]。

[相比前述希策尔将这一言论划分为三个部分，]有更重大的理由允许[我们]将这一言论划分为两部分，一部分是593D之前（由前两个章节组成），另一部分则是[593D]之后。[3]因为我们发现后一半内容论及的是精灵，而在那之前的所有言谈都是针对诸神。然而，博克（27，28）的解释有一些可信性，其大意是，普鲁塔克从一个资料来源那里获得了这整篇言论，但他因为省略了必要的转换而让其显得不连贯了。他重建了原始[资料]（the original）的思想，具体如下：

> 他首先指出，苏格拉底的精灵可以解释为来自更高的本质（即神灵）的特殊恩惠。然后他表明，这就是为什么超自然者直接向某些人吩咐他们的旨意，以及他们如何实现了这一目标（即通过 Logos [理性]这一良好的交流方式）。作者先是展示了有关诸神的这一方面，随后又展示了有关精灵的这一方面——它们以完全相同的方式向人类显明自身。

---

[1] Eisele, *Zur Dämonologie Plutarch's von Chaeronea*, *Archio für die Geschichte der Philosophie XVII*, p.35 ff.
[2] Bock, *op. cit.*, pp.24, 25.
[3] 海因策（页104）制定了这种划分。

然而，以下这样的假设非常冒险，即假设普鲁塔克借用了一个或多个明确的资料来源，以及假设他不是在［33］把广泛流传的种种观念（比如这一言论似乎是在传达的那些观念）放在一起，而没有关心它们的严格一致性。①

海因策——紧随其后的是博克——认为这篇言论的来源是廊下派，并且很可能就是波希多尼乌斯。作为他的第一个划分的证据，他举证了以下这两个廊下派观念的出现：两种预言之间的区别，以及诸神的 $\varphi\iota\lambda\alpha\nu\theta\rho\omega\pi\iota\alpha$［仁爱］。作为他的第二个划分的证据，他举证了精灵对人的同情（sympathy）——经第欧根尼·拉尔修（VII，151）证实这是廊下派的观念，还有出现在这里的重生学说——后来他试图证明这是波希多尼乌斯的观念。② 如今，没有人能否认首先提到的那三个观念是廊下派的思想。但是，它们并不是那种局限于廊下派之内的观念，而它们在普鲁塔克那里的出现并不会迫使我们相信他乃是直接从廊下派的论著中得到了它们。此外，我们也将看到，将重生学说归于波希多尼乌斯的证据非常微不足道。

在考察了将预言解释为源自灵魂与精灵的交流的那些文段之后，让我们回到《论已然式微的神谕》第39章及其后，这些话被放入了兰普瑞阿斯的口中。它的主旨如下：如果精灵——它们要么是摆脱了身体的灵魂，要么是从未被限制在身体内的灵

---

① 通过将从 $\theta\epsilon o\iota\ \mu\epsilon\nu\ \gamma\grave{\alpha}\rho$ 等开始的句子解释为以下含义，即诸神只帮助少数人并通过给他们派遣精灵来帮助他们，Eisele 以此尝试给这一文段赋予一种整体性；但我认为，这种尝试是不可能的。他似乎忽视了 $\mu\epsilon\nu$ 和 $\delta\epsilon$："因为，诸神实际上（只）管理少数人的生活……而摆脱了出生的灵魂……据赫西俄德所言，（这些）精灵是关心人类的（精灵）"［译注］该引文出自《论苏格拉底的精灵》593D）。

② 除了这些要点之外，可以观察到的是，根据《论预言》（de divinatione）I 30.60，波希多尼乌斯承认了诸神与人交往。

魂——拥有认知未来的能力（power），那么很自然的是，我们的灵魂也本该拥有它，就像它们拥有记忆（即认知过去的能力）一样。在我们里面，这种预言机能（faculty）由于身体的影响而变弱了。不过，有时它会变得活跃起来，就比如在梦中或进入了祭祀秘仪中一样，那时身体进入了一种有利于预言的状态，或者理性的灵魂从对出现在它前面的东西的沉思中解脱了出来。欧里庇得斯（Euripides）说：μάντις δ' ἄριστος ὅστις εἰκάζει καλῶς［最好的先知是那种猜想得好的人］；但这［种说法］并不属实。实际上，这样的一个人是理智的（intelligent），并且他遵循他灵魂的理性部分（the rational part）；另一方面，理解未来的功能就像一块白板（blank tablet）；它本身是非理性的和未确定的（undetermined），当它最大程度地摆脱了周围的事物时，它［34］无须推理就能得到它的结果。这种情况我们称之为 ἐνθουσιασμός［狂热/灵感］。它是由一种独特的身体状态引起的，有时它会自发地出现，但它也会由来自大地的某些蒸汽涌流（streams of vapor）产生。要确定这种预言的蒸汽的确切作用是不可能的，但可能存在很多种解释。就像大地上所有其他涌流均会衰退一样，这种涌流也是如此。通过这种方式，我们可以解释神谕的终止。借助这种解释，我们不用废除精灵的中介作用（agency），因为它们担当的是守护者和监督者的角色，当女祭司适时地顺从预言的影响时，它会通过征兆给予指示。

　　《论已然式微的神谕》中的这一文段的主要观点，即灵魂在梦中和在狂热（enthusiasm）中拥有预言的能力，在很早的时候就被发现了。然而，出现在这里（尤其是《论已然式微的神谕》432C-D）的有关这一观点的描述在某些方面可能得归因于《蒂迈欧》71D-E，在那里，柏拉图给肝（liver）——灵魂的最低［贱］部分（the lowest part）的所在地——分派了接收来自一个预知性角色的影像（images of a prophetic character）的能力，而［这些影像］必须通过理性来加以解释。有些类似的是，普鲁塔克也将预言归因于 τὸ ἄλογον καὶ φαντασιαστικόν ［（灵魂的）非理性的和敏于接受印象的部分］，而反对将其归因于 τὸ λογιστικὸν καὶ φροντιστικόν ［（灵魂的）推理的和思考的部分］。①

---

① 普鲁塔克这里的理论，至少在形式上，与在《论苏格拉底的精灵》第22章中的提马科斯（Timarchus）神话末尾提出的理论不同；依据后者，在 ἔκστασις ［出神］中离开身体的 νοῦς ［理智］是预言的起因。海因策（页131）认为432C-D乃是来自波希多尼乌斯，他使用以 οὐ γὰρ ὡς Εὐριπίδης φησί ［因为，不是像欧里庇得斯所说的那样］开头的句子来作为以下这一点的证据，即后者使得灵魂的预言能力乃是依赖于 ἄλογον ［非理性（部分）］对 λογιστικόν ［推理（部分）］的服从：

> 正如我们在上文已经看到的那样，波希多尼乌斯还将灵魂的预言力量与 ἄλογον（非理性部分）的完全从属性联系在一起；如同波希多尼乌斯之后的普鲁塔克在其《论已然式微的神谕》432C 中所说的：最好的预言者是"那种理智的人，他追随灵魂中拥有理智的（东西）和凭借（合理的）可能性（εἰκότος）为其领路的（东西）"。

完整的引证将会显明这种解释不可能是正确的：

> 因为，不是像欧里庇得斯所说的那样，即"最好的预言者是那种猜想得好的人"，而是 οὗτος（这种人）是那种理智的人，他追随灵魂中拥有理智的（东西）和凭借（合理的）可能性（εἰκότος）为其领路的（东西）。但是，预言的东西就像没有书写的写字板一样，它自身是非理性的和不明确的……它不合逻辑地感知到将来的事物，等等。（［译注］《论已然式微的神谕》432C-D。这里的 οὗτος 存在不同理解，故汉译本中未明确其所指。洛布版英译者认为它指的是"最好的预言者"，但本书作者琼斯的理解有所不同，参见下文）。

很明显，οὗτος（这个/那个）的先行词不是 μάντις ἄριστος（最好的预言者），而是 ὅστις εἰκάζει καλῶς（那种猜想得好的人）从句。再者，μὲν 和 δὲ 从句的对照应该是一个反对以这种方式处理这一段落的警示，（转下页）

[35] 兰普瑞阿斯企图让预言性的涌流是预言的直接原因这一理论变得和谐起来，依照克莱姆布罗图斯（Cleombrotus）的意见，这种企图需要追溯到精灵的中介作用，而如希泽尔（*der Diolog II*, 92）所指出的那样，这种企图很可能就是普鲁塔克本人的策略（device）。我们想到普鲁塔克在《伯里克利传》（*Life of Pericles*）第 6 章和《克利奥兰努斯传》（*Life of Coriolanus*）第 38 章那里就有某种类似的、想要去调和宗教与科学的努力。①

　　希策尔认为，兰普瑞阿斯的言论（除了他所谓的"Concordanzversuch"［调和的企图］之外）源自漫步学派，而且很可能是来自狄凯阿科斯（Dicaearchus）。他对漫步学派这一起源的论证如下：涌流被称作一种 ἀναθυμίασις［蒸汽］的这一事实，与亚里士多德在［《论睡眠》（*De Somno et Vigilia*）］456b9 ff.② 中所说睡眠是由一种 ἀναθυμίασις［蒸汽］所引起的这一事实

（接上页）而这一段落必像我们在前述的概要中所解释的那样来加以理解：好的猜测者不是最好的先知，而欧里庇得斯则说［这样的一个人］他就是［最好的先知］。诚然，他是一名智者，智者会使用其推理机能。但是，预言能力并不依赖于理性来获得它的结果。再者，似乎没有证据表明这一部分是来自波希多尼乌斯。无疑，正如我们从《论预言》I 57. 129 得知，他确实教导了一个被广泛接受的观点，即灵魂在睡眠和狂热中恢复了因为与身体的接触而失去了的预知能力。但是，正如我们经常提出的那样，这并不是一个好的理由来让我们相信普鲁塔克就必定是从他那里得知了它。

①　为了预言之流理论而被引用的最早段落是伪—亚里士多德（pseudo-Aristotelian）的《宇宙论》（*de mundo*）395b26 ff.，在那里，这种流动就像在《论已然式微的神谕》的段落中一样，被说成是与来自地球的其他呼出物（exhalations）有关。关于提到了预言性的蒸汽（vapor）的其他文段，尤其是与德尔斐神谕的关联，参见 Oppee, "The Chasm at Delphi", *Journal for Hellenic Studies*, Volume for 1904, p. 214 ff.。

②　[译注] 此处提及的文段出自亚里士多德的《论睡眠》（*De Somno et Vigilia*）。由于作者在这里的行文中同时提及了普鲁塔克和亚里士多德的著作编码，容易引发混淆，故汉译中补充了这一文本信息。其他类似情况不再另行注明。

有关；《论已然式微的神谕》437F ff. 中说 μελαγχολικοί［黑胆汁的人］是 εὐθυόνειροι［做梦历历在目的人］，这一事实与亚里士多德在［《论睡眠中的征兆》(*De Divinatione per Somnum*)］463b19 和 464a27 中所说的一样；普鲁塔克引用亚里士多德学派（the Aristotelians）来证明大地中的蒸汽涌流是金属岩脉的起因。希策尔认为，灵魂是身体的一种 κρᾶσις［气质］或 ἁρμονία［和谐］[①]这一观念（437D，436F）表明了狄凯阿科斯是资料来源。《论已然式微的神谕》414D 主张：神是不朽的，但他的作品没有一种是不朽的；他认为，这使人回想起狄凯阿科斯对灵魂不朽的否认；同样，将预言归因于像蒸汽气流（currents）这样的自然中介（natural agency），这自然也与狄凯阿科斯相称，因为他曾否认它的效用。

那么，首先，基于 ἀναθυμίασις［蒸汽］的论证实际上没有力量，因为来自大地的引发预言的蒸汽与身体中引发睡眠的蒸汽之间的类比太牵强了，以至于这不能证明任何东西。其次，根据 437F 中出现的亚里士多德关于 μελαγχολικοί［黑胆汁的人］的观念，我们不能［36］就这一言论的余下部分的来源做出任何结论。在其中引入了这种观念的关联实质上是这样的，即身体的 κρᾶσις［气质］对想象力（τὸ φανταστικὸν τῆς ψυχῆς［灵魂的想象力］）有强大的决定性影响。所以，μελαγχολικοί［黑胆汁的人］受频繁性的梦支配；而且由于这种频繁性，他们的梦经常能成真，这乃是基于如下所述的同一原理，即一个人可能会击中一个标记，如果他多次向它射击的话。如此，这个一般命题，即身体的

[①]［译注］作者在本书原文接下来的页 36 的相同表述中将 ἁρμονία 对译为 harmony［和谐］。洛布版《伦语》也将该词译作同义的 concord，又将 κρᾶσις 译作 temperament［气质］，参见 Plutarch, *Moralia*, Vol. V, p. 497.

κρᾶσις［气质］对接收影像的理智部分（the part of the mind）具有决定性影响，与这一特定的例子之间便没有必然的联系。另一方面，关于"melancholicoi"［黑胆汁的人］的描述实际上与整个论证并不一致，因为它提供了一种对梦与现实之间的对应关系（correspondence）的完全理性主义的（rationalistic）解释，而兰普瑞阿斯的主要论点是，灵魂拥有真正的预言能力。我们不可能如此论证，即如果《论已然式微的神谕》437F是漫步学派的［观念］，那么在它之前的而且是与它绝对对立的东西也必定是漫步学派的［观念］。再者，对来自亚里士多德学派的大地中蒸汽涌流的观点的引用，这并未证明有关主体讨论之资料来源的任何东西，即使普鲁塔克频繁地表现出他熟知亚里士多德的科学，尤其是在《会饮的问题》（quaest. conv.）中。将灵魂视为身体的一种和谐（harmony）或κρᾶσις［气质］的主张显然并不正确。在以下希策尔引用它来证明这一点的文段中，《论已然式微的神谕》437D说：

> 但是，你至少会认同：皮提亚（即在德尔斐司掌神谕的女祭司）自己处于激情和这样或那样的不同（状态）中，她具有灵魂的那个部分——气息（或作灵感）与之为伍，并且她不会像一种不可改变的和谐一样在任何时候都一直保持同一种气质。

当然，这一文段的意思是说皮提亚（Pythia）不会在全部的时间里都保持同一种κρᾶσις［气质］，而不是说灵魂是一种κρᾶσις［气质］。最后，我们没有权利假设414D与狄凯阿科斯对灵魂不朽的否认之间有任何关联。

根据我们已经考察过的文段，我们看到，普鲁塔克并不总是以相同的方式来构想精灵及其活动。依据《论已然式微的神谕》

中克莱姆布罗图斯的言论,精灵形成了诸神与人之间唯一的连接纽带;《论苏格拉底的精灵》中特阿罗的言论则承认了诸神直接与一些受到偏爱的凡人进行交流。克莱姆布罗图斯在处理"精灵的消失"的同一言论中时而将其视为被放逐到另一个世界,时而将其视为死亡。《论已然式微的神谕》中的兰普瑞阿斯容许了两种可能性,即精灵是摆脱了身体的人的灵魂,以及它们是从未化成肉身(incarnated)[37]的灵魂。在《罗慕洛传》(Life of Romulus)中,普鲁塔克似乎接受了《论已然式微的神谕》中表述的理论,即人变成英雄、英雄变成精灵、精灵——如果它们变得绝对纯洁的话——则变成诸神。在《论月球中显现出来的面貌》中,我们发现以下理论,即人的灵魂在月球上变成精灵,而且在一段时间之后,较低[贱]的灵魂会与 $νοῦς$[理智]分开,后者则回归太阳。①

在一篇出版于《哲学历史档案》(Archiv für die Geschichte der Philosophie,Vol.17,pp.28-51)的文章中,艾泽勒试图精确地确定普鲁塔克在某些关于精灵的问题上的信念是什么。他的主要结论如下:无论普鲁塔克在哪里使用精灵作为预言的中介者,他只不过指的是《论苏格拉底的精灵》中提马科斯(Timarchus)神话中的 $νοῦς$-$δαίμων$[理智—精灵];其次,普鲁塔克非但不相信邪恶的精灵;相反,实际上他反对这种学说。

我们可能会反对艾泽勒的第一个结论,因为它所涉及的对文段的解释是如此的勉强以至于[这种解释]是不可能的。如果掌管神谕的精灵只不过是我们自己的拥有预言能力的灵魂,那么在兰普瑞阿斯的如下描述——精灵是大地之呼出物(exhalation)的 $κρᾶσις$[气质]的监督者和守护者,它们调节它的强度(strength)

---

① 在上述列表中,我当然只给出了在它们出现的对话中仍然没有被反驳的观点。

并阻止任何有害的效果——中还有什么可能的意思呢？或者，特阿罗的如下表述（《论苏格拉底的精灵》593E），即帮助人的精灵是那些因为它们的德性而已经从凡人生活的挣扎中解脱出来的灵魂（οἱ πεπαυμένοι τῶν περὶ τὸν βίον ἀγώνων δι' ἀρετὴν ψυχῆς γενόμενοι δαίμονες），又能有什么意义呢？再者，关于在预言中精灵是中介者，当我们在柏拉图的《会饮》中发现了这一观念，并且由西塞罗在《论预言》中告知我们这是波希多尼乌斯所持有的观念时，那么，我们为什么要否认普鲁塔克相信这种观念呢？

艾泽勒的第二个结论，即普鲁塔克反对信仰邪恶精灵的学说，主要是基于四个考量，以下我们将逐一对其进行处理。首先，他认为《论已然式微的神谕》中的克莱姆布罗图斯画像乃是作为一幅讽刺画（caricature）而由普鲁塔克故意为之。如果真是这样，那么置于他口中的那些观点（其中的主要观点是关于邪恶精灵之存在的学说）被提出来就是为了成为抨击的对象。但是，普鲁塔克给了我们什么迹象［38］以表明克莱姆布罗图斯的画像就是一幅讽刺画呢？没有任何东西指向他在410A-B中引入的结论。对话中的其他发言者都没有反驳他的言论所提出的观点。

艾泽勒的第二个论据是，《论伊希斯与俄赛里斯》中对伊希斯神话的解释——它将其解释为对有权势（powerful）之精灵的经历的描述——并不是最终被接受的那个解释；结果是，以它为前提的对邪恶精灵的信仰也被否决了。这一来，如果我们承认普鲁塔克确实完全拒绝了针对这个独特神话的此种解释，那么我们就没有必要去确认他否认了邪恶精灵的存在。但正如我们之前所说的那样，有一些理由让我们认为他既接受了这种解释，也接受了那种寓意的解释，而他最为关注的是后一种。

在《提莫莱昂传》（*Life of Timoleon*）第1章中，普鲁塔克驳斥了德谟克利特的如下说法，即我们应该祈祷讨人喜欢的幻象（phantasms）出现在我们面前：这种观念不仅不真实，而且会导致无休止的迷信。而在《论已然式微的神谕》419A 中，克莱姆布罗图斯为了支持对邪恶精灵的信仰而使用了德谟克里特的这一相同说法。因此，艾泽勒说，我们必须假定普鲁塔克在《提莫莱昂传》中直接地谴责了这后一种信念。但是，我不认为我们能让普鲁塔克保持这种严格的一致性。难以想象普鲁塔克真的会认为德谟克利特的 εἴδωλα［幻象］与精灵有关，即使是在《论已然式微的神谕》中他渴望堆积证据，但他确实建立了这种关联。现在，可以注意到的是，他对 εἴδωλα［幻象］理论的第一个反对意见，即它是不真实的，完全符合他对德谟克利特的和伊壁鸠鲁派的灵魂学的一贯态度。并且在指责了它的不真实之后，他继续补充说它导致了诸多迷信，而没有思考这同样的批评是否可能不适用于邪恶精灵的学说。

在《佩洛皮达斯传》（Life of Pelopidas）第 21 章中，普鲁塔克讲述了以下这一故事：佩洛皮达斯做了一个梦，在梦中他被吩咐去献祭一位有着栗色头发的处女。某些他向其告知了这个梦的人敦促他这样做；其他人则辩称这样一种野蛮的仪式不可能取悦任何高等存在者（superior being）；因为设想存在任何以人祭（human sacrifices）为乐的神灵（divinities）是很荒谬的；而如果有这样的神灵的话，那么他们就应该被忽略——这是由于他们虚弱无力且不能提供［39］援助的缘故，因为这种残忍的欲望（desires）只能出于软弱和腐化的理智。尽管艾泽勒引用了这一文段来支持他的论点，但我认为非常清楚的是，普鲁塔克并没有做出承诺是要相信或是不信。他根本没有表达自己的意见；我们不能根据有关他的真实信仰的文段来暗示任何东西，或许以下这点是个例外，即这是一个他可能对其没有给出教条式答案的问题。

但是，他倾向于相信邪恶精灵的存在，我认为，《狄翁传》(*Life of Dion*)第2章中的一个文段清楚地表明了这一点：

> 但是，是否狄翁和布鲁图斯——他们是严肃的人和哲人，不易跌倒，也不会轻易被任何经历所捕获——受到了一个幽灵的影响，以致他们向别人指出了（这一点），（对此）我并不知道，但它迫使我们去接受以下这一极其古老的离奇言论，即卑劣和恶意的精灵——它们嫉恨好人并阻挡他们的行为，把他们带入混乱和恐惧之中——会撼动和颠覆（好人的）德性，以使他们不能继续保有在高贵之中的百折不挠和纯洁，（而如果保持的话）他们死后就会遇到比那些（精灵）更好的命运。

在我看来，普鲁塔克对于精灵的可能态度可以表述如下：首先，他相信精灵，它们是介于诸神与人之间的存在者，并且他倾向于相信有一些精灵是善的，还有一些是恶的：他之所以这样相信的主要原因是他在柏拉图那里找到了有关这些中介者的言论和描述；对精灵之存在的假设是他能解释国民宗教中的许多神话和仪式的唯一方式。其次，他并没有明确地委身于任何一种关于这些精灵的起源、本性和命运的观点，但他承认了几种可能性。

尽管普鲁塔克对这个主题很感兴趣，但是我认为，我们没有权利像希策尔那样认为：精灵学在他的思想中扮演着像柏拉图的理念学说一样重要的角色。[①] 我不认为借助希策尔和博克，[②] 我们

[①] *Der Dialog II*, p.161.
[②] 参见 Hirzel, *op. cit.* 对这些讨论了精灵学的对话的论述；Bock, *op. cit.*, p.46。

就能够根据每一部处理这一主题的彼此相关的著作所提出的那些观点来推断这些著作的年代。不管我们能否基于其他理由来判断《论迷信》是早期的著作,但在其中没有任何东西使得我们必须相信:普鲁塔克在那时并不相信邪恶精灵的存在。我们也没有权利认为,在《论苏格拉底的精灵》中,这个理论还没有[40]达到它的全面发展。这个理论中根本就没有任何表明发展的东西。他必定从一开始就通过柏拉图的《会饮》,而对以下这个被设想为是他的信念之最终形式的特征的观念已有所知,即诸神与人之间的所有交往都是由精灵作为中介。而且,在《论苏格拉底的精灵》的提马科斯神话中,我们发现短语 ἐπιχθόνιοι δαίμονες [地上的精灵]在那样的语境中所表明的是:普鲁塔克心中已经有了出现在《论月球中显现出来的面貌》的神话中的相同观念;而在《论月球中显现出来的面貌》的神话那里,以下这一点已是众所公认的,即普鲁塔克最为完整的精灵学出现了。

毫无疑问,普鲁塔克相信预言的真实性(reality),无论是"先天的"(natural)[预言]① 还是"技艺性的"(artificial)[预

---

① 除了已经引用了的文段以外,我们还可以参阅(尤其有关他对德尔斐神谕的信仰):《论已然式微的神谕》435D,还有《论皮提亚如今不再有韵律地发布神谕》(de Pythiae oraculis)402E:"因为我们没有必要反对神,也没有必要废除神意和神灵——同时也废除预言";参见《论预言》(de div.)I 38. 82 中廊下派的论证。在同一作品中,他列出了已经实现了的著名神谕。在《论神的延迟惩罚》560C ff. 中可以看到有关普鲁塔克赋予神谕的重要性的一个极好例证,在那里,他从德尔斐的阿波罗给出的关于向死者致敬的答案中得出以下结论,即灵魂是不朽的。但是,我们没有权利——像施勒特在其《普鲁塔克对怀疑派的立场》中所做的那样——去说:普鲁塔克,作为一个怀疑论者,完全依赖于启示(p.42 ff.),尤其是关于神谕的启示,以获得对真理(或真实)的认识。在这里我们没有空间来逐点驳斥他的论证;但在我们看来,他完全未能证明普鲁塔克是一个怀疑论者,他对斐洛的宗教哲学有任何了解,或他一直在反对理(转下页)

言]。① 不过，尽管他坚守这个事实，但他并没有明确地委身于任何一个理论。因此，有时他将先天的预言归因于人类理智的一种功能；有时他又认为这是出于灵魂与高阶力量（higher powers）的交流。

（接上页）性和启示。像《论伊希斯与俄赛里斯》382D 这样充满神秘主义的文段不再能证明普鲁塔克比柏拉图在《会饮》210E ff. 中所做的那样更为依赖启示。

① 柏拉图没有为接受"技艺性的"预言给出正当理由；事实上，在《蒂迈欧》70 中，他通过对肝的审查而否定了预言。关于普鲁塔克对"技艺性的"预言的相信，除了《论苏格拉底的精灵》中的特阿罗的言论外，另参见《伯里克利传》第 6 章、《论皮提亚如今不再有韵律地发布神谕》398A——在那里，作为对话中普鲁塔克的观点的代表，西昂（Theon）接受了发生在某些德尔斐雕像上的意外事故的故事，它们表明了那些投身于他们的人的运气（fortunes）发生了一些变化。对于所有这些事件，普鲁塔克都会解释为是在神圣力量的指导下由物理性的强力带来的；《论皮提亚如今不再有韵律地发布神谕》398B，《科里奥拉努斯传》第 38 章。在这后一文段中，他承认诸神的雕像可能会哭泣、出汗、呻吟等，但他倾向于怀疑那些将发音清晰的言语（articulate speech）归于他们的故事——这乃是基于以下的理由，即虽然一套行动在物理意义上（physically）是可能的，但后者在物理意义上并无可能。然而，如果我们迫于历史证据而去接受这样的故事是真实的，那么我们必须通过以下这种说法，即加于人理智之上的印象（与感觉不同）可被解释为一个声音的声响（sound），来解释这种现象——正如在睡眠中我们想象我们听到了声响一样。[译注] 此处对这两种"预言"的汉译参考了本书原文页 32 的相关表述。

11 普鲁塔克的终末论神话

  与普鲁塔克的精灵理论密切相关的是他关于灵魂的起源和命数(destiny)的观点,他在极大程度上是以神话的形式提出了这些观点。为了表明这些神话与柏拉图关于另一个世界的种种神话之间的关系,我们将简要概括一下后者中所包含的主要思想。根据《蒂迈欧》和《斐德若》(*Phaedrus*),灵魂在它以人类的形态降生之前,乃是存在于一个极乐的状态之中。在《斐德若》中,这种降生被描述为是由于它没能力(inability)[41]在天上的营伍(the host of heaven)①中保持它的位置,而与之相伴的是对天上事物的遗忘。它首次出生的身份取决于它在出生前获得的异象(vision)。②另一方面,在《蒂迈欧》中,灵魂的化成肉身被说成是依据必然性(by necessity)(41E,42A)。③死后灵魂的命数在不同的神话中得到了不同方式的描绘。在《蒂迈欧》41 ff.和《斐多》(*Phaedo*)80 ff.中,那些没

---

  ① [译注]《斐德若》中并没有直接用到"天上的营伍"这类的词,而是描述了跟随着诸神"随天体的周行一同绕行"的灵魂(《斐德若》248A)。
  ② [译注] 参见柏拉图,《斐德若》248A-250A ff.。
  ③ 在其他神话中,没有关于出生前灵魂的状况的描述。

有过绝对纯洁生活的人的灵魂会再次出生于一个更低［贱］的身份中；依据前者所说，正义之人的灵魂会回归到它出生前的状态；依据后者所说，它会回归到诸神那里。依据《斐德若》《理想国》和《斐多》107 ff.，死后灵魂会遇到一段时期的奖赏或惩罚，然后按照它在地上的第一次生命，以人或动物的形式重生。依据《斐德若》和《理想国》，分配给惩罚和奖赏的时间是一千年；《斐多》对此没有任何描述。关于重生有一个例外，那就是不可治愈的恶人的情况；他们会受到永恒惩罚的折磨。[①]在《斐多》107 ff. 中，据说真正的哲人死后会摆脱身体永远地［42］活着。依据《斐德若》，已经三次选择了哲人生活的灵魂会回到它所由之而出的天宇（celestial region）。在《理想国》中，我们没有关于出生的循环何时会停止的指示。《高尔吉亚》与其他神话的不同之处在于它丝毫没有提及灵魂的重生。但是，从可治愈和不可治愈的罪人之间的区分来看，我们可能会推断，重生是柏拉图的心之所系。

我们将要讨论的普鲁塔克那里最为重要的文段是《论神的延迟惩罚》（*de sere vindicta*）、《论苏格拉底的精灵》以及《论月球中显现出来的面貌》中的神话。但在进入详细的解释之前，我们可以指出在普鲁塔克对另一个世界的处理中最常出现的那些观念。相关神话的主要思想是那些出现在柏拉图那里的思想，即灵魂从更为幸福的状态降生到大地之上；死后灵魂在一个事关奖赏或惩罚的地方逗留；随后以人或动物的形态重生，并最终恢复到先前

---

① 永恒惩罚的观念可以在《理想国》《斐多》107 ff. 以及《高尔吉亚》中找到，但不能在《斐德若》《蒂迈欧》或《斐多》80 ff. 中找到。后两者当然不可能，因为那里没有承认特殊的惩罚，只有重生。它在柏拉图系统中的出现显然让古代评论家倍感困惑，参见 Olympiodorus, *on the Phaedo*, p. 206。

的状态。最重要的非柏拉图式（non-Platonic）元素乃是：与精灵学的关联、有所不同的针对 νοῦς［理智］和 ψυχή［灵魂］的神话式处理，以及对太阳和月亮所扮演的角色的推测。

我们将首先讨论《论神的延迟惩罚》563B-568A 中包含的那个神话：某个叫阿里代俄斯（Aridaeus）的人，他的生活沉迷于邪恶之中，由于一次意外事故他进入了一种出神状态（trance），并在第三天他即将被埋葬的时候恢复了意识。他说他看到了异象。当他的灵魂（更恰当地说是 τὸ φρονοῦν［理智部分］）从他的身体中出来时，他首先感觉像是一个人投入了大海的深处；最后他恢复了呼吸，并且他的灵魂之眼被打开了。他看到繁星非常明亮且非常硕大；灵魂轻柔地承受着它们的光芒。然后他看到死者的灵魂以气泡的形式从下面而来；气泡破裂，灵魂呈现出人体的形态。这些灵魂的运动会因它们的品性而有所不同。他的一个亲属的灵魂称呼他为忒斯珀西俄斯（Thespesius）——它意味着这将是他今后的名字，并向他保证他并没有死；他的亲属通过向忒斯珀西俄斯指出他投下了一个阴影而证实了这一点，而死者的灵魂则没有阴影。死者的灵魂中有一些是明亮而清晰的，另一些则留有疤痕和污点。然后他的向导告诉他，宙斯和必然性（Necessity）的女儿阿德剌斯忒亚（Adrastea）总管着所有罪犯的惩罚。她［43］有三个助手：波伊涅（Poene）监管那些在地上受到了惩罚的人，他们［死后］的惩罚最少。那些在死后他们的治愈是更加困难的人会受狄刻（Dike，或作"正义女神"）的支配，那些不可治愈的人则受厄里倪斯（Erinys）的支配。灵魂的不同颜色被解释为是他们独特的罪恶使然。这些灵魂中有一些在受到频繁的惩罚之后会恢复到它们本来的状态；另有一些则受到对快乐的热爱以及理性的软弱的引导而堕入出生。然后，忒斯珀西俄斯和他的向导被光线拖行了一段不可估量的距离之后来到了一个巨大深渊（chasm）。① 在那里，他们看到灵魂不再受到光线的支撑，并且它们像鸟儿一样环绕着下到坑（pit）中，坑内就像是一个酒神（Bacchic）的洞穴。忒斯珀西俄斯的向导对他解释说，正是通过这种方式，狄俄尼索斯上升到诸神那里，并带走了塞墨勒（Semele）；而它被称作勒忒（Lethe[遗忘]）②之地。他没有允许忒斯珀西俄斯留在那里，而是把他拽走，并告诉他：灵魂的理智部分（intellectual part）会被快乐削弱，而由此受到滋养的非理性部分则会唤醒对身体的记忆，以及对出生的渴望。随后，忒斯珀西俄斯的向导向他展示了一道绚丽多彩的泉流，那里坐着三个精灵，而那儿也是月亮与黑夜的梦境神谕所。此后，忒斯珀西俄斯看到了恶人（其中包括他自己的父亲）的惩罚；最后，他看到了注定要以动物的形态再次出生的灵魂，尼禄位列其中。

这个神话的情节设置很明显是对柏拉图《理想国》中俄尔神话的模仿，③ 而且到处都有很多与柏拉图那里相似的细节。④ 我

---

① ［译注］great chasm 的古希腊语原文为 χάσμα μέγα［巨大深渊］。
② ［译注］Lethe，即 Λήθη［遗忘］。
③《论神的延迟惩罚》563D: καὶ τριταῖος ἤδη περὶ τὰς ταφὰς αὑτὰς ἀνήνεγκε［此后第三日，就在他的葬礼之际，他复原了］；《理想国》614B: μέλλων θάπτεσθαι δωδεκαταῖος ἐπὶ τῇ πυρᾷ κείμενος ἀνεβίω［在第十二天他的葬礼将举行时，躺在火柴堆上他复活了］；《论神的延迟惩罚》563E: ἐπὶ γὰρ ἐξέπεσε τὸ φρονοῦν τοῦ σώματος［当理智部分脱离他的身体时］；《理想国》614B: ἐπειδὴ οὗ ἐκβῆναι τὴν ψυχήν［当他的灵魂离开时］；《论神的延迟惩罚》568A: ἐξαίφνης……τῷ σώματι προσπεσεῖν καὶ ἀναβλέψαι σχεδὸν ὑπ' αὐτοῦ τοῦ μνήματος［突然，……他扑向了他的身体，并几乎是从他自己的坟墓中苏醒过来了］；《理想国》621B: ἀλλ' ἐξαίφνης ἀναβλέψας ἰδεῖν ἔωθεν αὐτὸν κείμενον ἐπὶ τῇ πυρᾷ［但突然回复视觉后，他在清晨看见自己已经躺在柴堆上了］（［译注］以上有关《理想国》引文的汉译均参见柏拉图《〈理想国篇〉译注与诠释》）。
④ 关于这个神话与《理想国》的关联，参见 Wyttenbach, ad loc., 以及 Hirzel, Der Dialog II, p.215 n.1. 关于总体上与柏拉图的对比，（转下页）

们在这个神话中发现了柏拉图式［44］的位于一个特定地方[1]的惩罚的思想，以及重生的思想。不过，关于后者的确切方案（scheme）则并不完全清楚。[2]

（接上页）参见 Ettig, *Acheruntica*, p.322 ff.。564B：τὰς δὲ θορυβώδεις ἐκείνας ἐκτρεπόμεναι ［转身离开那些喧闹的（灵魂）］；《斐多》108B：ταύτην μὲν ἅπας φεύγει τε καὶ ὑπεκτρέπεται ［所有（灵魂）都逃离和掉头不顾这个（灵魂）］。564F：τούτους Δίκη μετὰ τὴν τελευτὴν ὁ δαίμων παραδίδωσι ［精灵会在这些人死后将其移交给狄刻（即正义女神）］；《斐多》107D：τελευτήσαντα ἕκαστον ὁ ἑκάστου δαίμων……ἄγειν ἐπιχειρεῖ εἰς δή τινα τόπον ［当每一个人死了之后，每一个人的精灵……都会试着带领他进入某个地方］，以及 113D。565A：τοῦτον ἡ Δίκη διαλαβοῦσα τῇ ψυχῇ καταφανῆ γυμνόν ［狄刻就会抓住这人，他在灵魂方面是显然可见、赤裸着的］等；《高尔吉亚》523D-E。564D：μώλωπας ［斑纹］；对照《高尔吉亚》524E ff.。564F：Adrastea ［阿德剌斯忒亚，本意是"不可逃避者"］——《斐德若》248C 有所提及。565D：φιληδονίας ἧλος ［爱享乐的形相］（［译注］此处 ἧλος 在洛布版《伦语》中是 εἶδος）——《斐多》83D。埃蒂希（Ettig）将灵魂骑坐在光线上与《斐德若》中的 τὸ πτερόν ［羽翼］的力量进行对照。所以，这种力量在 τόπος λήθης ［勒忒／遗忘之地］的终止可能意味着与 τὸ πτερορρυεῖν ［羽翼脱落］相同的意思。564B（［译注］原文本为 "5645B"，应属录入错误，故改之）διεπτοημέναι ［使惊慌］和《斐多》108B 的 πεπτοημένη ［受惊／慌乱］之间可能没有关联，尽管埃蒂希对它们进行了比较。那些被波伊涅惩罚的人与《斐多》113E ff. 的 σώφρονες ［明智的人］之间不可能有关联（Ettig, p. 324 n. 6）。埃蒂希将 ἐν σχήματι τριγώνου ［以三角形的姿态］（566B）中的三个精灵与《理想国》617B 中的 πέριξ δι' ἴσου τρεῖς ［三位以等距的方式（坐）在周围］进行了比较。

① 斯图尔特（Stewart, *Myths of Plato*, p.380）将这个惩罚的地方定位为大气（the air）似乎是正确的，尽管他错误地将其与提马科斯神话中的深坑进行了比较。

② 没有明确提及重生为人类形式，而是仅限于动物。在普鲁塔克或柏拉图的其他任何地方都没有与这种情况的相似之处，而且对我来说，非常值得怀疑的是，普鲁塔克有任何如此限制它的意图。此外，从 565D 看来，某些可治愈的恶人可能会通过惩罚而得到完全的净化，并从而逃离重生；这似乎是对该文段的合乎自然的解释：（转下页）

《论神的延迟惩罚》565E-F 中关于勒忒之地的叙述必须在与《理想国》621B-C 的文段——那里对勒忒平原进行了描述——的关联中来进行讨论。我们记得,在这后一文段中,所有注定将要重生的灵魂都要走向勒忒平原,那里没有树,也没有任何地上的果实;在那里,它们必须在忘川河(the river of forgetfulness [Ἀμελής])边宿营并喝一定分量河水;因为每个喝了它的灵魂都会忘记一切。俄尔未得允许喝这水。忒斯珀西俄斯神话对勒忒之地的描述则大不相同,如其所说,那是一个充满了所有会引诱感官的乐趣的深渊,而且它与酒神的洞穴很像。通过这些乐趣,关于身体的记忆会在灵魂中被唤醒,进而[灵魂会]渴望出生。忒斯珀西俄斯未得允许在这里逗留,而是被他的向导强行拽走了。现在,我们可以提出以下这一问题了,即《理想国》中勒忒平原和遗忘(oblivion)之河的功能,与这个神话中勒忒之地的功能是否完全相同。在《理想国》中,很清楚的是,将要重生的所有灵魂都喝了忘川之水,为的是忘记它们先前的化成肉身以及它们[45]在一千年的旅程中已然看见的景象。另一方面,在《斐德若》248C 中,那里说,下降的灵魂充满了 λήθης τε καὶ κακίας [遗忘和邪恶],[②] 而 λήθη [遗忘] 具有一个有所不同的含义,即对天

(接上页)其中有些屡次三番受到惩罚的(灵魂)会恢复适宜的习性和脾性,而无知的暴力和爱享乐的形相则会把其他灵魂再次带入活物的身体。

κολασθεῖσαι [受到惩罚] 这个词自然是指特定地方的惩罚,而不是指以人类的形相重生,虽然后者会给在动物身体中的重生提供一个良好的对照。但是,这个观念在普鲁塔克或柏拉图那里也没有类似物。在后者那里,唯一完全逃脱了转世化身(reincarnation)的人是《斐多》81 ff. 和 114C 中的真正的哲人。

② [译注] λήθης τε καὶ κακίας:刘小枫译作"遗忘和劣性",参见柏拉图《柏拉图全集:中短篇作品》(上),页 637。

上异象的遗忘。因为在《理想国》中，它是灵魂的每一次转世化身（reincarnation）的必要预备，这些灵魂——不管是出于什么原因——都卷入了重生的循环之中。①

在忒斯珀西俄斯神话中，我们发现勒忒之地充满了感官的种种乐趣，它们的效果是弱化灵魂的理性部分、培育感官部分（the sensual）并由此植入关于身体的记忆和对出生的渴望。因此，把这个深渊称作勒忒之地的意谓似乎主要是灵魂在这里失去了对于天上事物的记忆。② 现在我们可以问一个问题，即是否所有将要重生的灵魂都会通过这个深渊。565D 中说，某些恶人的灵魂受到了出自他们自身之愚蠢的冲动及其对快乐的热爱的驱使而进入了作为动物的出生。似乎没有理由用以解释为什么这些灵魂应该进入勒忒之地，因为由它造成的情状，即理性元素的软弱和感官元素的优势，已经存在于它们之中。③ 以下这样做或许会

---

① 当然，以下这一点是真的（既然喝了 Ἀμελής［忘却］之水会导致对所有事物的遗忘），即过多的沉溺会将灵魂推入全然丧失它所拥有的真理尺度（the measure of truth）的危险之中。这是以下说法的含义，即不明智的灵魂喝了多于应得数量的水，以及 τὸν τῆς λήθης ποταμὸν εὖ διαβησόμεθα καὶ τὴν ψυχὴν οὐ μιανθησόμεθα［我们就会安然渡过勒忒之河，不让灵魂遭到玷污］(621A-C)。（［译注］本注释末后的《理想国》译文，参见张文涛《哲学之诗——柏拉图〈王制〉卷十义疏》，华东师范大学出版社 2012 年版，页 319。）

② 参见 Ettig, p.325 n. 5：柏拉图的说法实际上是 Λήθης πεδίον（勒忒平原/遗忘平原）。因为极乐世界（Elysio）会分派属于它自身的诸多快乐，同样地，它们全都处于另一世界，而这受到了来自普鲁塔克的指责；并且，看来是，由于记忆被无尽的乐趣所涂抹，故以遗忘来命名那个地方。

③ 如果有人要反对说，以下这一事实——对勒忒之地的叙述紧跟在有关将要在动物身体中重生的灵魂的描述之后——与这种解释相悖，那么应该注意到的是，在 567E ff. 的这个神话的末尾中，可以找到对这些为它们的新身体所做的准备的描述。我认为，"关于身体的记忆"这一表达的使用不是一个对这种理论的严肃反驳。因为我们会记得，《爱欲对话》766B 中呈现出了一个有关灵魂从最高状态（estate）下降的连续过程。

更好，即将这一文段视为关于灵魂从更高状态下降的另一个象征性描述，也就是把它放在《爱欲对话》766B 或者《论苏格拉底的精灵》591C[1] 的旁边［与它们进行对照］——在前者那里，灵魂在有诸神的陪同之后进入阿弗洛狄特的草地以及月球，它会睡着，并堕入另一次出生；［46］而在后者那里，灵魂会在斯提克斯（Styx）——也就是地球阴影（earth-shadow）——降临到月球时堕入出生。[2] 不过，我不会武断地确认这种解释的正确性，因为我们几乎不可能确定普鲁塔克为了实现一致性所采取的谨慎程度。

勒忒之地的乐趣对灵魂产生的影响被比作酒的效果。与此有些相似的是马克罗比乌斯（Macrobius）[3]《〈西庇阿之梦〉评注》（in Somn. Scip. I, 12, 7）中的文段：

> 这就是柏拉图在《斐多》（79C）中提及以下内容时所要暗示的东西，即当灵魂被拽入身体之中时，它就像喝醉了一样突然陷入混乱状态；他希望（以此）暗示有关物质洪流的新的吞饮——被玷污的和负重的（灵魂）会受到它的压迫而朝向地面。这个秘密的另一个线索是（酒神）巴克斯之碗

---

[1] 我并不是说这两者精确地象征着同一件事。我认为，前者代表灵魂下降的第一阶段，后者代表第二阶段；参见［本书原文］下文页 64。如果在这一文段中的任何这种区别不是过于精细，那么在我看来，我们这里所拥有的东西与《爱欲对话》的文段相当类似。

[2] 很难说，借助这种解释，我们是否应该将灵魂的下降视为出于必然性（如同在《论月球中显现出来的面貌》《论苏格拉底的精灵》以及《蒂迈欧》中一样），或是由于罪的缘故（如同在《斐德若》中一样）。

[3] ［译注］马克罗比乌斯（Macrobius，活跃于 5 世纪早期），其名全称为 Macrobius Ambrosius Theodosius，他所著的《〈西庇阿之梦〉评注》（Commentarii in Somnium Scipionis, Commentary on the Dream of Scipio）在中世纪时广为流传，是当时西方拉丁世界了解柏拉图主义的最为重要的来源之一。

位于巨蟹座和狮子座之间的星座位置——它表明：在那里，沉醉第一次以物质之涌入的方式突然临到下降的灵魂之上。由此，沉醉的伙伴，即遗忘，也在那时开始偷偷地临到灵魂之上。①

关于这一相同的图象，也可对照《论伊希斯与俄赛里斯》362A-B：

> 事实上，那些坚持将身体称作哈得斯的人——这是因为灵魂在身体中时就如同深陷疯狂与迷醉之中——所做的比喻性解释太过草率了。

就在这个表述之前，普鲁塔克在那里提及了赫拉克利特的一句残篇，其大意是哈得斯和狄俄尼索斯是同一位神。②

---

① [译注] 此处汉译主要参考了斯塔尔（William Harris Stahl）的英译本（Macrobius, *Commentary on the Dream of Scipio*, New York: Columbia University Press, 1952, p. 152），并参照拉丁原文有所改动。

② 参见 Stewart, *Myths of Plato*, p.379："然而，普鲁塔克的整个描述反映了我们后来在普罗提诺（Plotinus）和其他新柏拉图学派中发现的有关狄俄尼索斯之镜和碗（Mirror and Bowl）的学说，并且它不能恰当地纳入正如我们在俄尔神话中所拥有的这样一种对勒忒之河的描述。"我不敢猜测，狄俄尼索斯通过这个坑向诸神的上升是否与狄俄尼索斯作为多元之神（god of pluralization）以及灵魂的下降的神秘解释有关。塞尔维乌斯（Servius）在 *in Georg.*, I, 34 中提到了三道天宇之门：一道在天蝎座（Scorpion）那里，一道在狮子座和巨蟹座之间，一道在水瓶座和双鱼座之间。如同斯图尔特一样，τόπος Λήθης [勒忒之地]与狄俄倪索斯之坑（Crater）类似，而且很有可能的是，存在这样一种传统，即他在这里升到天上。迪特里希（*Nekyia*, p.146）那里有一个对普鲁塔克这一文段的奇怪误解：

> 然后，他看到了光明的极乐之地，就像是一个酒神洞穴，绿色而又繁茂，整个地方弥漫着美妙的香气和幸福的音调，正如（转下页）

[47] 这个神话包含了对恶人之惩罚的大量细节，而我们在普鲁塔克那里的其他地方找不到此类描述。柏拉图那里虽有这方面的描述，但只有很少的细节，《理想国》615E-616A 便是主要的例子。迪特里希（Dieterich）在其《涅奎阿》（Nekyia, p.147）中认为：老俄耳甫斯教（the older Orphics）是它[即这个神话所包含的有关恶人之惩罚的大量细节]的来源。①

维滕巴赫（Wyttenbach, ad loc.）和埃蒂希（Ettig, p.322 n.5）将《延迟惩罚》564A 中破裂的火焰般的气泡解释为灵魂的 ὀχήματα [车辇/支撑物]。② 在我看来，这个理论存在异议。首先，我们知道并无任何实例会把 ὄχημα [车辇/支撑物] 描绘成在人死后会立即离开灵魂。③ 其次，据说灵魂在气泡的破裂之后 [48] 会呈现为人类身体的形态。但是，如果完全引入了 ὀχήματα [车辇/支撑物]，那么它就会极其自然地成为灵魂采取这种形态

（接上页）葡萄酒所产生的陶醉一样：灵魂持续地居住在那里，且处于欢乐之中。

迪特里希似乎因为他渴望找到将老俄耳甫斯教作为这个神话的来源的证据而误入歧途了。

① 迪特里希认为另一个指明了俄耳甫斯教之起源的要点是 566B 的 κρατήρ [（杯形）坑]，它让人想起俄耳甫斯以此为名的诗，其内容不太确定。对俄耳甫斯的描述——德尔斐神谕是阿波罗和夜神（Night）的共有之物（joint possession）——的批评极有可能是出于普鲁塔克自身这位德尔斐祭司。

② 死后灵魂会采取气泡的形式，关于这种观念，可参见克律西波斯的观念（Eustathius, in Iliad, 1288, 10）：σφαιροειδεῖς—τὰς ψυχὰς μετὰ θάνατον γίνεσθαι [在死之后，灵魂变成——球状的]。

③ 关于不同哲人针对 ὄχημα [车辇/支撑物] 的看法，参见 Procl., in Tim. III, p.234：某些年代更早的哲人——像阿提科斯和亚比努斯（Albinus）——将理性的灵魂（rational soul）仅仅视为不朽的，而摧毁了 τήν τε ἄλογον ζωὴν σύμπασαν καὶ τὸ πνευματικὸν ὄχημα τῆς ψυχῆς,（转下页）

的原因。①

在《延迟惩罚》566A 关于勒忒之地的文段中，我们发现了 $ἀνυγραίνεται τὸ φρονοῦν ὑπὸ τῆς ἡδονῆς$ [（灵魂的）理智部分会被快乐浸润] 这个表述，及其后面不远处的 $ὑγρότητι βαρυνομένης τῆς ψυχῆς$ [随着潮湿而负重的灵魂]。同样的措辞也经常被新柏拉图主义者用来描述灵魂在它的下降中的状况：比如波菲利（Porphyry）《格言》(*Sententiae*) 第 29 章、普罗克洛斯（Proclus）《柏拉图〈理想国〉评注》[*in Remp.*] II 270.28 ff.（Kroll），394.4。普罗克洛斯那里的第一个文段引用了赫拉克利特的如下残篇（上述表述似乎是源于它）：

（接上页）$κατὰ τὴν εἰς γένεσιν ῥοπὴν τῆς ψυχῆς τὴν ὑπόστασιν διδόντες αὐτοῖς$ etc. [灵魂的全部非理性生命和灵性车辇（$ὄχημα$，或支撑物），它们在（灵魂）进入出生的下降过程中给它们提供灵魂的支撑物（$ὑπόστασιν$）。] 首先，我并不同意埃蒂希对此的解释（页 323）：alii enim $τὸ ὄχημα καὶ τὸ ἄλογον$…interire volebant post mortem [因为在死后，车辇（$ὄχημα$，或支撑物）和非理性（部分）……就会消失]。我认为，这一文段更为自然的意谓是：当灵魂卷入了重生的循环时，$ὄχημα$ [车辇/支撑物] 和 $ἄλογον$ [非理性（部分）] 仍保有它们的存在。我们没有理由怀疑阿提科斯和亚比努斯确实相信重生的学说，它似乎是此时柏拉图哲学正统的一部分。此外，关于亚比努斯，可参见 Alcinous, $Εἰσαγωγή$, c.25。这种重生的观念要求非理性的灵魂（irrational soul）在两次连续的化成肉身之间的时间里继续存在。但是，我认为它绝不能确定无论是阿提科斯还是亚比努斯关于 $ὄχημα$ [车辇/支撑物] 的言论。$τὸ ὄχημα$ [车辇/支撑物] 和 $τὸ ἄλογον$ [非理性（部分）] 这两个观念之间的关联，例如在像波菲利（Porphyry）这样的哲人那里，可能会导致普罗克洛斯把 $ὄχημα$ [车辇/支撑物] 归于对其来说并不相关的哲人。但是，即使埃蒂希对普罗克洛斯的解释是正确的，归于阿提科斯和亚比努斯的观点也与普鲁塔克的看法并不一致——正如埃蒂希自己所承认的那样。因为在这个神话中，$ἄλογον$ [非理性（部分）] 很显然并不会在 [人] 死的时候就此消失。

① 关于以下这一观念，即 $ὄχημα$ [车辇/支撑物] 是灵魂保持身体的形状的原因，参见 Pseudo-Plutarch, *de vita et poesi Homeri*, c. 128。

θάνατος ψυχαῖσι ὑγραῖσι γενέσθαι.[死后灵魂变得湿润。]①

我们可能会注意到这个神话与普鲁塔克的其他文段之间的几个相似之处——《延迟惩罚》563E：ἔδοξεν ἀναπνεῖν ὅλος καὶ περιορᾶν παντοχόθεν［看上去整个儿都在呼吸］可与《论苏格拉底的精灵》590C 相对照：πρῶτον μὲν ἀναπνεῦσαι τότε δοκεῖν διὰ χρόνου συχνοῦ στεινομένην τέως［由于长时间受到挤压，它那时首先想做的事是呼吸］；563F 中关于星辰的描述与《论苏格拉底的精灵》590C 对于岛屿的描述大体上相似；在 564C 中，我们发现了《论苏格拉底的精灵》592C-D 中的相同观念，即在 ἔκστασις［出神］时只有 τὸ φρονοῦν［理智部分］离开了身体；在 566A 中，我们发现了与来自《论灵魂》(de anima) 的残篇 VI 一样的对于 γένεσις［出生］的词源学解释：νεῦσις ἐπὶ γῆν［朝向大地的倾向］。

现在，我们将着手处理构成了《论月球中显现出来的面貌》(942D to the end) 的结论的那个神话：珀耳塞福涅是月亮女神，德墨忒尔（Demeter）是大地女神。月食是母亲［德墨忒尔］与女儿［珀耳塞福涅］的联合，②它不像希腊人的传统所主张的那样持续六个月，而是每六个月都会发生［一次］。任何邪恶或不纯洁的灵魂都不可以来到月亮的领域，但好人的灵魂在其死后会居住在那里，过着和平而安宁但并非全然有福和神圣的生活，直至第二次死亡。因为人是由身体、灵魂和理智这三个部分组成的。第一个部分是由大地（或地球）提供，第二个部分是由月亮（或月球）提供，第三个部分是由太阳提供。地球上的第一次死亡会使身体与灵魂、理智分解开来；月球中的第二次死亡则会缓慢而轻

---

① Cf. also Stewart, *Myths of Plato*, pp.240, 360.
② ［译注］在古希腊神话中，珀耳塞福涅（冥王哈得斯的妻子）是德墨忒尔和宙斯的女儿。

柔地将灵魂与理智分开。所有灵魂（在广义上使用这个术语）在从身体中释放出来后都必须在地球和月球之间［49］徘徊。恶人［的灵魂］会因他们的罪而受到惩罚；好人［的灵魂］居住在最温和的空气区域——它被称作哈得斯的草地，直至由于与身体的接触而造成的污渍被移除。月球会驱逐许多寻求抵达它的人［的灵魂］；一些在它上面的人［的灵魂］可以说是落入了一个深渊（abyss）。但是，那些赢得了月球并获得了一个可靠的立足之处（sure footing）的人［的灵魂］会作为胜利者而感到欣喜，因为在他们的生命中，他们制服了灵魂的非理性的和激情的部分。这些灵魂从月亮周围的以太（aether）中获得力量，并通过呼气（exhalations）而得到滋养。在这里，他们会获悉月球的本性（普鲁塔克根据色诺克拉底的理论提出了这一点）。在月食中，月球迅速地穿过地球的阴影，因为在黑暗中，正义之人的灵魂听不到天上的和谐［之声］（harmonies），而正在受到惩罚的恶人的灵魂则从下面接近它。后者［即恶人的灵魂］被月球上所谓的脸孔（so-called face［或作"面貌"］）吓跑了。这张脸是由腔洞造成的——首要的腔洞是赫卡特（Hecate）的洞穴，在那里，灵魂因为它们成为精灵之后所做的行为而受到惩罚。还有另外两个长的腔洞，通过其中一个腔洞灵魂会进入月球紧挨着诸天（heavens）的那一边，通过另一个腔洞则会进入朝向地球的一侧。精灵并不总是留在月球上，而会降下来掌管神谕、祭祀秘仪等。无论他们在履行这些责任时犯了什么恶行，他们都会通过在人类身体中出生来赎罪。精灵在第二次死亡时会失去他们的力量，那时理智会由于对太阳中的神明之形象的热爱而与灵魂分离。灵魂则彻底地停留在月球上，它会过上一种阴影般的生活（shadowy existence），直到它最终溶入月球，智者和有德性的人（the virtuous）的灵魂［溶入得］更快，其他人的则更慢。某些激情很强烈的［灵魂］会在没有供另一次出生的理智的情况下下降到地球上，但月球最终会把这些［灵魂］拽回到它自身那里。当太阳在月球中播种 νοῦς［理智］、月球创造灵魂，并且地球提供身体时，出生的进程就会重新开始。

关于这个神话的最为独特的东西或许是 νοῦς［理智］自太阳而出，而 ψυχή［灵魂］自月球而出。这里有两个要点需要考虑：（1）以下这一总体构想，即将灵魂各个部分的起源指定到诸天的不同区域；以及（2）在这种关联中对太阳和月球的选择。

《蒂迈欧》41、42 中说，理性的灵魂——它相当于普鲁塔克笔下的 νοῦς［理智］——是由德木格自己创造的，[50] 并被放置在它的星体（star）里，那里会向它显明它自身的化身（incarnation）①法则。因此，这些灵魂被播种到行星和地球中，并且被造的诸神受到吩咐来构造灵魂的可朽部分（mortal parts）。柏拉图的意思很可能是：在可朽部分已然由被造的诸神添加进来之后，灵魂将会在行星和地球上化身。但是我们知道，在古代，人们有时也会将一种不同的解释加诸其上。蒂迈欧洛克努斯（Timaeus Locrus）对《蒂迈欧》的这一部分的解释如下（99D-E）：

> 一方面，他借助转化性的自然物（τᾷ φύσει τᾷ ἀλλοιωτικᾷ）来分派出于相同的理性和能力的人之灵魂，他可以合成和分开（这些灵魂）；另一方面，轮替他的（这些自然物）创造了终有一死的和短命的活物——这些活物的灵魂自月球、太阳或其他漫游者（即行星）中流溢而出，而在其他部分

---

① ［译注］incarnation 一词在前文叙述人的身体和灵魂之间的关系中被译作"化成肉身"，如此表意会比较清晰。但在这里，身体和灵魂的含义扩展到了宇宙中的行星（包括地球）的身体和灵魂，故在这种宇宙论背景下，译者将 incarnation 一词直接译作"化身"。后文不另行注明。

（μοίρα）中，（它们）没有这样一种相同的能力；如果他混合进（灵魂的）理性部分中，那么（它们）就分享了智慧之影像。

在这里，"转化性的自然物"（alterative nature）[①]承担了被造诸神的功能，它携带着灵魂——有些来自月球，有些来自太阳，还有一些来自其他行星——并引发了它们在地球上的化身。现在，虽然这点它并没有得到明确的说明，但最为自然的做法是去假定：非理性的灵魂是在下降到地球之前于行星上被创造出来的。因此，前者将具有类似于《论月球中显现出来的面貌》中的月球所占据的位置。此外，某些解释者将《蒂迈欧》的这一文段与后来的有关灵魂通过行星下降的学说联系在了一起，这一点由俄里根（Origen）《驳克里索》（against Celsus）VI, 21 的以下文段显明出来了：

> 克里索依据柏拉图（的观点）说，对于灵魂而言，（它们的）路径是通过行星而进入地球和出离地球。[②]

---

① ［译注］关于这个表述，（或许）可比较本书原文页 28 提及的诸神与人之间的 natures（自然物），即精灵。
② 亦参见 Cumon, *Mithra*, I, 39。关于对《蒂迈欧》的一个有些类似的解释，我们可以对照 Chalcidius, *in Tim.*, c. 200：

> 在展示了命运的法则之后，神完成了对我们的灵魂的播种——部分播种在地球之中，部分播种在月球之中，还有部分播种在他所描述的作为时间之器具的其他形体之中。这与毕达哥拉斯是一致的，因为正如人类存在于地球上一样，他们也存在于月球和其他行星上；并且，这与他自己的观念也是一致的，因为在其他的（几部）著作中，他主张：肩负着监管尘世关切的灵魂，以一种交替的模式完成任务，那些立即就要去承担任务的（灵魂）首先被播种在地球上，那些在它们之后的（灵魂）被播种在月球上，然后是被播种到其他星球上。（转下页）

当然，现在我并不准备说出这种话，即普鲁塔克的有关灵魂源自太阳和月球的神话仅仅是对《蒂迈欧》这一部分的模仿。事实上，我们没有证据表明他是以如上所说的方式来解释这个［部分］。不过，［51］有迹象表明他或他的资料来源可能想到了《蒂迈欧》：在 945C 中他谈及太阳在月球中播种 νοῦς［理智］, τὸν νοῦν αὖθις ἐπισπείραντος τοῦ ἡλίου［太阳重新播种理智］; 这让人回想起《蒂迈欧》42D 中的表述：

ἔσπειρε τοὺς μὲν εἰς γῆν, τοὺς δ' εἰς σελήνην, τοὺς δ' εἰς τἆλλα ὅσα ὄργανα χρόνου.［有的播种在地球中，有的播种在月球中，有的播种在其他的时间器具中。］

然而，我们在后来的学说中发现了与《论月球中显现出来的面貌》一书最为引人注目的相似［观念］(parallel); 这种相似观念出现在一些新柏拉图主义者那里，也就是那些炼金术 (Hermetic) 著作中，[1] 并且它也被认为出自密特拉教教徒 (Mithraist)。[2] 这种相似的观念便是：理性的灵魂透过行星从恒星 (the fixed stars) 的天宇下降，并通过从每一个非理性的灵魂那里获得一些激情来承纳 (takes on) 非理性的灵魂; 在死后，灵

(接上页)（［译注］此处汉译系参英译本转译，具体参见 Calcidius, *On Plato's Timaeus*, trans., John Magee, Cambridge: Harvard University Press, 2016, p. 433。）

尽管它一点儿都没有提及行星中较为低级的灵魂的创造，但我们拥有以下这样的观念，即行星乃作为灵魂的居间住所。

[1] 关于对这些文段的收集（尽管不完整），参见 Lobeck, *Aglaophamus*, p.932 ff.。

[2] Cf. Cumont, *op. cit.*, I, pp.38, 309-310.

魂以同样的方式上升,并且非理性的部分会溶入行星中,每个元素都会进入它所由之而出之地。我们一直在讨论的出自普鲁塔克的那个文段是值得注意的,因为它是第一个保存到我们手上且其中明显地出现了这种观念的文段。

不过,我们没有发现有关太阳(作为理性[灵魂]的来源)与月球(作为非理性灵魂的来源)之结合的确切相似[观念]。但是,我们确实在《去往太阳的朱利安》("Julian to the Sun", *Orat.* IV 158B)的演说中看到了太阳是灵魂之家的观点。同样,塞索利努斯(Censorinus)在其《论出生日》(*de die natal.*)第 8 章中说:

> solem qui stellas ipsas quibus movemur permovet, animam nobis dare qua regamur.[太阳推动星辰本身,我们借由后者而被移动;(太阳)给予我们灵魂,我们借由后者而被引导。]

由于月球在行星中的位置,月球会作为灵魂从其落到地球上的紧邻之地(immediate place)而出现在通常的有关灵魂下降的方案之中。同样如此的是,根据关于月球上方区域和月球下方区域之间的差异的哲学理论,以及关于月球对植被等事物的影响的流行观念,这个行星被视为独特的 $\gamma\epsilon\nu\acute{\epsilon}\sigma\epsilon\omega\varsigma\ \pi\rho o\sigma\tau\acute{\alpha}\tau\iota\varsigma$[起源的庇护者]——波菲利用这一短语来描述它(*de antro nymph.*, 18)。[①]我所熟知的与普鲁塔克对月球的处理最为接近的相似[观念]是在尼西弗鲁斯(Nicephorus)的一个残篇(*Synesius* 394A)中找

---

① 关于月球作为灵体(spirits)之住所的观念的讨论,参见 Ettig, *Excursus II*, *de luna animarum sede*。

到的，洛贝克（Lobeck）将之引述如下：

> 下降的（灵魂中的）出自以太的血气部分会遇见出自月球的欲望部分（因为月球是潮湿的）。

关于《论月球中显现出来的面貌》中的神话，如果我们在对其进行考察时密切关注它的细节的话，那么它并非完全前后一致。但是，我并不［52］倾向于认为：根据出现的这类差异，就存在将这个神话分割开来的可能，并把其中一个部分归因于一个确定的来源，又把另一个部分归因于另一个［确定的来源］。通过这样一种程序所假定的创作方式是极为不可能的。在我看来，以下这一假设更自然地解释了这种不一致性，即普鲁塔克结合了各种现行的终末论（Eschatological）观念，而没有总是停下来去探究它们彼此之间是否严格地和谐无间。某些此类观念很可能已经是而且最为可能的是由不同的哲人甚至是不同的学派所共同拥有。要想确认普鲁塔克必定是从某个资料来源那里获得了某种观念——特别是当前者已经佚失而我们关于它的知识在很大程度上又是推测的时候，这将是极其危险的。

从包含在这个神话之中的矛盾来发掘这个神话的资料来源的主要尝试，出现在海因策的《色诺克拉底》（*Xenocrates*, p.125ff.）。他的论证大致如下：在《论月球中显现出来的面貌》第 27 章中，地球和月球渴望彼此并在地球的阴影中相遇；在第 29 章中，地球的阴影是一个可怕的地方，月球试图全速逃离它。第 27 章中说只有纯洁的灵魂到达月球；在第 28、29 章中也很相似；第 30 章中说居住在月球上的精灵，比如摆脱了身体的灵魂，受到了邪恶激情的影响，有些甚至在与 νοῦς［理智］分离之后［还会受到影响］。第 28 章的末尾说灵魂在月球的大气

（atmosphere）[1]中变得强壮；却没有提及有关以下这一事实的任何东西，即把它们团结在一起的是 νοῦς；但依据第 30 章，灵魂在与 νοῦς［理智］分离之后会逐渐溶解。第 28 章开头强调的 νοῦς 与 ψυχή［灵魂］之间的差异在第 28 章的后半部分以及第 29 章中消失不见了，而在第 30 章中它又重新出现了。基于这些矛盾，海因策把第 28 章的后半部分（从 πᾶσαν ψυχὴν 开始）和第 29 章与这个神话的其余部分——他认为［其余部分］是衔接在一起的——拆分开来，并将第 27 章的最后一句话解释为是为了引入插补内容而进行的添加。

海因策以试图发掘这个插补内容的资料来源来开始他的调查。现在，我们在第 28 章末尾发现了以下观念，即灵魂从围绕月球的空气那里获得了 τόνος［紧张/张力］，[2] 并得到了 ἀναθυμίασις［蒸汽］的滋养。这很明显是廊下派的［观念］；[53] 他将其与塞克斯都（Sextus）[3] 的《驳数学家》（adv. Math.）IX, 71 进行对比，后者通常都被归于波希多尼乌斯。他又将以下这一思想，即灵魂在它们进入有福之人的住所之前必须在月球之下的区域里得到净化，与塞涅卡（Seneca）的《告慰马尔西乌斯》（Consolation ad Marciam）第 25 章进行对比。最终，通过指出这个插补内容与《论苏格拉底的精灵》中的提马科斯神话——正如我们将看到

---

[1]［译注］此处 atmosphere 是第一次、也是唯一一次出现在本书原文中，它对应的古希腊语原文为 αἰθήρ［以太］，作者在下一段落（以及本书其他地方）也将其译为"空气"（air）。

[2]［译注］关于此处的 τόνος［紧张/张力］的翻译，参见普鲁塔克等《论月面》，孔许友译，华夏出版社 2016 年版，页 69、70 脚注①。

[3]［译注］此 Sextus 名字的全称为 Sextus Empiricus（公元 160—210 年），此乃一位医生和哲人，他的哲学著作是尚存的有关希腊罗马皮浪主义（Pyrrhonism［绝对怀疑主义］）的最为完整的描述，现存包括《驳数学家》（Adversus Mathematicos）在内共三部著作。

的，他将这一神话追溯至波希多尼乌斯——之间的相似，他试图将前者也归因于同样的资料来源。然后，他开始着手处理神话的主要部分。没有人会比一个柏拉图主义者更倾向于在 νοῦς［理智］和 ψυχή［灵魂］之间做出清晰的划分。由于这一部分没有亚里士多德的（Aristotelian）或廊下派的元素，因此它很可能会被认为是回到了老学园，也就是色诺克拉底。而［这一部分的］精灵学呼应了《论已然式微的神谕》中被归因于色诺克拉底的精灵学。那里提及的精灵的 μεταβολαί［转变］因此被看作要么是它们的重生，要么就是它们的第二次死亡。奥林匹奥多罗斯（Olympiodorus）在《柏拉图〈斐多〉义疏》（in Phaedon., p.98, Finckh）中的如下描述并没有对我们假定这个神话是色诺克拉底的产生不利影响，即色诺克拉底和斯彪西波甚至声称灵魂的非理性部分是不朽的；因为［它的］意思不一定是说更低的灵魂永恒存在。但是，在被宣称可追溯至色诺克拉底的各个部分中，我们发现它们没有提及［人］死后、灵魂变成一个精灵之前会降临到灵魂身上的事情。很可能，他将它描述为灵魂为其罪行而受到惩罚。现在，这种观念出现在第 28 章这个波希多尼乌斯的文段中。由于这个观念与波希多尼乌斯并不相符，所以它很可能是色诺克拉底的，并被留存到了来自波希多尼乌斯的插补内容之后。

但是，如果我们接受海因策提出的对这一神话的划分，[1]而越过以下事实，即它假定了一种断然不可能的创作方法，那么我们也不一定要接受他就每个部分的资料来源得出的结论。在我们对《论苏格拉底的精灵》中的提马科斯神话的处理中，我们将提出否

---

[1] 这种划分并不是十分让人满意。例如，在第 29 章的最后部分中，我们发现了两个本不应该出现在被归于波希多尼乌斯的部分中的观念，即月球中的灵魂可能会犯罪，以及它们会为此而在一个特定的地方（也就是月球上的一个洞穴）受到惩罚。

认在这一后者中发现的观念是源自波希多尼乌斯的理由——这种观念也出现在《论月球中显现出来的面貌》的插补内容中。退一步说，相关证据［54］并无定论，而基于这种证据他将这个神话的主要部分归因于色诺克拉底。①

不过，关于这个神话的来源，有两件事我们必须承认，即第28章的最后一部分彻头彻尾是廊下派的［思想］；② 以及，无论这个神话的主体部分的观念是否来自色诺克拉底，但它们至少是来自一个柏拉图式的来源。阿德勒（Maximilian Adler）在他的论著《普鲁塔克〈论月球中显现出来的面貌〉一书的来源为何》（*quibus ex fontibus Plutarchus libellum de facie in orbe lunae hauserit*, dissertationes Vindobon，Vol. 10，Part 2，p. 161 ff.）中批评了海因策的结论，并试图证明波希多尼乌斯是这个神话的大部分内容的来源。首先，阿德勒试图显明海因策所发掘的不一致性并非真的如此（在我看来，他的做法并不成功），因此我们并不需要去寻找两个来源。再者，他认为这个神话中所显示的地理知识指向了波希多尼乌斯。我认为，这一点并不重要，因为我们在某些地理手册中没有找到任何像普鲁塔克这样博览群书的人不会知道或找不到的东西。然后，他相当清楚地表明施默特脊（Schmertosch）

---

① 为了做到这一点，他必须假定944E的观念具有色诺克拉底的特征，也有亚里士多德的特征。我认为，海因策下述更进一步的主张（页138）并不正确，即伊希斯与俄赛里斯从好的精灵变成诸神，与 νοῦς［理智］和 ψυχή［灵魂］相分离的学说有关。它更接近于《论已然式微的神谕》415B，以及《罗慕洛传》第28章中所说的学说。

② 邦赫费尔（Bonhöffer, *Epiktetos und die Stoa*, p. 80 n. 1）似乎否认这可能来自波希多尼乌斯：

> 无论谁（波希多尼乌斯）谈论不朽的灵魂，他也应该放弃廊下派的以下观念，即灵魂之养料乃是来自物质，以及他们对一种同质材料的区域性限制。

没有充足的理由把克洛诺斯（Cronus）的故事归因于色诺克拉底，但是，他自己的论证，即把它归因于波希多尼乌斯并没有做得更好。正如他所说，将德墨忒尔和珀耳塞福涅的相会寓意化为月蚀，这很可能是廊下派的［观念］；但这对于这个神话的其余部分的来源来说证明不了任何东西，因为普鲁塔克在《论伊希斯和俄赛里斯》和残篇《论普拉塔伊阿的代达拉节日》（de daedalis Plataeensibus）中展现出了关于这类寓言的相当可观的知识。

阿德勒认为，海因策在假定色诺克拉底教导了一种关于人的三重（tripartite）划分上是相当正确的，但在假定他是普鲁塔克的直接来源上却并非如此。当普鲁塔克说那些使 $νοῦς$［理智］成为 $ψυχή$［灵魂］的一部分的人所犯的错并不比［55］那些使其成为身体的一部分的人［所犯的错］更少时，他所说的前者是指柏拉图主义者（或亚里士多德），而后者是指廊下派。既然所有人都会同意这部分的讨论不是来自普鲁塔克本人，那么我们就必须找到一个符合这种描述的人。而这只可能是波希多尼乌斯，他既拒绝了正统廊下派对于灵魂的看法，也在谈及灵魂的诸功能（functions，$δυνάμεις$［能力、功能］）而非其各个部分上有别于柏拉图。——现在，这样一个论证的明显答案是：普鲁塔克正在提出以下这一观点，即 $νοῦς$［理智］是一个与 $ψυχή$［灵魂］相分离的实体（entity）；他对使其成为［灵魂的］一个部分的反对意见，也同样适用于使它成为［灵魂的］一个功能［的做法］。我认为，这种考量决定性地证明了这个神话的这一部分无论如何"都不可能来自波希多尼乌斯"。[1] 海因策将第 28 章后半部分以及第 29 章归因于波希多尼乌斯的这部分论证得到了阿德勒

---

[1] 阿德勒承认（p.172 n.1）这一论证并不令人满意：但是，这里的论证做得不够好，这是我们应当承认的，因为在这里，$νοῦς$（理智）被设定为与灵魂有所不同的东西，而非（只是）一种 $δυνάμεις$（功能）。

的认可，而且他试图通过从措辞中得出的考量和对月球之物质构成的讨论来强化［这部分论证］。对他来说，将色诺克拉底的观点引入后一个问题上的做法似乎表明了普鲁塔克并未读过色诺克拉底，而是从一个引用了柏拉图和色诺克拉底之观点的资料来源那里得到了这些观念（页 173、174）。这可能是真的，但相关语言中没有任何东西可以表明这一点。在以下这个句子中：ταῦτα δὲ καὶ Ξενοκράτης ἔοικεν ἐννοῆσαι θείῳ τινὶ λογισμῷ τὴν ἀρχὴν λαβὼν παρὰ Πλάτωνος［这也是色诺克拉底的（构想），他以柏拉图为其开端（或译"基础"），就像是以一种神一样的推理在思考］，①ἔοικεν［像是］当然被带入了与 ἐννοῆσαι θείῳ τινὶ λογισμῷ［以一种神一样的推理在思考］的关联之中，而且它并未表明普鲁塔克心中就色诺克拉底所说的内容有任何可能的怀疑。

阿德勒认为《论月球中显现出来的面貌》第 29 章的大部分内容是由普鲁塔克本人放在了一起。但是，他将第 30 章的开头与《论已然式微的神谕》417A——这里提到诸神将神谕和祭祀秘仪置于 ὥσπερ ὑπηρέταις καὶ γραμματεῦσι［如同助手和秘书］一样的精灵的掌管之中——进行对比。他又将后一文段与［亚里士多德的］《宇宙论》（de mundo）398a1 ff. 进行对照，在那里，神被比作将所有次级事务都委托给了其侍从的伟大君王。既然卡佩勒（Capelle, Neue Jahrbücher XV, 556）推测《宇宙论》的这个文段可追溯至波希多尼乌斯，那么我们也可以假定《论已然式微的神谕》417A 和《论月球中显现出来的面貌》第 30 章亦是如此。但是，出自《宇宙论》的这一文段是否真的来自波希多尼乌斯，看起来非常可疑；我宁愿倾向于［56］策勒（Zeller）的看法（III, 1, p. 656）：

---

① ［译注］这句话的具体出处是《论月球中显现出来的面貌》第 29 章，943F。相关汉译也可参普鲁塔克《论月面》，页 70 以及脚注 7。

然而，如果我们可以在那个人（即波西多尼乌斯）的单个观点上发现一种学园派和漫步学派哲学的倾向，那么，一般说来，这远非意味着他——连同我们的作者（即《宇宙论》的作者）——变得不忠于他的学派的基本教义，并已经放弃了……神在世界上的实质性存在。（Zeller，*III*，1，p.660）

再者，阿德勒将第 30 章开头出现的表述，即精灵 $\upsilon\pi'\ \dot{o}\rho\gamma\hat{\eta}\varsigma\ \ddot{\eta}\ \pi\rho\dot{o}\varsigma\ \ddot{a}\delta\iota\kappa o\nu\ \chi\acute{a}\rho\iota\nu\ \ddot{\eta}\ \phi\theta\acute{o}\nu\omega$ ［由于发怒，或为了不正义的欢乐，或出于嫉妒］而犯罪，与《论已然式微的神谕》第 10 章（finis［末尾］）——海因策承认它是波希多尼乌斯的［观念］——联系在了一起。但是，为波希多尼乌斯对太阳的赞美举出证据是毫无意义的，因为《论月球中显现出来的面貌》944E 中的学说与关于它的物理属性（physical properties）的颂词毫无关系，而且它［指 944E 中的学说］很显然是柏拉图学说和亚里士多德学说的一种混合。阿德勒承认 945A 中包含了色诺克拉底的观念，但他因为下述原因，即色诺克拉底认为非理性的灵魂与理性的灵魂一样都是不朽的，而否认普鲁塔克可能将其作为一个来源而直接使用了后者。他认为，这里提出的学说与波希多尼乌斯这个廊下派相符：

> 我相信某种世界大火学说，因为它并不假定不朽的灵魂；但是，（灵魂）它们胜过了人类的死亡，不过在一段时期后，它们仍会消失。

他奇怪地忽略了以下事实，即在最终的大火（conflagration）中，太阳、月亮、$\nu o\hat{\upsilon}\varsigma$ ［理智］和 $\psi\upsilon\chi\acute{\eta}$ ［灵魂］可能都会被吸收掉（absorbed），而且 $\psi\upsilon\chi\alpha\acute{\iota}$ ［灵魂］可能在同一时间里（at one time）

全部都被吸收掉；而我们从这个神话中看到的情况却并非如此。

总而言之，阿德勒不仅未能证明波希多尼乌斯是这个神话的来源，而且仔细考察他的论证就会使人相信：如果［我们］对我们所拥有的关于波希多尼乌斯之观点的明确描述哪怕有一丝信赖，那么他就不可能是这个神话的来源。

在《论苏格拉底的精灵》第 22 章 590B ff. 中，西米阿斯叙述了提马科斯的故事：他下到特洛佛尼俄斯（Trophonius）[①] 洞穴去探究苏格拉底的 δαιμόνιον［精灵］的本性，在那里，他进入了一种出神［状态］并见到了一个异象。下面我将概述其主要特点，而省去不重要的细节。那里出现了漂浮在以太中的火焰岛屿，[②] 当它们移动时会发出令人愉悦的声音。但当他往下看时，他见到了一个充满悲痛声的巨大深坑。过了一会儿，他听到一个声音问他：他渴望知道些什么。当他回答说"所有事情"（everything）时，那个声音回复道："我们很少参与高阶事物（higher things），[③] 因为它们属于［57］其他诸神。但是如果

---

① ［译注］特洛佛尼俄斯（Trophonius）是德尔斐阿波罗神庙的第一个建造者，他后来在洞里颁发预言。

② ［译注］关于"火焰岛屿"的描述，具体参见《论苏格拉底的精灵》第 22 章 590C：

> 他看到，诸岛屿都被另外的岛屿以柔和的火照耀着，一会儿变成这种颜色，一会儿变成另一种颜色，就像是在染色一样，随着它们的变化，光也在变化。（罗勇译文）

③ ［译注］"高阶事物"（higher things）的古希腊语原文为 τῶν ἄνω ［上层事物］。洛布版《伦语》将其译作"高阶领域"（higher regions），参见 Plutarch, *Moralia*, Vol. VII, trans., Phillip H. De Lacy and Benedict Einarson, Cambridge: Harvard University Press, 1994, p. 467。现有汉译本则译作"更高的事物"（罗勇译文）。

你愿意，你可以观看珀耳塞福涅的领域，那是斯提克斯［河］（Styx，或译'冥河'）——通往哈得斯的路——划定了边界（bounds，ὁρίζει）的四个区域之一。"那个声音继续说道：有四种关于万物的 ἀρχαί［本原］，[①]第一种是生命的本原，第二种是运动的本原，第三种是生成（generation）的本原，第四种是毁灭（destruction）的本原；μονάς［单体］[②]在不可见的世界（the invisible world，κατὰ τὸ ἀόρατον［依据不可见者］）中结合了第一和第二种［本原］，νοῦς［理智］在太阳中结合了第二和第三种［本原］，而φύσις［自然］在月亮中结合了第三和第四种［本原］。[③]诸神据有其他岛屿，而月亮是 δαίμονες ἐπιχθόνιοι［地上的精灵］的住所。月亮试图避开斯提克斯，但在每隔177天的第二个尺度中（once in every 177 second measures）[④]都会被它赶上。当这个［斯提克斯］冲向它时，灵魂们会感到恐惧，因为哈得斯会掳掠许多灵魂。月球会从下［界］（from below）接收很多其重生时期已经过去了的［灵魂］，但不洁的［灵魂］一个都不接收。这些［不洁的灵魂］不被允许接近［月亮］，而是被带向另

---

① ［译注］此处ἀρχαί对应的英译即为前文已经出现过的principles（本汉译一般译作"本原"），也可参见本书原文页59。

② ［译注］在本书原文中，μονάς一词对应的英译是monad；为与16世纪才出现的莱布尼兹的"单子"（monad）理论相区分，汉译统一将本书中的μονάς（monad）译作"单体"。另外，与monad（单体）相对应的另一个概念是dyad（δυάς），δυάς虽可表示希腊数字2，但很显然的是，dyad（δυάς）和前面的μονάς（monad）都超出了一般的数学含义而具有了本体论意义，故汉译中dyad统一译作"双体"，这两个词在原文页14的注释中便已出现。

③ ［译注］μονάς、νοῦς和φύσις分别对应Monad、Nous和Physis，参见本书原文页59的注释。

④ ［译注］"在每隔177天的第二个尺度中"对应的是《论苏格拉底的精灵》591C中的描述，此处汉译参见罗勇译文。

一次出生。然后，提马科斯的注意力被召唤到了他所看见的很多星辰上，有些星辰在深渊之上移动，有些在下沉，还有一些在从它那里往上升。那个声音告诉他，这些［星辰］是精灵本身。然后，那个声音继续解释道：没有灵魂会完全没有 νοῦς［理智］，只有在它们卷入了身体的情感（affections）之中时才会说它们是非理性的。有些灵魂会完全陷入其中，其他灵魂则保留了一部分免受其影响。沉浸（submerged）在身体之中的那个部分我们称之为 ψυχή［灵魂］，自由的那个部分大多数人称之为 νοῦς［理智］，但它应该被称作 δαίμων［精灵］。那些为人所见熄灭了的星辰是完全沉浸在身体之中的灵魂，那些上升的是正在离开身体的灵魂。在深坑之上盘旋的星辰是传闻中拥有 νοῦς 之人的 δαίμονες。那些像软木塞（corks）一样上下摆动的灵魂，在它们里面，占绝对优势的（supreme）时而是理性、时而是激情。在这后一类别中，当低阶的灵魂（the lower soul）受到高阶的［理智］（the higher）的控制（ἐπιστομιζομένης）时就会诱发悔改。① 先知和预言者（soothsayers）属于那些从一开始就完全控制住了自己的激情的一类人，比如克拉佐美尼亚的赫莫多洛斯（Hermodorus of Clazomenae），据说他的灵魂离开了身体并在地球上方游荡。但实际上，那不是他的灵魂，而是他的 δαίμων。

海因策对这个神话的解释无疑是正确的，他在《色诺克拉底》页 135—136 中提出了这个解释。这个解释的本质特征是：提马科斯见到的那个深坑是这个地球。②

---

① ［译注］依据此处前后语境，这里"低阶的灵魂"和"高阶的［理智］"分别对应于前述的"激情"和"理性"（"理性"则是前述 νοῦς［理智］或 δαίμων［精灵］的另一种同义表述）。

② 尽管诺登（Norden）在他所译的《埃涅阿斯纪》（Æneid, VI）中接受了海因策的以下看法，即波希多尼乌斯是这个神话的来源，不过他误解了这个坑的性质。参见页 41:（转下页）

（接上页）波希多尼乌斯至少在另一部著作（《劝勉篇》[Protrepticus]）中采用了 ἄωροι（不是时候的）这个援引，在海因策将（普鲁塔克著作《论苏格拉底的精灵》第 22 章 590F 中的）末世神话归因于他的一个文段之后，随之而来的是：κάτω δ' ἀπιδόντι φαίνεσθαι, ἔφη, χάσμα μέγα [但是当他俯看时，(他说，)他看到了一个巨大的圆形深渊（χάσμα）] ……πολλοῦ σκότους πλῆρες [充满了黑暗] ……ὅθεν ἀκούεσθαι [从这里（能够）听到] ……μυρίων κλαυθμὸν βρεφῶν [数不清的幼崽的哭泣]，这在形式上也涉及引人注目的维吉尔（Vergil）426 f.]（[译注] 此处古希腊语内容之汉译参见罗勇译文；而下述有关维吉尔《埃涅阿斯纪》卷六第 426 行及其后的汉译，则参见 [古罗马] 维吉尔《埃涅阿斯纪》，杨周翰译，译林出版社 1999 年版，页 154）：

> 立刻他们听到一片呼号的哭声，
> 这是入口处一群哭泣着的婴儿的灵魂发出来的，
> 他们从来没有享受过生活的甜蜜，
> 就被黑暗的天日从母亲的奶头上夺走，淹没在痛苦的死亡里。

除了普鲁塔克那里的场景是在这个世界之中，而维吉尔的场景是在另一个世界中这一事实以外，一个对普鲁塔克的更为完整的引用就会消除表面上的相似性，因为提马科斯从坑中听到的不仅仅是婴儿的哭泣，还有各种各样的野兽的嚎叫、男男女女的哀叹以及各种各样的响声。而且，在他的尝试（p.32 ff.）中，为了证明他对《埃涅阿斯纪》卷六第 743 行的解释，"quisque suos patimur manes [每个人具有他自己的幽灵]"（在这里他用 "manes [幽灵]" 来表示古希腊词语 δαίμων [精灵]），他援引了《论苏格拉底的精灵》592B：

> 在另一个世界中，每一个灵魂都会受到它的 δαίμων（精灵）的惩罚，因为它将自身联结在身体的激情上，并因此疏远了自身的本性，但根据以前的这种结合是更加松散或更加牢固，δαίμων（精灵）执行的惩罚也会更温和或更严厉。

现在，由 νοῦς 或 δαίμων 施加于灵魂之上的惩罚——也就是后悔（μεταμελεία）——不是发生"在另一个世界中"（im Jenseits），而是在这个世界中。

［58］我们可能会注意到这个神话和《论月球中显现出来的面貌》所包含的那个神话之间的某些相似性。正如在后者中，$νοῦς$ 和 $ψυχή$ 有着尖锐的区别，同样，这里说灵魂的沉入（sunk in）身体的那个部分——换言之，激情的和情感的（passionate and affective）灵魂——被称作 $ψυχή$。大多数人把逃脱了身体的触染（contagion）的东西称作 $νοῦς$，认为它在它们里面，但它应该被称作 $δαίμων$，因为它实际上在［它们］外面。① 在这两个神话中，我们都发现了为罪重生的观念，尽管灵魂最初的下降似乎是出于必然性。

但是，这种相似性进一步延伸到了布景（setting）和神话细节。在这两个［神话］中，月球是灵魂由此下沉到（sink to）地球的紧邻之地，也是它们与身体分离时所渴望的目标；唯有纯洁的灵魂才得到允许进入月球。②［59］在这两个［神话］中，月球都试图避开地球的阴影，尽管这两个神话为此指定了不同的原因。③ 在《论月球中显现出来的面貌》944C 中，在月球上逗留的灵魂被说成是精灵——在通常的普鲁塔克的思想中，它们在本性和功能上都是在诸神与人之间进行调解（mediate）的存在者。我们有理由认为，这也是《论苏格拉底的精灵》591C 中的构想，那里说月球属于地球上的精灵（the earth demons，$σελήνη—δαιμόνων\ ἐπιχθονίων\ οὖσα$［月球——属于在地上的精灵］）。短语 $δαιμόνων\ ἐπιχθονίων$［地上的精灵］很显然是对赫西俄德《劳作与时日》

---

① 这两个神话对这件事的确切构想并不相同。因为在《论月球中表现出来的面貌》中，$νοῦς$ 和 $ψυχή$ 被认为是具有不同的实质（substance），一个源于太阳，另一个源于月球；然而，在提马科斯神话中，$ψυχή$ 被说成是由 $νοῦς$ 的变形（transformation）产生的。

② 《论苏格拉底的精灵》591C；《论月球中显现出来的面貌》942F。

③ 关于斯提克斯和地球阴影的同一性，参见 Heinze, p.130, 以及 Prickard, *The Face in the Moon*, pp.74-75。

(*Works and Days*)第 122—123 行的一个回忆,[①] 普鲁塔克在别的谈及一般意义上的精灵的地方(例如《论已然式微的神谕》415B,431B)也影射了[这一诗节]。因此,我们应该将《论苏格拉底的精灵》591C 的 δαίμονες ἐπιθόνιοι[地上的精灵]与 519F 的 δαίμονες[精灵]区别开来,前者——如果我们可以通过《论已然式微的神谕》和《论月球中显现出来的面貌》中相对应的文段来对之加以判断的话——保留了它们的激情和情感。

在这两个神话中,我们都可以观察到 νοῦς[理智]与太阳的关联:在《论月球中显现出来的面貌》中,人类灵魂的较高部分——νοῦς——来自太阳;在《论苏格拉底的精灵》中,νοῦς 在太阳中结合了运动的本原和生成的本原。[②] 在这两个神话中,命运三女神(the three fates)多少都担任着类似的角色,除了《论苏格拉底的精灵》中的每一个女神相比在《论月球中显现出来的面貌》中都拥有一个更高的地位之外。因此,在前者中,阿特洛波斯(Atropos)在不可见的[世界]中执掌着生命的本原和运动的本原之联合,克洛

---

① [译注]《劳作与时日》第 122—123 行:

但自从大地掩埋了这个种族[即黄金种族]——他们做了精灵,伟大宙斯的意愿如此,在大地上乐善好施,庇护有死的人类……(参见吴雅凌《〈劳作与时日〉笺释》,华夏出版社 2015 年版,页 5—6。)

② 毫无疑问,在 591A 中,普鲁塔克在借鉴一个明确的来源(很可能是如埃蒂希所认为(p.330 n. 6)的一个柏拉图主义者),而且他对其进行了大量的删节。这个等级制(hierarchy)——单体(Monad)、理智(Nous)和自然(Physis)——肯定不是普鲁塔克自己的;而且我们只有极少(毋宁说是没有)证据来确立它的来源。这一文段与《论月球中显现出来的面貌》之间的相似性向我暗示了以下可能性,即在普鲁塔克所使用的原始文献中,灵魂的下降可能要溯及从更高的区域降至月球,尽管在这个神话自身中没有关于这一点的明确迹象。

托（Clotho）在太阳中执掌着运动的本原和生成的本原之联合，而拉克西斯（Lachesis）则在月球中执掌着生成的本原和毁灭的本原之联合；反之，在后者中，阿特洛波斯坐在太阳中，克洛托坐在月亮中，而拉克西斯坐在地球上。①

[60] 这个神话的总体思想与我们在柏拉图那里找到的东西并无二致。灵魂从更高领域的下降似乎被构想为是由于必然性而发生的（如同在《蒂迈欧》中一样），而不是由于罪（如同在《斐德若》和恩培多克勒那里一样）。灵魂连续地重生，直至它完全得到净化。正如在《蒂迈欧》和《斐多》80 ff. 中没有提及有关惩罚的任何明确地点，除非我们假设在地球和月球之间的空气中游荡的灵魂像《论月球中显现出来的面貌》中那样遭受到了特殊惩罚。将 νοῦς 构想为 δαίμων，这一点乃是取自《蒂迈欧》90A。更为细微的相似之处则在于：在《论苏格拉底的精灵》590C 那里，以太中的岛屿会使人想到《斐多》111A；② μυκᾶσθαι [吼叫] 这个相同的词在《论苏格拉底的精灵》591C 中被用于月球之上，就像在《理想国》615E 中使用了 στόμιον [开口] 一样；《论苏格拉底的精灵》591E 中的 ὑποβρύχιον [在下面] 可能——正如埃蒂希所提议的——是对《斐德罗》248A 的一个回忆，尽管这两处文段并非精确地相似；在《理想国》621B 中，灵魂则被描述为像星辰一样出现。③

---

① 在我看来，命运三女神在这两个神话中的出现似乎是对《理想国》617C 的模仿，尽管那里的优先顺序不同，而且角色也不相同。我倾向于认为《论月球中显现出来的面貌》中的 συνεφάπτεται [和……一同握住] 是对《理想国》617C 中的 ἐφαπτομένην [抓住／把握住] 的一个回忆。

② 我们注意到 590C 和 *Schol. Ambros. in Odys.* I, 391 之间的一种相似性。前者那里说提马科斯听到每一个移动的岛屿（也就是行星）都发出一种乐音，后者则提到：φησίν（sc. Pythagoras）ἔξω γενόμενος τοῦ σώματος ἀκήκοα ἐμμελοῦς ἁρμονίας [他（即毕达哥拉斯）说，我听到了从（天）体中发出的和谐乐音]。亦参见《理想国》617C-D。

③ Cf. Ettig, p. 322.

现在，我们要讨论某些［别人］已经做过的、想要去确定提马科斯神话之来源的尝试了。

希策尔（*Der Dialog II*, p.160）试图将它［即《论苏格拉底的精灵》中的提马科斯神话］追溯至狄凯阿科斯。他将其与《论苏格拉底的精灵》第20章中的西米阿斯的言论关联起来，正如我们所看见的，他将这一言论归因于后者［即狄凯阿科斯］；但是，他为将这个神话归因于这一来源而提出[①]了两个额外的论证。第一个论证依赖于以下这两个故事之间的假定的相似性——西塞罗《论预言》I 25.53（亚里士多德，*frag.*, 32）中的欧德摩斯（Eudemus）故事以及克拉佐美尼亚的赫莫多洛斯的故事，并依赖于对出现在《论苏格拉底的精灵》中的故事的修正：大意是，是他的 νοῦς 而不是他的 ψυχή 离开了他的身体。那么，首先，在上述提及的故事之间并没有相似之处：普鲁塔克说的是赫莫多洛斯的 νοῦς 离开了他的身体并在地球之上游荡；亚里士多德则说欧德摩斯做了一个梦，大意是他五年之后会回家，但实际上，在这个时间期满的时候，他在叙拉古被杀，因此相关解释被认为是这样的，即当欧德摩斯的灵魂离开他的身体的时候（cum animus Eudemi e corpore excesserit；唯有希策尔引用了这个短句），他就回家了。这两个故事之间的唯一连接点是以下这一有关灵魂的观念，即灵魂是一个［61］会离开身体的独立实体。而且，从亚里士多德这样的文段中，我们不能就他自己的关于灵魂之独立性存在的成熟观点——更不用说就狄凯阿科斯的［成熟观点］——得出任何结论。再者，我们在普鲁塔克那里看到的修正，即并非赫莫多洛斯的 ψυχή 而是他的 νοῦς 离开了他的身体，不能归因于狄凯阿科斯；因为依据我们所有的权威［人士］（authorities），

[①]［译注］此处"提出"在本书原文中为 aduances，这应是 advances 的误录。

后者否认了作为一个分离性实体的 νοῦς 的存在,与之差不多的是,他也否认了 ψυχή[作为一个分离性实体的存在]。① 希策尔的第二个论证是狄凯阿科斯写了一本标题为 εἰς Τροφωνίου κατάβασις[《进入特洛佛尼俄斯的洞穴入口》]的书。当我们认为他否认了灵魂的不朽——这是这个神话中的一个基本设定——时,这个事实并不具有分量来作为一个他是资料来源的论证。关于这一假设可以多说一点,即普鲁塔克撰写过一篇反对狄凯阿科斯的论战文章。②

海因策力图证明波希多尼乌斯是这个神话的资料来源(《色诺克拉底》,pp.130-131)。首先,他指出后者非常重视灵魂的非理性部分对理性部分——他也将其称为 δαίμων[精灵]——的臣服(参见 Galen, *Hippocrates and Plato* V, 6, p.469)。这个观念也在《论苏格拉底的精灵》中(尤其是 592AB 中)得到了凸显。但是,普鲁塔克与波希多尼乌斯的观念之间的这个相似之处并未为我们提供正当理由去认为:前者是从后者那里得知了它们,因为并不存在一个为这二人所共有的,同时也是没有出现在柏拉图那里的观念。鉴于普鲁塔克对后者的依赖以及他的频繁引用,没有

---

① 参见 Cicero, *Tuscul. disput.* I 22. 51;31. 77;Atticus in Eusebius, *Praep. Evang.*, XV 810A。罗德(Rohde, *Psyche II*, p.310 n.)借由他所相信的这种观念,即通过梦和狂热来进行预言,而评论了他的灵魂观的不一致性。参见 *Plac.*, V, 1;Cicero, *de divinat.* I 3. 5;50. 113。在来自 *Placita* 的文段中,亚里士多德是与他联结在一起的。现在,我们知道,无论亚里士多德赋予灵魂什么预言能力,他都是完全通过自然原因来对之加以解释(参见 463b12),而且正如策勒所说(策勒,II, 2, p.891),我们可以假设狄凯阿科斯也给出了一种关于他所允许的任何预言的自然解释。

② 罗德(*Der griechische Roman*, p.281)也推测狄凯阿科斯是其资料来源。关于其他针对这一立场的批评,参见 Ettig, *op. cit.*, p.333, Bock, *op. cit.*。

什么比假设他在这里也是在借鉴他更为自然的了。[1]

其次，海因策提出了以下这一要点，即波希多尼乌斯将灵魂的预言能力与非理性［部分］对理性［部分］的完全臣服［62］关联起来了。这很可能是真的，但他援引的证据并不十分令人信服。斯托拜俄斯（Stobaeus）在其《文选》（*Ecl.II*）238 中告诉我们，廊下派说过 μαντικὸν δὲ μόνον εἶναι τὸν σπουδαῖον ［唯有预言术是值得认真看待之事］。相对而言，这几乎不能证明什么，因为它出现在智者被认为是具有所有德性的语境之中。他认为，《论已然式微的神谕》432C——一个他已经将其归因于波希多尼乌斯的文段——的含义也是如此。不过，这种解释有赖于我们已经显明的一个对希腊人（the Greek）的错误理解。但是，若承认这是廊下派的学说，那它也绝无可能是他们的原创，[2] 普鲁塔克也绝无可能可以从其他来源那里得知它。

---

[1] 来自盖伦的文段内容如下：

> 痛苦（παθῶν）的原因，也就是说，不一致的和不幸的生活的（原因），乃是没有全然跟随自身里面与生俱来的精灵和整个宇宙的治理者——他拥有相同的（ὁμοίαν，或"共有的"）本性（φύσιν），而是（跟随了人）所携带的会一齐溃退的更低级之物和动物属性……要想获得它（即幸福），首要之事乃是要全然不受灵魂的非理性的、不幸的和不敬神的（部分）的领导。

我们可以将这一文段与《蒂迈欧》90C-D 相对照：在后者那里，νοῦς ［理智］被称作 δαίμων ξύνοικος ἐν αὐτῷ ［在它里面的公正的精灵］；我们发现了 δαίμων ［精灵］和 εὐδαίμων ［幸福（构词法为：好的—精灵）］的作用；以及以下这一观念，即宇宙的思想和运动类似于我们里面的神圣者（τῷ ἐν ἡμῖν θείῳ）。进一步关于非理性［部分］对理性［部分］的从属关系，参见《蒂迈欧》42D（也是一个与重生有关的文段）。

[2] 我们可以对照《理想国》571E f.，那里出现了以下这一观念，即一个其灵魂不为激情所扰的人在他的睡梦中看见了描绘真实（truth）的异象；西塞罗在《论预言》（I 29. 60-61）中引用了这一文段。

再者，作为对赫莫多洛斯故事的对比，他援引了《论预言》I 50.114 以及《论已然式微的神谕》432D；在前者那里，我们发现了以下这一陈述，即离开了身体的灵魂实际上看到了他们用预言讲述的那些事物；后者那里则说，当预言的机能（faculty）最大程度地摆脱它的周遭事物时，它就能领悟未来。即使我们承认《论预言》I 50.114 是来自波希多尼乌斯，以及后者在他的著作中叙述了如同阿巴里斯（Abaris）、恩培多提姆斯（Empedotimus）等人的故事一样的这类故事，但我们也没有权利假定：普鲁塔克是从他那里获得了《论苏格拉底的精灵》中的神话，乃至这个文段。看来很有可能的是，在古代，这类故事的主要来源是赫拉克利德·庞提科斯（Heraclides Ponticus）。① 普鲁塔克至少对他的种种神话有所了解，这一点［我们］是知道的。② 当然，这一事实并不能证明他［63］借鉴了他［即赫拉克利德］，但它至少消除了以下论点，即他必定是从波希多尼乌斯那里获得了这些东西。

此外，以下这一主张，即并非赫莫多洛斯的 ψυχή［灵魂］而是他的 νοῦς［理智］离开了他的身体，几乎不可能是来自波希多尼乌斯；波希多尼乌斯持有的是关于灵魂的 δυνάμεις［功能］——而非 μέρη［部分］——的观念。不管《论已然式微的神谕》432D

---

① 参见 Rohde, *Psyche II*, pp.95, 297。他在 *II*, p.320 中推测说，如果波希多尼乌斯真的是《斯基皮奥之梦》（*Somnium Scipionis*）的资料来源，那么他就是从赫拉克利德获得了他的材料。
② 参见《年轻人应当如何听诗？》14E：

ἀλλὰ καὶ τὸν Ἄβαριν τὸν Ἡρακλείδου καὶ τὸν Λύκωνα τὸν Ἀρίστωνος διερχόμενοι καὶ τὰ περὶ τῶν ψυχῶν δόγματα μεμιγμένα μυθολογίᾳ μεθ' ἡδονῆς ἐνθουσιῶσι. [（因为，不只是当这些非常年轻的人阅读伊索的寓言和诗人的创作时），而且，当他们细读赫拉克利德的《阿巴里斯》（τὸν Ἄβαριν）、阿里斯同的《吕孔》（τὸν Λύκωνα），以及与神话相混合的关于灵魂的学说时，他们都会获得灵感，并连同获得快乐。]

是否来自波希多尼乌斯（我认为不能证明为否），这在决定这一神话的来源上都几乎没有什么区别。

然后，海因策考虑到了这一问题，即是否这里出现的重生学说可能来自波希多尼乌斯。他依靠以下这三个出现在"古希腊哲人论述的编集者"（doxographers）那里的文段而判定这是可能的（在这三个文段那里，这种学说被归于廊下派）：希波吕托斯（Hippol.），*Philosoph.* 21（Diels 571，18）；厄庇法纽斯（Epiphanius），*Prooem.* I and II（587，19 和 588，8）；盖伦（Galen），*Hist. Philosoph.* 24（614，10）。这些［文段］被解释为源于对 ἀποκατάστασις［恢复］学说的一种误解，但海因策认为盖伦的证言过于一目了然，以至于不能以这种方式采纳它。

现在，如果提马科斯神话的其余部分只可能来自波希多尼乌斯这一来源已经得到显明，以及如果我们确信它全部都出自一个来源，那么我们可能会自然地尝试将上述提及的 testimonia［证言］归诸于波希多尼乌斯。但是，正如我们所看到的那样，并不存在［能够］指出他是这个神话之其余部分的来源的证据，却存在一些直接地反对这一点的证据。我认为，罗德（Rohde）在《灵魂》（*Psyche II*）325n. 中令人钦佩地概括了这一点：

> （与 Heinze, *Xenocrates*, p.132 ff. 一致，）他建立了一套作为波希多尼乌斯之学说的关于灵魂 μετενσωματώσεις（转入另一个身体［的理论］)，而这并没有充分的理由。即使这样一种意见本身并非不可想象，而且坚持最终的 ἐκπύρωσις（大火［理论］）也是如此；但是，那些关于对廊下派（尤其是出自波希多尼乌斯）之 μεταγγισμὸς ψυχῶν（灵魂轮回）学说的许多 δοξόγραφοι（教导）的可疑论调，仍然没有给予我们权利去认为普鲁塔克援引了这种轮回观念；他可能在这里和那

里加入了波希多尼乌斯（的观念），但他从未放弃柏拉图哲学或自我构建之想象的干预，因此，他笔下的混合型图像的各个特征的确定性来源仍然存疑。①

［64］现在，我们将着手处理普鲁塔克的《爱欲对话》中的几个文段，它们包含了与我们（在得到讨论的各个神话中）已经发现了的那些观念非常相似的观念。《爱欲对话》766B中说，真正的爱欲者（lover）②死后会在天上的营伍（the heavenly host）中获得一席之地，并继续待在那里，直到他再次进入阿弗洛狄特和塞勒涅（Selene）的草地，他会入睡并因此开始一段地上的新生活。［这里的］相关概念和语言大部分都是《斐德若》246 ff.中的那些［概念和语言］。③月球实质上所扮演的乃是它在《论月球中表现

---

① 鉴于将如此多出现在后期关于神话和宗教种类的文献中［的文段］归因于波希多尼乌斯的趋势，比较好的做法可能是引用来自格鲁佩（O. Grupe）对诺登版本的《埃涅阿斯纪》VI的评论——在他的《关于古代神话文献和宗教历史文献的报告》（*Berichte über die Literatur zur antiken Mythologie und Religionsgeschickte*）（1898—1905，p.168）中，他说：

> 诺登把所有这些努力都归结于波希多尼乌斯名下，这同时也是现今的流行做法。但这早已令人充满疑虑了，因为我们对波希多尼乌斯的了解相对较少，以至于不足以支撑人们在过去二十年来以他之名逐渐建立起来的猜想。不太可能的是：公元前一世纪的所有神秘因素只通过一种渠道就渗透到了高等文化中；相反，这是一种强大的思潮，它流于文学的表面之下，必定深入了每一个细小的缝隙。

② ［译注］lover对应的古希腊语原文为 ὁ ἐρωτικός。
③ 因为，当真正的爱欲者到达另一个世界并与美善者（τοῖς καλοῖς）为伍时，（以下所述）就是合乎神律的（ᾗ θέμις，或，"应当的"）了，即他会长出羽翼并靠近他的神开始连续的狂欢，（那时）他会向上跳起舞来，并与（神）一道四处走动。（［译注］此处引文出自普鲁塔克《爱欲对话》766B。）

出来的面貌》和《论苏格拉底的精灵》中所扮演的相同角色。①

在《爱欲对话》762A 中，他说：有些人说爱欲者被准予从哈得斯回归光之世界（the world of light），这些人是完全正确的，但是，他们对在其中这一点得以成真的方式一无所知。柏拉图通过他的哲学第一次发现了这［种方式］。类似地，在《爱欲对话》764F-765A 中，他说：爱欲——

> 是（灵魂的）医生、救助者和引路人。它是（灵魂）透过身体从哈得斯到达真理（或真实）和真理平原的向导，广大、纯净而真实的美就是安置在（这个平原）那里的。当我们渴望支撑下去并且往上升的时候，是爱欲如同一个在秘仪中站在旁边的秘法师（或"引人入秘教者"）一样，和善地前来欢迎（我们），并援助了（我们）一段时间。

这些文段无疑都指向了《斐德若》249A，那里说，哲人和爱欲者的灵魂在三千年期满后会回归到天外（supercelestial）领域，［65］而其他灵魂则不会回归，直至一万年过去了为止。我认为，哈得斯的意思就是在这个世界中的生活。我将援引《论苏格拉底的精灵》591A 和 591C 作为对比：在前者那里，斯提克斯被称作通往哈得斯的道路，后者那里则说，哈得斯会掳掠从月球下降的灵魂。人们可能会认为，［哈得斯］它包括了灵魂在连续的化成肉

---

① 不可能明确地说：是否灵魂的下降在这里被构想为是由于必然性或是由于罪，但我们可以假定它正如在《论苏格拉底的精灵》和《论月球中表现出来的面貌》中一样，乃是由于前者［即必然性］。在《月球中表现出来的面貌》中，$νοῦς$ 在月球中播种可在某种程度上与灵魂在塞勒涅和阿弗洛狄特草地上的入睡相对应。

身之间逗留的领域。①

伯纳达基斯（Bernadakis）将两个来自斯托拜俄斯《文选》（*Eclogues I*）1046 ff. 的文段归之于普鲁塔克，并将其刊载成了残篇 146a 和 146b，而［这两个文段］在《文选》那里被归于波菲利。第一个［文段］是对如下《奥德赛》卷十第 239、第 240 行的一种寓意解释：

> 他们就拥有了猪的头、声音、毛发
> 和形体，但理智仍像从前一样，稳定不变。②

---

① 胡贝特（Hubert, *de Plutarchi Amatorio*, 1903, pp. 14, 15 n. 1）给出了一种对 764A 的有所不同的识读，它涉及一种不同的解释：对于被说服的（灵魂）而言，这里的每样（东西）都是高贵之物（τὸ καλὸν）和有价值之物，并非出于偶然，神圣而明智的爱若斯是（在这里的灵魂的）医护和救助者，是（灵魂）透过身体从哈得斯到达真实（或真理）的向导，另外也是（灵魂）到达多（τὸ πολὺ）所在的真理平原的向导。在给出这种识读之前，他对这一文段做出了如下评论：

> 这里有关灵魂的教导大部分都借鉴自柏拉图。所有死去之人的灵魂都会被送往冥府（Orcum），它们在那里将要接受审判（《斐多》107DE、108C、113D）。审判结束后，坏人的灵魂留在冥府或在地上游荡（766B；对照《斐多》81D、108A-B），但那些真正被爱欲占据的灵魂，会从冥府沿着一条直路被送往最美丽的真理平原（765A；对照《斐德若》249A-B）并围绕着它自己的神圣者跳起舞来，等等。我认为，上面提出的解释消除了像胡贝特提出的、对文本进行如此多改动的必要性［真正需要添加到诸手稿（MSS.）之解读的是紧随 σωτῆρος 之后的 ὅς］。

② ［译注］另可参照："（［基尔克］她便用魔杖打他们，把他们赶进猪栏。）他们立即变出了猪头、猪声音、猪毛和猪的形体，但思想仍和从前一样。"参见荷马《荷马史诗·奥德赛》，王焕生译，人民文学出版社 2012 年版，页 181。

荷马那里的基尔克（Circe）故事是对下述柏拉图和毕达哥拉斯的灵魂观点的寓意描述，即灵魂是不朽的，但它会在不同的身体中出生，在每一种情况下它的本性都与其先前度过的生活的特征相对应。荷马把重生的循环称作基尔克；她是太阳的女儿，因为正是后者将所有的毁灭与出生相连，反过来又将出生与毁灭相连。① 埃阿亚（Aeaea）是空气的区域，在那里，人死之后灵魂起初如同陌生人在一个陌生之地一样（ξενοπαθοῦσι［感到陌生］）在游荡。由于它们的欲望的拉拽，它们下沉 εἰς τὸν κυκεῶνα τῆς［66］γενέσεως［进入出生的混合物］。传统的在哈得斯中的 τρίοδος［三岔路口］指的是灵魂的三个部分（three divisions），即 τὸ λογιστικόν［推理的部分］、τὸ θυμοειδές［血气的部分］和 τὸ ἐπιθυμητικόν［欲望的部分］。那些 τὸ ἐπιθυμητικόν［欲望的部分］在其中处于支配地位的灵魂会出生在驴的身体中；那些 τὸ θυμοειδές［血气的部分］在其中占优势的灵魂则会出生于狼和狮子的身体之中。而赫尔墨斯代表理性，他使灵魂远离重生，或至少让它出生于人类的形态中。

在与主要的（major）普鲁塔克神话有着某种密切关联的这一文段中，有着一种非常强烈的柏拉图色彩。在其中，《斐多》81及以下得到了大量的引用（参见 p.175，1.19）：

> 他说，对于这些（灵魂）而言，由于（它们）爱快乐和贪吃食，它们会转而进入驴子一样的身体以及混乱且不洁净的生命中。

---

① 关于太阳的说法，令人回想起《论月球中表现出来的面貌》和《论苏格拉底的精灵》中关于太阳和月球的类似陈述。以下这一事实，即太阳的作用在后面的这些地方中更接近于月亮的作用，几乎不能用作驳斥普鲁塔克是这一残篇之作者的论证。

可对比《斐多》81DE：

> 比如说吧，曾经专注于贪吃、肆心、好酒，而且毫无警觉，这些灵魂看起来会被绑到驴子一类和其他诸如此类的动物身上。①

所以，普鲁塔克也说那些 θυμοειδές［血气部分］在其中太过强烈的灵魂会进入狼或狮子的形态中；狼出现在《斐多》82A 中的这种关联之中，而在《理想国》620A-B 中，埃阿斯（Ajax）选择了狮子的形态。《高尔吉亚》524A 提到了 τρίοδος［三岔路口］，但这个词语似乎经常出现在对于地府（underworld）的描述之中。②

在这一残篇的后半部分中，我们发现了一个对下述《奥德赛》（*Odyssey*）卷四第 563 行的解释：

> 但是，不朽者将把你送入埃琉西昂平原
> 和大地的边缘，金发的拉达曼提斯在那里。③

这个解释将 ηλύσιον πεδίον［埃琉西昂平原／极乐平原］解释为被

---

① ［译注］此处汉译，参见柏拉图《柏拉图全集：中短篇作品》（上），页 91。

② 这一残篇必须与《诗人荷马传》(*de vita et poesi Homeri*) 的第 126 节进行对照，后者包含了以类似语言表达出来的同样观念。后者中的两个要点没有出现在这个残篇中，Αἰαίη 来自 αἰάζω［哀号］的词源，以及对奥德修斯的下降（descent）的一个描述——作为灵魂和身体在狂喜状态下的（ecstatic）分离的一个例子。

③ ［译注］另参照："不朽的神明将把你送往埃琉西昂平原，大地的边缘，金发的拉达曼提斯的处所。"参见《奥德赛》，页 74。

太阳照亮的月球表面。① 对 πείρατα γαίης［大地的尽头］的解释则与《论月球中表现出来的面貌》942F 给出的解释相同。

在《致妻子的吊唁信》(Consol. ad uxor.) 611E-F 中,我们看到了以下这一观念,即在这一生中的长久存续(long continuance),会使得灵魂忘记另一个世界,并让它们依附于身体,以至于死后它们会重生。我们在塞涅卡的《致玛西乌斯的吊唁信》(consol. Ad Marciam) 第 23 章中也发现了同样的观念。

不幸的是,有一部很大缺损的文本使得我们无法完整地了解《论隐秘无闻地生活》(de latenter vivendo)② 1130C ff. 中的终末论(eschatology)。普鲁塔克引用了品达(Pindar)哀歌的著名残篇来描绘［67］义人(εὐσεβῶν［虔敬的人／义人］)的状态。进一步地,后者被说成是在召唤对过往之事的回忆和言说当下之事中度过他们的时日。然后,在我们的文本中,紧跟着的是一个关于那些过着不虔敬生活的人的第三种方式(the third way, ἡ τρίτη ὁδός)的描述。这些人在地府中不会受到折磨——正如神话故事已经让我们相信了这一点,因为当身体不再存在时,这种惩罚是不可能的。对恶人有一种惩罚,即 ἀδοξία καὶ ἄγνοια καὶ παντελῶς ἀφανισμός［不名誉、无知和全然消逝］。如果词语 ἡ δὲ τρίτη［第三种］是可靠的(sound),那么必定存在过一个在我们的文本中已然脱落的描述第二种途径(path)的文段。我们可以假设,既然首先描述的是义人的命运(lot),最后描述的是

---

① Eustathius 1509. 19 也提到了对《奥德赛》IV, 561 的相同解释。参见《论月球中表现出来的面貌》944C。
② ［译注］洛布版《伦语》中该篇标题(古希腊语原文)为 Εἰ καλῶς εἴρηται τὸ λάθε βιώσας(《隐秘无闻地生活是否可以说就是美好地生活?》),其对应的拉丁译名为: An Recte Dictum Sit Latenter Esse Vivendum。

不可治愈的恶人的命运，那么，居间部分处理的就是可治愈的罪人，他们必须在地球上重生以得到进一步的净化。不过，赫尔曼（C. F. Hermann）提议用 $ἡ\ δέ\ γε$ 代替 $ἡ\ δὲ\ τρίτη$。必须注意的是，$λήθη$［勒忒］在 1130E 中是以一种截然不同于它在《论神的延迟惩罚》中的使用方式来加以使用的。

在对普鲁塔克的终末论神话进行了这种审查之后，如果还有人提出下述问题，即普鲁塔克他本人的关于灵魂之命数的信念是什么，那么我认为，我们通过亚当（Adam）（论及柏拉图《理想国》618A 时）用在柏拉图身上的话来进行回答会是可靠的做法，即：

> 灵魂是不朽的，他坚信［这一点］；至少可以说，他认为轮回（transmigration）是可能的。

如果我们可以对我们刚刚考量过的来自残篇《论隐秘无闻地生活》的文段有任何信赖的话（或许我们可以信赖，因为在这里，他的观念是直接提出来的，而没有通常的神话性装束），那么，普鲁塔克并不相信传统中的有关灵魂在一个特定地方的惩罚，比如他自己在《论神的延迟惩罚》中所描绘的那样；而且，依据这同一文段，他似乎已经将有关不可治愈之恶人的永恒惩罚——柏拉图的《斐多》《高尔吉亚》和《理想国》教导了这种观念，但它只出现在普鲁塔克《论神的延迟惩罚》（564F ff.）的神话中——解释为事实上的湮灭（virtual annihilation）。然而，很难看出的是，即使是在这种形势下，它如何可能在他的思想中占有一席之地，而且，鉴于它没有出现在其他更大的神话之中这一事实，我应当对肯定它构成了他的信仰的任何真实部分持犹豫态度。

第二章 作为柏拉图之阐释者的普鲁塔克

[68] 在本章中,我的目的是讨论普鲁塔克对柏拉图的某些学说的解释,并在某些情况下,将它们与彼时所作的其他解释进行比较。我会把最大的关注放在《论〈蒂迈欧〉中灵魂的产生》这一论著之上,除了《柏拉图探究》(quaestiones Platonicae)这部重要性小得多的作品外,它是普鲁塔克唯一流传到我们手上的注释性作品。①

---

① 《兰普瑞阿斯索引》中有几部很显然是在处理柏拉图学说的著作标题:篇目66——περὶ τοῦ γεγονέναι κατὰ Πλάτωνα τὸν κόσμον [《论柏拉图笔下这个生成的世界》];篇目67——ποῦ εἰσιν αἱ ἰδέαι [《理念是位于何处?》];篇目68——πῶς ἡ ὕλη τῶν ἰδεῶν μετείληφεν, ὅτι τὰ πρῶτα σώματα ποιεῖ [《物质如何分有了理念?论最初的身体的创造》];篇目221——τί κατὰ Πλάτωνα τέλος [《柏拉图笔下的终末是什么?》];篇目70——ὑπὲρ τοῦ Πλάτωνος Θεάγους [《论柏拉图的端神像祭司》]。

1 世界灵魂的创造

普鲁塔克的《论〈蒂迈欧〉中灵魂的产生》，是对柏拉图在《蒂迈欧》35A ff. 中给出的关于世界—灵魂之创造（creation）和划分（division）的描述的一个解释。在我们着手处理普鲁塔克的论述之前，最好[先]来考察《蒂迈欧》本身的文段及其可能的意义，以及在普鲁塔克之前人们对它做出的各种解释。

描述了灵魂之构成（composition）的那部分内容如下：

（他用下述元素并以下述方式构造了灵魂。）他根据不可分且永远不变的实质（οὐσίας, substance）和在物质性身体之中变得可分的实质，把这两者混合成了处于同一（ταὐτοῦ）和他异（θατέρου）之间的第三种本质（οὐσίας）的形式（εἶδος）；以这样的方式，他构造了处于不可分者和在物质性身体中乃是可分者之间的这个（本质）；在得到它们后，通过迫使他异之本性与同一相联合（事实上这很难），他把它们——数目是三——混合成一种形式。当把本质与它们混合并由这三者制作成一（ἕν）后，他又再次把这个（一）划分成了适宜的多个部分（μοίρας ὅσας），每一个部分都混合了同一、他异和本质。①

尽管第二个 αὖ πέρι 存在于所有的手稿之中，②但多数学者③仍只把它们当作一种对上面的相同词语的重复而将其摒弃。它们被保存在苏黎世（Zurich）版和马丁（Martin）版的文本中。斯塔尔鲍姆（Stallbaum）保留了 πέρι，但把 αὖ 改成了 ὄν；策勒保留了 αὖ，但又剔除了 πέρι。

如果第二个 αὖ πέρι 被摒弃了，那么第一句话的结构就会变成一个非常不确定的问题了。依据策勒的第一个解释（在其中他跟随的是普罗克洛斯），第一组属格（genetives）τῆς ἀμερίστου καὶ etc. 乃取决于 ἐν μέσῳ，而［第二组属格］τῆς τε ταὐτοῦ φύσεως

---

① ［译注］参见《蒂迈欧》35A-B。此文段涉及很多关键术语的含义，文本本身及其语义都有些复杂而难以确定（作者琼斯接下来即讨论了这方面的问题），故此处汉译，译者依据剑桥大学三一学院的阿彻-欣德（R. D. Archer-Hind）所著的《柏拉图的〈蒂迈欧〉》（*The Timaeus of Plato*）笺注本进行翻译，对于相关术语的解释亦可参见 R. D. Archer-Hind, *The Timaeus of Plato*, London: Macmillan and Co., 1888, pp. 106-107。从作者琼斯的行文和术语使用来看，他参考的《蒂迈欧》英译本即为阿彻-欣德的这个笺注本，这一点在原文页 74 脚注中有所体现。由阿彻-欣德的这一笺注本可知，他对 οὐσία 一词的翻译同时使用了意思相近的 substance 和 essence，由此可见它们在本书中具有相同的指涉，而这两个词也是本书后文中经常出现的关键术语。此外，关于《蒂迈欧》35A-B 的现有汉译，亦可参见《柏拉图全集：中短篇作品》（下），刘小枫主编，刘小枫等译，华夏出版社 2023 年版，页 1233—1234；（2）柏拉图《蒂迈欧篇》，谢文郁译，上海人民出版社 2005 年版，页 23；以及（3）柏拉图《柏拉图〈对话〉七篇》，戴子钦译，辽宁教育出版社 1998 年版，页 171。

② 它也存在于普罗克洛斯、普鲁塔克、尤西庇乌斯和斯托拜俄斯对这一文段的引用中。

③ 其中有赫尔曼、博尼茨（Bonitz）、苏瑟米尔（Susemihl）、阿彻-欣德和伯内特（Burnet）。

[69] 则取决于 ἐξ。依据他的第二个解释（这也是他所偏向的解释），第一组取决于 τρίτον，第二组则取决于 ἐν μέσῳ；因此他[将第一句话]翻译如下：

> 他将可分的实质和不可分的实质混合，从中产生出了另外一个，即第三种（实质）；这种（实质）在它们之间，也（αὖ）在同一和他异的本性之间保持着中间（的状态）。

阿彻-欣德将第一[组属格]理解为与"ἐξ ἀμφοῖν 有几分松散的预期同位语（anticipative apposition）"，并以 ἐν μέσῳ 来承接第二[组属格]。肖雷（Shorey）教授在《美国语文学期刊》（*American Journal of Philology*）第 10 卷页 54 中提议：[两组属格]均是有几分松散的关于起源的属格（genetives of origin）；也就是说，ἐν μέσῳ 可能不与任何东西紧密相伴，但如果确有关联，则它会伴随第一组而不是第二组。这种解释看起来更为自然，而且更少涉及希腊语的变形。

灵魂的构成可能有两个步骤：首先，不可分的本质（indivisible essence）与可分的本质（divisible essence）混合在一起形成第三种本质，此后它仅仅作为本质（Essence）[1] 被提及；其次，本质与同一（the Same）和他异（the Other）相混合而形成灵魂。参见策勒（*II*, 1, p.770）：

> 世界灵魂的实质是由不可分者和变得可分者通过一种化

---

① [译注] 此处 Essence 在本书原文中便是首字母大写，为区分前文已出现的 essence（首字母小写），凡是首字母大写的 Essence 在汉译中均用楷体字体以示区分。下文的 the Same 和 the Other 在汉译中均采用类似做法，后不另行注明。

学混合物（的方式）构成的；两者完全混合在一起，而不是单独呈现出来；这与 ταὐτόν（同一）和 θάτερον（他异）的情况有所不同，无论是根据我们（所引用的）这个位置还是 37A 之后的文本均是如此。

以下这一事实，即在对第一种混合物的描述中提到了同一和他异，引发了一些困难。现代的几个阐释者，其中有阿彻 - 欣德、苏瑟米尔（Susemihl）、沃拉博（Wohlrab）和博克（Boeckh），他们受到引导以至于认为同一等同于不可分的本质，他异则等同于可分的本质。保留了 αὖ πέρι 的马丁因此将第一句话翻译如下（页346）：

> 他根据不可分且始终如一的本质（l'essence）和在身体中乃是可分的本质，用这两种本质的混合物构成了第三种本质，它居于其他两种（本质）中间，此外也分有了同一（du même）和他异（de l'autre）的本性。

因此，依据马丁的解释，不可分的本质与可分的本质的第一次混合涉及同一和他异的部分联合（partial union）。[①]

[70] 尽管肖雷教授在《美国语文学期刊》第 10 卷页 53 中对

---

① 马丁对这一文段的解释总的来说（于我而言）是站不住脚的，参见页 349：

> ……这三句话的总体含义是：灵魂的本质是由三种本质的结合而产生的，一种是不可分和不可改变的本质，另一种是在身体中为可分的本质，第三种本质由前两种本质混合而成，它处于这两者之间，此外，灵魂的本质还提供了三种自然物的混合，柏拉图分别将其称之为同一、他异和本质。

这一文段的总体解释与马丁的解释大相径庭，但他就这一困难提出了一种有点类似于后者所提出的解决方案的解答：

> 在希腊语中，描述 οὐσία［实质/本质］[1]的初步构成（preliminary formation）的字句紧跟在 τῆς τε ταὐτοῦ φύσεως αὖ πέρι καὶ τῆς θατέρου 这些字句之后。这似乎给了我们二中择一的选择，即认为 ταὐτόν［同一］和 θάτερον［他异］等同于 ἀμέριστος［不可分的］和 μεριστὴ οὐσία［可分的本质］，或者假定后者的混合乃是用或照着（[drew] with or after）前者的一些混合物来对之加以描画的。

这里不可能讨论现代学者针对这一文段提出的所有解释，［我们只需］指出哪一个看起来最为合理就足够了。这里所涉及的基本原理是众所周知的希腊思想，即同类相知（like is known by like）。因此，柏拉图将灵魂所认知的最为一般的范畴（most general categories）视作灵魂之实质的构成要素。不可分的本质是诸理念（ideas）的超验统一（transcendental unity）；可分的本质代表着多元化的和特殊化的形式（pluralized and particularized forms），理念通过它们而显现在现象世界（the phenomenal world）中。这两者复合而形成本质，因为灵魂认知的所有对象都可被归入这两个类别之中；再者，这两种本质的混合可能意味着它们在我们的思想中也混杂在一起，以至于理智无法将它们彻底分开。同一和他异是《智术师》（Sophist）中的范畴；那里表明它们既属

---

① ［译注］由于作者在参考阿彻-欣德的《蒂迈欧》笺注本的基础上同时使用了 substance 和 essence 这两个词来翻译和表达 οὐσία，所以此处同时附上"实质"和"本质"（二者在本书中意义等同）这两个汉译名，后文则在具体语境中一般都只附上"本质"。

于现象世界,也属于理念世界(the world of ideas)。[71] 正如许多现代的阐释者所做的那样,这两者并没有与不可分的和可分的本质相混淆。然而,同一与不可分的本质有更近的关联,而他

---

① 参见 Shorey, *Recent Platonism in England*, A. J. of Ph., Vol. 9, p. 298:

有必要的是,灵魂应当在诸理念的相互纠缠以及感觉的转瞬即逝的现象中随处认知同一、他异和本质,这三个关于详尽的逻辑理论的 μέγιστα γένη [最大的属] 最终是由《智术师》制定出来,但它到处出现在柏拉图的思想中。因此,在同类相知这一希腊原理之上,柏拉图用这三个抽象概念(abstractions)制造出真正的实体,并将它们作为可塑质料(plastic material)放在德木格的手中以便其形塑灵魂。

亦参见 Shorey, *The Timaeus of Plato*, A. J. of Ph., Vol. 10, p. 53:

这五个柏拉图的逻辑学和形而上学的范畴被当作真正的实体,并混合而形塑成灵魂;最后,据 37B、C 我们得知,灵魂可以认识到已划分的(divided)世界中的同一性(sameness)和多样性(diversity),如同认识到未划分的(undivided)οὐσία [本质] 中的一样。

参见 Zeller, *II*, 1, p. 770 n.:

因为尽管 ταὐτόν(同一)与不可分的(本质)更为相似,θάτερον(他异)则与可分的(本质)更为相似,但它们绝不是重合的。相反,这两对概念具有不同的意义,并且在它们的联合中产生了两个相交的部分。ταὐτόν(同一)和 θάτερον(他异)都获得了不可分的和可分的(本质)——理念和有形之物——这两者,并且同样都能在理性的和感官的认知中找到自身。灵魂能够拥有理念(Ideales),这要归因于 ἀμέριστος(不可分的[本质]);它能够识别感觉(Sinnliches),则要归因于 μεριστή(可分的[本质])。……ταὐτόν(同一)把握(在感觉中和在理念中的)相等关系,θάτερον(他异)把握(同样是在这两者中的)情况上的区别

② 在古代似乎有某些注疏者认为只有在不可分的[本质]中才能找到同一性,而他异性(otherness)则只有在可分的本质中才能找到。参见 Proclus, *in Tim. II*, p.155; Zeller, *II*, p.766 n. 1.

异则与可分的本质有更近的关联。灵魂的这种结构是象征性的而非形而上学的。此外，我们可以观察到，柏拉图只考虑了认知机能（cognitive faculties），而没有考虑动力［机能］（motive）。古代和现代的许多注疏者都在试图寻找灵魂的完整起源（complete derivation）时在这里误入了歧途。

《蒂迈欧》37A-B 证实了这种解释。由同一、他异和本质复合而成的灵魂会认识到拥有 οὐσία σκεδαστή［可分解的本质］的东西和拥有 οὐσία ἀμέριστος［不可分的本质］的东西。这阐明了本质源自不可分的和可分的本质的重要性，因为很显然，这一文段中的 οὐσία σκεδαστή［可分解的本质］是前一文段中的 οὐσία μεριστή［可分的本质］的代替者。再者，在适用于不可分的［本质］——同样也适用于可分的本质——的范畴列表中，排在最前面的是同一性（sameness）和他异性（otherness）。然而，不可分的本质与同一有更近的关联以及可分的本质与他异有更近的关联；这一点由以下这一事实表明出来了，即不可分的本质在它的各种关联中被同一的圆（circle）①所认知，而可分的本质则被他异的圆所认知。

柏拉图本人的学生中没有一人写过关于《蒂迈欧》的疏解。②然而，我们可以肯定他们非常关注对它的解释。至于那描述了世

---

① ［译注］circle 对应的古希腊语原文词语是 κύκλος［圆／圆环／圆周］，此处"同一的圆"即 ὁ τοῦ ταὐτοῦ κύκλος，下文"他异的圆"为 ὁ τοῦ θατέρου κύκλος。

② 克兰托尔（Crantor）是第一个为柏拉图的作品写作注疏的人；参见 Proclus, *in Tim. I*, p.76: ὥσπερ ὁ πρῶτος τοῦ Πλάτωνος ἐξηγητὴς Κράντωρ［正如柏拉图的第一位解释者克兰托尔］。关于《蒂迈欧》的古代注疏者，参见马丁版本的《蒂迈欧》II, pp.395-404。关于通常意义上的柏拉图著作的注疏者，参见 Zeller, *III*, 1, p.632 ff.；亦参见 *Geschichte der griechischen Literatur* (Grundzüge der klassischen Philologie von Bertold Maurenbrecher und Reinhold Wagner) *I*, p.327 中关于古代的柏拉图注疏者的列表。

界——灵魂之构成的文段，我们获知了他们之中的以下这三人的观点，即亚里士多德、斯彪西波和色诺克拉底。

[72] 亚里士多德将他惯用的"字面解释方法"（literal method）运用到了《蒂迈欧》的这一部分中。根据把灵魂划分为两个圆（circles），他认为柏拉图的意思是它确实是一个广延（magnitude），[①]并在此基础上批判了它。[②]后文我们将会看到，他在学园自身内部获得了对这种信念的一些支持。他认为，灵魂的组成部分与宇宙的元素是相同的，这依据的是同类相知这一众所周知的原理。[③]然而，我们不能完全肯定他是如何解释构成灵魂的诸元素，或者他是如何构思混合物受到影响的。亚里士多德认

---

① [译注] magnitude（广延）一词对应的古希腊语词汇为 μέγεθος，此处参照秦典华译文而将 μέγεθος（magnitude）译作"广延"，具体可参见亚里士多德《亚里士多德全集》第3卷，页16。

② 参见《论灵魂》406b24：首先，像柏拉图所做的那样把灵魂称作一个广延是不对的。很显然，他的意思是，宇宙的灵魂（the soul of the universe）是理性［它不可能是有知觉的或有欲求的灵魂，因为它们的运动不是圆形的（circular）］。理性（reason, νοῦς）是一种连续不断的事物（one by succession），就像数字（number）一样，而不像一个广延。但如果它是一个广延，那它会用它的一个部分还是整个自身来思考呢？此外，理性（reason, νόησις）的活动更像是静止（[rest] ἐπίστασις [停止/休息], ἠρέμησις [安静/静止]）而非运动。再者，亚里士多德批评柏拉图所持有的以下理论，即灵魂或 νοῦς [理智] 与物质不可分割地混合在一起，尽管它更好——因为它远离物质而存在。而且，天宇以一种圆（circle）进行旋转的起因是复杂难懂的。

③ 参见《论灵魂》404b16：在引用恩培多克勒——其大意是我们以土感知土（perceive earth by earth），以水感知水等——之后，他继续说道：τὸν αὐτὸν δὲ τρόπον καὶ ὁ Πλάτων ἐν Τιμαίῳ τὴν ψυχὴν ἐκ τῶν στοιχείων ποιεῖ. γιγνώσκεσθαι γὰρ τῷ ὁμοίῳ τὸ ὅμοιον, τὰ πράγματα ἐκ τῶν ἀρχῶν εἶναι [同样，柏拉图在《蒂迈欧》中也提出灵魂是由元素构成，因为我们通过"同"而认识"同"，事物是由这些本原构成的]（[译注] 汉译参见亚里士多德《亚里士多德全集》第3卷，页9）。紧随其后的句子（与 αὐτοζῷον [自存者/(抽象的)动物或生物] 的构成有关）很显然意在阐明同样的原理，尽管它的确切含义并不清楚。

为，柏拉图的意思是世界——灵魂是在时间中被造，因此正如我们将看到的，这与色诺克拉底和大多数柏拉图主义者不同。① 在《形而上学》(met.) 1071b37 中，他间接提及了《斐德若》245C ff. 与《蒂迈欧》37A 之间的矛盾：前者说灵魂是 ἀγένητος［非生出来的/无始的］，而后者却将灵魂描绘为由德木格制造并明确说明它属于 γενητά［被造者］的类别。柏拉图去世后，最初的学园首脑斯彪西波和色诺克拉底按照当时似乎已经在学派中盛行的毕达哥拉斯化的趋势，②将［73］灵魂构想为数学性的实体（mathematical entity）。③ 不过，关于它的本性是几何性的（geometrical）还是算

---

① 参见《论天》(de caelo) 280a28、300b16；《物理学》(phys.) 251b16。我们将谈到他与色诺克拉底在这个问题上与后者有关的争议。［译注］关于此处的表述"在时间中"(in time)，可参见亚里士多德《论天》280a28 的表述："柏拉图说，天是生成的，但却在其余的时间中永远存在"；以及《物理学》251b16："只有柏拉图认为时间是生成的；因为他说时间曾与宇宙同时生成，而宇宙是生成了的"。具体可参见亚里士多德《亚里士多德全集》第 2 卷，页 301、213。

② Cf. Zeller, II, 1, p.995.

③ 我们无法知道这个概念在学园中是否很普遍，但可以假设它是如此。它可以很容易地从对《蒂迈欧》中灵魂之数学划分的字面意义的解释中产生出来。Proclus, in Tim. II, p. 153 似乎是在说灵魂被定义为一个数学实体，因为它介乎可理知之物和可感知之物（the sensible）之间，因此它类似于所谓的 τὰ μαθηματικά［数学］——它在体系中占据一个类似的中间位置。(τῶν δὲ πρὸ ἡμῶν οἱ μὲν μαθηματικὴν ποιοῦντες τὴν οὐσίαν τῆς ψυχῆς ὡς μέσην τῶν τε φυσικῶν καὶ τῶν ὑπερφυῶν etc.［那些来自我们这边的人让数学成为灵魂的实质，因为（它位于）自然之物与奇异之物（τῶν ὑπερφυῶν，或"过度之物"）的中间，等等。］在我看来，斯彪西波或色诺克拉底是否也这么说，很值得怀疑，因为前者废除了理念（the Ideas），只留下数学上的数字（参见 Zeller, II, 1, p.1003）；而后者认为数学上的数字等同于理念。不过，学园中的某些其他成员可能持有这一观点，他们承认数学上的数字是一种特殊实体，或者它可能是一种由后期的柏拉图主义者加于老学园之成员的理论之上的错误解释。据观察所见，普鲁塔克做了一个关于波希多尼乌斯的类似陈述，后者在 τὰ μαθηματικά［数学］问题上的立场并不为人所知。

术性的（arithmetical），他们并未就此问题达成一致：斯彪西波认为它是前者；[1] 色诺克拉底则认为它是后者。

关于我们对给灵魂赋予了一种几何本质的观点的了解，我们主要受惠于以下三个来源：杨布里科斯的《论灵魂》（περὶ ψυχῆς）——保存于斯托拜俄斯的《文选》II 862；普罗克洛斯的《柏拉图〈蒂迈欧〉疏解》（in Timaeum）II 153；以及普鲁塔克的《论〈蒂迈欧〉中灵魂的产生》1023B-D。现在，杨布里科斯那里关涉我们的文段如下：

> 接下来，我打算仔细列出那些将灵魂的本质与数学本质联系起来的（特质，即前文中的 ποιοτήτων/ποιότης）。其中第一种是形状（σχῆμα），它是延展（διαστάσεως）的界限（πέρας），也是延展本身。在这些（特质）中，它是由柏拉图主义者西弗勒斯（Σεβῆρος）加以界定的，而斯彪西波将其界定为"全面延展之物的理念（ἰδέα）"。不过，有人会采取更为纯粹的（界定），即最完美地将其界定为原因（αἰτία），或者说是联合（ἑνώσει），它位于这两者之前。[2]

我认为，这一文段的大意是清楚的。斯彪西波和西弗勒斯（Severus）使得灵魂成为一个几何实体而非算术[实体]。但是，以 ἐν αὐτοῖς μὲν οὖν τούτοις 为开头的这一句子的精确含义

---

[1] 从第欧根尼·拉尔修（IV, 4）给出的斯彪西波著作目录中，我们得知他写过一本题为《论灵魂》（περὶ ψυχῆς）的书。很可能他是在这里面提出了他的世界—灵魂理论。

[2] [译注] 诚如作者下文所说，这一文段也是晦涩难懂，此处汉译依据下述的译注本并对照原文进行翻译，参见 John F. Finamore and John M. Dillon, *Iamblichus De Anima* (Text, Translation and Commentary), Leiden · Boston · Köln: Brill, 2002, pp. 28-29.

有点儿晦涩难懂。他们自己采用的第一［组］从句可能很自然地意味着：西弗勒斯将灵魂界定为处在这些事物——$\sigma\chi\hat{\eta}\mu\alpha$［形状］、$\pi\acute{\epsilon}\rho\alpha\varsigma\ \delta\iota\alpha\sigma\tau\acute{\alpha}\sigma\epsilon\omega\varsigma$［延展的界限］和 $\alpha\mathring{v}\tau\grave{\eta}\ \delta\iota\acute{\alpha}\sigma\tau\alpha\sigma\iota\varsigma$［延展本身］——之中，也就是说在这些事物的类别（class）之中；斯彪西波［则将灵魂界定］为在［74］那种具有所有维度的事物的范畴（category，$\dot{\epsilon}\nu\ \iota\delta\acute{\epsilon}\alpha$）中，①这里的 $\dot{\epsilon}\nu\ \iota\delta\acute{\epsilon}\alpha$［在范畴中］是在有时是为柏拉图（比如《大西庇阿斯》[Hippias Maj.] 297B）所拥有的意思上来加以理解的。但是，最后的从句除了以下含义外几乎不能意指任何别的东西，即另一个可以将它界定为 $\alpha\mathring{\iota}\tau\acute{\iota}\alpha\ \mathring{\eta}\tau o\iota\ \mathring{\epsilon}\nu\omega\sigma\iota\varsigma\ \tau o\acute{v}\tau\omega\nu$［原因，或者说是联合，它位于这两者之前］。现在，似乎很有可能的是，前两个从句中的 $\dot{\epsilon}\nu$ 具有与其在最后一个从句中的相同含义，并且该句子的第一部分应当翻译如下：西弗勒斯将灵魂界定为 $\alpha\mathring{v}\tau\grave{\alpha}\ \tau\alpha\hat{v}\tau\alpha$［这些（特质）本身］，也就是 $\tau\grave{o}\ \sigma\chi\hat{\eta}\mu\alpha\ \pi\acute{\epsilon}\rho\alpha\varsigma\ \delta\iota\alpha\sigma\tau\acute{\alpha}\sigma\epsilon\omega\varsigma\ \mathring{o}\nu\ \kappa\alpha\grave{\iota}\ \alpha\mathring{v}\tau\grave{\eta}\ \delta\iota\acute{\alpha}\sigma\tau\alpha\sigma\iota\varsigma$［形状，它是延展的界限，也是延展本身］，而斯彪西波将其界定为 $\iota\delta\acute{\epsilon}\alpha\ \tau o\hat{v}\ \pi\acute{\alpha}\nu\tau\eta\ \delta\iota\alpha\sigma\tau\alpha\tau o\hat{v}$［全面延展之物的理念］。在我看来，以这种方式来理解这一文段的一个非常重要的原因乃是因为以下事实，即普鲁塔克说：波希多尼乌斯将灵魂界定为 $\iota\delta\acute{\epsilon}\alpha\ \tau o\hat{v}\ \pi\acute{\alpha}\nu\tau\eta\ \delta\iota\alpha\sigma\tau\alpha\tau o\hat{v}\ \kappa\alpha\tau'\ \mathring{\alpha}\rho\iota\theta\mu\grave{o}\nu\ \sigma v\nu\epsilon\sigma\tau\hat{\omega}\sigma\alpha\ \mathring{\alpha}\rho\mu o\nu\acute{\iota}\alpha\nu\ \pi\epsilon\rho\iota\acute{\epsilon}\chi o\nu\tau\alpha$［全面延展之物的理念，（灵魂）它是依据拥抱着和谐的数字而构成的］，②以及第欧根尼·拉尔修（III, 67）将以下这一关于灵魂的界定归因于柏拉图，即 $\iota\delta\acute{\epsilon}\alpha\ \tau o\hat{v}\ \pi\acute{\alpha}\nu\tau\eta\ \delta\iota\epsilon\sigma\tau\hat{\omega}\tau o\varsigma\ \pi\nu\epsilon\acute{v}\mu\alpha\tau o\varsigma$［向各个方向散开的气息的

---

① ［译注］此处 $\iota\delta\acute{\epsilon}\alpha$ 的英译即为 category，故译者在下文中也会将这一语境下的 $\iota\delta\acute{\epsilon}\alpha$ 译作"范畴"（而非"理念"）。

② ［译注］来自普鲁塔克的这一引文，出自《论〈蒂迈欧〉中灵魂的产生》1023B。

理念]。① 在我看来，关于灵魂的最后两个界定与归因于斯彪西波的界定之间的紧密相似性，这本身就几乎是上面给出的解释的确凿证据。而且，认为灵魂处于具有所有维度的事物的范畴或类别中，这等于根本就没有[给出]定义。策勒在其著作的页 784 中解释了这一文段，他通过言及斯彪西波将灵魂构想为空间性的（spatial）（sich ... ihr Wesen räumlich dachte）而明显地在"在……的范畴中"的意义上来理解 ἐν ἰδέᾳ。另一方面，宇伯威格（Ueberweg, *Rhein. Mus. IX*, 1854, p. 77）和苏瑟米尔（*Phil.* Supplement Band II, 1863, p. 233）说斯彪西波将灵魂称作 ἰδέα τοῦ πάντῃ διαστατοῦ[全面延展之物的理念]，尽管他们没有给出如此理解杨布里科斯的这一文段的理由。斯彪西波本来就不会用 ἰδέα 这个词来意指柏拉图的理念，因为正如我们已经说过的，他废除了诸理念。② 他可能用它来表示策勒所说的、在波希多尼乌斯对灵魂的界定中的同一个词所指的含义：eine nach harmonischen Zahlen gebildete Gestaltung des Räumlichen[依据和谐之数构成的空间形状]。很可能的是，斯彪西波受到引导去借助《蒂迈欧》中的如下这类表述来以这种方式构思灵魂：

  神将灵魂置于宇宙的中心，并将她（her）③ 散布于它的整个身体（all its body），甚至用她从外面（from without）把身体包裹起来。④

---

 ① [译注]此处汉译参见第欧根尼·拉尔修《名哲言行录》，徐开来、溥林译，广西师范大学出版社 2010 年版，页 323。
 ② Ueberweg, *loc. cit.*, p.77; Ravaisson, *Speusippi de primis rerum principiis placita*, p. 42.
 ③ [译注]前文多用 it[它]来指代"灵魂"，此处本书原文中则是用 her[她]指代"灵魂"，而下文的 it[它]则是指宇宙。
 ④《蒂迈欧》34B（阿彻-欣德译文）。我们在上面已经看到：亚里士多德也将柏拉图的世界—灵魂视为一个广延。

我们不知道斯彪西波如何解释构成世界—灵魂的诸元素。当他如下这样说的时候，[75] 他很明显是犯了错误（*I*, p.376）：

> 只有斯彪西波和波希多尼乌斯可能忽略或故意废除了灵魂全部本质中的三种本质的区别。

在我们之前提到过的《论〈蒂迈欧〉中灵魂的产生》的文段中，普鲁塔克告诉了我们波希多尼乌斯是将什么视为不可分的和可分的本质，我看不出任何理由以至认为斯彪西波废除了这种区分。在宇伯威格自己的解释中，他认为不可分的本质等同于同一，而可分的本质则等同于他异，而且他认为斯彪西波以某种这类的方式如下文所述的那样解释了诸元素：

> 空间延展位于他异（*θάτερον*）之下，但他肯定不是用某些柏拉图主义者的、位于同一（*ταὐτόν*）之下的点（*στιγμή*），而是用柏拉图的数（*ἀριθμός*）本身赋予了空间延展以特定的几何形式。世界灵魂之各部分的距离和它们的运动之间的和谐关系产生了第三种元素。

宇伯威格没有援引任何作为这些陈述之基础的证据，所以它们［即这些陈述］只能被视作仅仅是猜测而已。

依据亚里士多德的《形而上学》（*met.*）1028b21，斯彪西波为他的 *οὐσίαι*［本质］分配了不同的 *ἀρχαί*［本原］，一个分配的是数字，另一个分配的是广延，还有一个则分配的是灵魂。我们无法确定，作为 *ἰδέα τοῦ πάντη διαστατοῦ*［全面延展之物的理念］的灵魂是如何在通常的情况下与几何广延区别开来的。

是否我们也要像策勒所做的那样（p.1000），将斯托拜俄斯的

《文选》I. 58——Σπεύσιππος [θεὸν ἀπεφήνατο] τὸν νοῦν, οὔτε τῷ ἑνὶ οὔτε τῷ ἀγαθῷ τὸν αὐτόν, ἰδιοφυῆ δέ [斯彪西波（宣称神）是理智，对某些人或者对好人而言，他都不是同一个（理智），而是具有特殊本性]——中的 νοῦς [理智] 等同于世界—灵魂，这个问题因为缺乏证据而似乎不可能做出决断。此外，我认为，在泰奥弗拉斯托斯（Theophrastus）的如下残篇 12.32W 中是否有对灵魂的任何指涉，是一个非常值得怀疑的问题：

> 斯彪西波描写了一种关于居间者之空间的稀有的有价值之物，而两边则都是界限。（策勒将句子的后半部分校订为 χώραν τὰ τἄκρα ἑκατέρωθι）

从对亚里士多德《论天》(de caelo) 279b32 的 scholia [评注]（即该评注的 489a9）中，我们了解到斯彪西波与色诺克拉底一同宣称世界并不是在时间中被造。根据这一点，毫无疑问随之而来的就是：他否认了灵魂是在时间中被造。现在，我们拥有大量证据表明色诺克拉底持有这种观点，但我们无法确定斯彪西波也是这样。这是我们所拥有的唯一归属于他的文段。而且，[76] 如果他认为世界中的善（good）的发展是在时间中发生的——正如《形而上学》1091a31 ff. 似乎表明的那样，①那么他就会想到世界—灵魂也是在时间中被造，因为善（goodness）的观念和秩序的观念总是与灵魂的观念联系在一起。

---

① 1091a35: προελθούσης τῆς τῶν ὄντων φύσεως καὶ τὸ ἀγαθὸν καὶ τὸ καλὸν ἐμφαίνεσθαι [（有些有神论者似乎和现在某些人相一致，他们不这样认为，）而主张只有在物的本性进步了的时候，善和美才显现]。[译注] 汉译参见亚里士多德《亚里士多德全集》第 7 卷，页 331。

第二章　作为柏拉图之阐释者的普鲁塔克 | 125

波希多尼乌斯这个廊下派在对世界—灵魂的解释上紧密地跟随着斯彪西波。① 有关他的立场的最为全面的表述出现在普鲁塔克《论〈蒂迈欧〉中灵魂的产生》1023B 中。那里说他已经将不可分的本质解释为可理知之物（the intelligible [τὸ νοητόν]），又将可分的本质解释为 ἡ τῶν περάτων οὐσία περὶ τὰ σώματα [关于身体的界限之本质]，② 而且已经将灵魂界定为 ἰδέα τοῦ πάντη διαστατοῦ κατ' ἀριθμὸν συνεστῶσα ἁρμονίαν περιέχοντα [全面延展之物的理念，（灵魂）它是依据拥抱着和谐的数字而构成的]……③ 在这同一文段中，普鲁塔克批评了波希多尼乌斯的理论，因为它使灵魂成为了一种理念（也就是柏拉图的理念）。然而，波希多尼乌斯在这里很有可能并没有在理念的意义上使用 ἰδέα，而且这个界定很有可能意味着——正如策勒在[其论著的]页 784 中所说的——eine nach harmonischen Zahlen gebildete

---

① 关于波希多尼乌斯作为柏拉图《蒂迈欧》的一个注疏者，参见 Schmekel, *Die Philosophie der mittleren Stoa*, especially pp. 400-439; Borghorst, *de Anatolii fontibus*, Diss. Berol, 1905; Altmann, *de Posidonio Timaei Platonis commentaiore*, Diss., 1906。

② 我们对波希多尼乌斯对柏拉图主义的总体解释知之甚少，以至于我们无法确定他所理解的可理知之物是什么。阿尔特曼（Altmann, p.40）认为他指的是数字。他的论证看起来并非确凿无疑，我们将在后面对卡尔西底乌斯的讨论中对之加以检审。短语 ἡ τῶν περάτων οὐσία περὶ τὰ σώματα [关于身体的界限之本质] 中的术语 τὰ πέρατα [界限] 表示的是束缚身体的线条（lines）、表层（surfaces）等。参见普鲁塔克《论〈蒂迈欧〉中灵魂的产生》1023C-D; Zeller, *II, 1*, p.784; Altmann, p. 15。

③ 马克罗比乌斯 *in Somn*. I, 14, 19）在哲人给出的关于灵魂的定义列表中给出了一个与波希多尼乌斯一样的 ἰδέα [理念/形式]。在第欧根尼·拉尔修 III. 67 中，我们找到了以下这一归属于柏拉图的定义：ἰδέα τοῦ πάντῃ διεστῶτος πνεύματος [向各个方向散开的气息的理念]。这个定义似乎最终是来自波希多尼乌斯，这既是因为表述的形式，也是因为 πνεῦμα 这个表明了一种廊下派来源的词。在这里我们可能拥有这样一个证据，即他试图使柏拉图的世界—灵魂概念与廊下派的理论相协调。

Gestaltung des Räumlichen［依据和谐之数构成的空间形状］。①

［77］依据塞克斯都的《驳数学家》VII，93，波希多尼乌斯在他对世界—灵魂的解释中使用了同类相知的原理：正如光被具有光的本性的视觉所感知到，以及声音被具有空气的本性的听觉所感知到的那样，同样，宇宙（the universe, ἡ τῶν ὅλων φύσις［整个自然］）必定也会被类似于它的 λόγος［理性］所理解。② 根

---

① 与策勒相反，施梅克尔（Schmekel, pp.425-431）在理念的意义上来处理波希多尼乌斯的定义中的 ἰδέα（die Idee des Weltganzen oder die Idee schlechthin［关于世界整体的理念或绝对的理念］）。既然灵魂就其本身而论等同于理念，那么要使用施梅克尔自己的术语的话，λόγοι σπερματικοί［有生产能力的理性］就等同于特殊的理念（particular Ideas）和毕达哥拉斯学派的数字。由于数字与整体性有关，所以特殊的理念就其自身而论也与［唯一的］理念有关；它们是它的诸多部分并在某种意义上被包含在它里面。诸理念已经变成内在的（immanent）而不是超验的（transcendent）了。——然而，是否波希多尼乌斯本能够在理念的意义上，即在从斯彪西波那儿借来的一个定义上，来理解 ἰδέα，这非常值得怀疑；正如我们所看到的，斯彪西波本不可能在这种意义上使用这个词。

② 极为尊贵的柏拉图之解释者波希多尼乌斯说，正如光会被具有光之本性的视觉所理解（或"捕获"）、声音会被具有空气之本性的听觉所理解，同样，整个自然也应该会被同类的（συγγενοῦς）理性所理解。］关于波希多尼乌斯学说的这一描述可以在对毕达哥拉斯学派的准则的讨论（VII, 92-109）中找到；（塞克斯都说，）这［个准则］是 ὁ λόγος ὁ ἀπὸ τῶν μαθημάτων περιγενόμενος［作为知识之结果的理性］——它理解整个的自然，这是由于它与它的亲缘关系，并基于同类相知的原理。恩培多克勒和波希多尼乌斯援引了这一原理作为例证。在上面所引的段落之后立即出现了以下这个句子：它是（作为）整全之本质（ὑποστάσεως，或"实体"）的数的开端（或"起源"）。由此，万物的仲裁者——理性——并非没有分享这种被称作数的力量］。随后是一个关于数字的颂词，其旨在表明它［即数字］是宇宙的基础——既是物质的也是非物质的（the material and immaterial）［基础］。策勒在使对波希多尼乌斯的引用是以 καταλαμβάνεσθαι τοῦ λόγου［被理性所理解］作为结尾上似乎是正确的，尽管科尔森（Corssen）施梅克尔和阿尔特曼把整个文段（VII, 92-109）都归于波希多尼乌斯。

据这个表述，我们可以得出以下结论，即灵魂既能够理解可理知之物，也可以理解可感知之物（the sensible），因为它是由可理知之物和作为这一物质世界的基础的 ἡ τῶν περάτων οὐσία περὶ τὰ σώματα［关于身体的界限之本质］复合而成。

在我们对斯彪西波的处理中，那个我们已经讨论过的杨布里科斯的文段提到了另一个柏拉图主义者，即西弗勒斯，他认为灵魂是一种几何实体。杨布里科斯用的语词似乎意味着西弗勒斯将灵魂定义为几何形状（σχῆμα, πέρας ὂν διαστάσεως καὶ αὐτὴ διάστασις［形状，它是延展的界限，也是延展本身］）。[1] 这个定义和斯彪西波的定义之间在意义上有什么真正的差异，对此我们并无所知。普罗克洛斯在《柏拉图〈蒂迈欧〉疏解》II. 153 中说：西弗勒斯将不可分的本质解释为点（point），将可分的本质解释为维度（dimension, διάστασις［延展］）。[2]

［78］上面提到的杨布里科斯的句子中的最后一个从句引入了关于灵魂的几何定义的另一种形式：

> 不过，有人会采取更为纯粹的（界定），即最完美地将其界定为原因（αἰτία），或者说是联合（ἑνώσει），它位于这两者之前。

而相比其他的关于将灵魂归于几何起源有何意味的那些描述，

---

[1] Iamblichus, περὶ ψυχῆς, apud Stob. Ecl. I. 862：（灵魂）是一种有关于它（即数学实质）的形状，是延展的界限，也是延展本身。柏拉图主义者西弗勒斯将它（即灵魂）限定在它们这些（形状）中。

[2] Proclus, in Timaeum II, p.153：西弗勒斯认为，几何本质是出自点（σημεῖο）和延展（διαστάσεως），前者是不可分的（本质），后者是可分的（本质）……第二种（意见的）（本质）。

杨布里科斯似乎认为这是一个更为清楚的表述。

比赋予灵魂以几何本质的解释者更为突出的是那些使它成为数字的人。这群人（this school）中的第一人是色诺克拉底，[①]他在学园中是斯彪西波的继任者。他将灵魂定义为自我移动的数。[②] 依据普鲁塔克所言，[③] 他将不可分的本质解释为一（the One），又将可分的本质解释为多（plurality）或不确定的双体（indeterminate dyad）。[④] 这两种元素的混合就产生了数。这［即数］反过来通过添加同一和他异——色诺克拉底将二者视为静止和运动的本原——而变成灵魂。[⑤] 这个定义的晦涩难解引起了关于其确切含义的诸多猜想（关于对这些猜想的一个讨论，可参见海因策论著的页65、66）。海因策自己的如下解释无疑是正确的：色诺克拉底从柏拉图那里接手了以下学说，即灵魂是自我移动的；[⑥] 《蒂迈欧》中灵魂的和谐划分（harmonical division）自然会

---

① 关于对色诺克拉底的世界—灵魂理论的一个优秀讨论，参见 Heinze, *Xenocrates*, pp.65-67。

② 这个定义也被诸如忒俄多瑞图斯（Theodoretus, *Cur. gr. aff. V*, 17, p. 195, Gaisford）、涅墨西乌斯（Nemesius, *de natura hominum*, 44, p. 102, Matth.）、墨勒提乌斯（Meletius, *de matura hominum*, Cramer *Anecd. Oxon. III*, pp.146, 30）、斯托拜俄斯（Stob., *Ecl. I*, 317W ［*Placita*, p.386, b 8］）这类不值得信任的权威归因于毕达哥拉斯。海因策在页181—186中已经为色诺克拉底的这个学说收集了证言。最早的实例出现在亚里士多德那里，不过，那里并未提及色诺克拉底的名字：*de anima* 404b27; *analyt. Post. II*, 4, 91a37; *top.*, 121b3; 140b5; 这些文段的注疏者告诉我们参考文献指向的是色诺克拉底。

③ 普鲁塔克《论〈蒂迈欧〉中灵魂的产生》1012D。

④ ［译注］indeterminate dyad 对应的古希腊语原文为 δυάδα ἀόριστον。

⑤ Timaeus Locrus 96A 给同一和他异附加了一种类似的重要性：ᾧ ποτέμιξε δύο δυνάμεις ἀρχὰς κινασίων, τᾶς τε ταυτῶ καὶ τᾶς τῶ ἑτέρω etc..［他给它混入了两种力量，即运动的本原——同一之运动和他异之运动的本原，等等。］

⑥ 参见《斐德若》245C；《法义》891-896。

导出这一信念，即它是一个数。

涉及早期柏拉图主义者的最为重要的问题之一乃是去调和《斐德若》和《蒂迈欧》，前者说［79］灵魂是 $\mathring{α}γένητος$［非生出来的／无始的］，而在后者那里它却被描述为由德木格混合诸元素而成。［这一问题］的答案的两个通常类型可能是：一个可能会说，在《蒂迈欧》中，柏拉图的意思是：灵魂实际上是在时间中被造，但是，这个灵魂与《斐德若》中的灵魂不同；另一个则可能会说，《蒂迈欧》中灵魂的构成仅仅是寓言性的，而且柏拉图并非意指它是在时间中被制造。色诺克拉底——紧随其后的是绝大多数柏拉图主义者——采取了后一种路向。依据柏拉图的理论，柏拉图为了弄清楚灵魂的几个特性，他将它们描述为诸元素，而灵魂则是由德木格将这些元素复合而成。与灵魂的创造一样，宇宙的创造也是神话性的。①

---

① 普鲁塔克，《论〈蒂迈欧〉中灵魂的产生》1013A：

> 所有这些人（即色诺克拉底和克兰托尔）在设想（以下这件事上）是相同的，即灵魂并非在时间中生成，也不是可生成的，而是拥有关乎诸种机能的多样性，并且柏拉图由于思索的缘故而在把它的本质分解为（这些机能）时，用言辞将它描述为是生成的和混合在一起的；并且，当他们思考那些关乎宇宙的相同事物时，他们都坚称它是永恒的和非受造的。

对照亚里士多德《论天》279b32：

> 在主张世界虽不消灭但要生成的人中，有些人企图通过提出一个不真实的类比来自我辩护。他们说，他们关于世界生成的说法类似于几何学家画的图形，并不意味着世界真的在某个时候生成，而是出于讲授的目的，使问题更容易理解，正如在构造过程中的图形一样。但是，就像我们所指出的，这两种情形不相同。（［译注］汉译参见亚里士多德《亚里士多德全集》第一卷，页299—300。）（转下页）

克兰托尔是学园中克拉特斯（Crates）的继任者，也是自称柏拉图注疏者的第一人，他放弃了对世界—灵魂的数学解释，并提出了一种可能更接近于柏拉图的真正含义的理论。灵魂的功能是去认知可理知之物和可感知之物，以及两者中存在的相似和差异；因此，按照同类相知这一理论，柏拉图用以下这四个本原，即可理知的和不变的本质、关于物质世界的被动和可变的本质、同一以及他异，复合成了灵魂。①[80] 与色诺克拉底一样，克兰托尔也拒绝了

（接上页）例如，在一个三角形中，它的组成部分，即三条线，会继续连同整体一起存在：依据柏拉图主义者的说法，世界是用无序的诸元素造出来的并被赋予了秩序，并且无序的元素不能与有序的整体共存。因此，创造必定是在时间中进行。在《形而上学》1091a25 中，亚里士多德采用了同样的推理线路来证明理念性的数字（ideal numbers）必定有过一个时间的起源。

① 普鲁塔克《论〈蒂迈欧〉中灵魂的产生》1012F：

> 另一方面，当那些靠近克兰托尔的人（即克兰托尔的追随者）认为灵魂的独特行为（ἔργον）最重要的是区分可理知之物和可感知之物，以及那些在它们中间的和关乎彼此的异同时，他们说：灵魂——为了它可以认知万物——已经混合了所有东西；而这些东西有四种，即可理知的自然（它永远不变且永远同一）、关乎身体的充满激情且易于变化的自然，还有关乎同一的自然和关乎差异的自然，因为前两者中的任何一个也分有差异性和同一性。

普鲁塔克以为克兰托尔用 τὴν περὶ τὰ σώματα παθητικὴν καὶ μεταβλητήν［关乎身体的充满激情且易于变化的（自然）］来意指物质，并且他做出了如下批评（1013B-C，1022E-1023B），即依据这种解释，不仅灵魂，而且是所有物质物体都会是由不可分的和可分的本质复合而成——前者提供形式，后者提供质料（或作物质）。但是，相关证据似乎太过轻微，以至于不能明确地判定是否克兰托尔用可分的本质意指质料。我们可以观察到，Proclus, in Tim. II, p.152 批评了一种出自埃拉托斯特尼（Eratosthenes）的对于灵魂的解释，这是由于他承认了一种有形体的（corporeal）元素：οὐκ ἄρα ἀνεξόμεθα λέγειν ἡμεῖς οὕτω μέσην αὐτήν, ὡς ἔχουσάν τι καὶ ἀσώματον καὶ σωματικόν, ὡς Ἐρατοσθένης ὑπέλαβε.［我们不会（转下页）

以下观点，即世界和世界—灵魂是在时间中被造。[1]

世界—灵魂理论是在普鲁塔克的论著《论〈蒂迈欧〉中灵魂的产生》中被提出来的，他的《柏拉图探究》中的若干[篇章]也对此有所提及，但它与我们已经审查过的那些理论截然不同。在现存的文献中，它并未出现在普鲁塔克之前，而且他是第一个被后来的作家将它归诸于他的人。

普鲁塔克以如下表述开始他的论著，即他将会在一单个的作品中提出有关世界—灵魂的观点，而他已经在多个地方以一种分散的方式提出过这些观点（1012B）。在承认了他的理论与绝大多数柏拉图主义者的理论相对立之后，他进而陈述并批评了最为重要的几个人——色诺克拉底、克兰托尔和波希多尼乌斯——的观点。色诺克拉底将灵魂定义为自我移动的数是错误的，因为柏拉图从未说过灵魂是数，而是说它是按数字排序。再者，色诺克拉底在使同一和他异成为静止和运动的本原上也是错误的，因为柏拉图在《智术师》中小心地将它们与后者区分开来了（1013C-D）。克兰托尔——他使得灵魂出自可理知的本质（intelligible essence），并使得在身体中发现了被动和变化的本质（ἡ περὶ τὰ σώματα παθητικὴ καὶ μεταβλητή [关于身体的可感知的和屈从于变化的（本质）]）——则没有弄清楚如何将灵魂与任何其他现存的东西区分开来，因为宇宙及其所有部分都是由可理知的和可感知的本质复合而成。然而，其他东西是可见的和可触知的（tangible），而灵魂则不能被感官（senses）所感知（1013C，1023A）。再者，柏拉图从来没有将物质称作可分的本质，而一直是称其为δεξαμενή [容

（接上页）坚持说它以这种方式位于中间（μέσην），因为它拥有无形体之物和有形体之物——如埃拉托斯特尼所回应的那样。]

[1] 普鲁塔克《论〈蒂迈欧〉中灵魂的产生》1013A；Proclus, in Tim. I, p.277.

器]、πανδεχές［接收一切者］、①τιθήνη［护理者］等。[81] 此外，柏拉图在谈到神将有形体之物（the corporeal [τὸ σωματικόν]）置于灵魂之内的时候，他拒绝［接受］灵魂源出于物质（matter [σῶμα]）。② 在他描述灵魂的创造之前，他甚至没有引入对于物质的讨论（1023 A）。③ 对波希多尼乌斯的学说也可以提出类似的反对意见。他认为πέρατα［界限］的οὐσία［本质］等同于可分的本质，但它没有得到采用，直到灵魂被造为止。使灵魂成为一个理念则更为荒谬：因为灵魂永远在移动，而理念则永远不会移动；一个与物质有着密切的关联，另一个则不存在与可感知之物的混合。神是灵魂的创造者，但他又是诸理念的模仿者（imitator）。

正如神并不是用非物质（the immaterial）造出物质宇宙（material universe），而是退而去赋予先前存在（pre-existent）的物质以秩序，所以，他不是用并非灵魂的东西造出世界—灵魂，而是退而去赋予一个先前存在的灵魂以秩序（1014C）。它就是《斐德若》245C 中那个被称作ἀγένητος［非生出来的／无始的］的灵魂。柏拉图让这个灵魂成为宇宙中那种关乎无序的元素（the element of disorder）：因此在《法义》中，他明确地将其称为邪恶的灵魂（1014E）。它是《斐勒布》中的ἀπειρία［无限］、《蒂迈欧》中的ἀνάγκη［必然性］（1014D）、《蒂迈欧》52D 中的γένεσις［起源］（1024B）以及《治邦者》272E 中的εἱμαρμένη［定命］和ξύμφυτος ἐπιθυμία［与生俱来的渴望］。我们不应该

---

① ［译注］πανδεχής 意为 all-receiving［接收一切的］。

② ［译注］本句中 the corporeal 和 matter 的汉译是直接根据英语原文，不过它们对应的古希腊语词汇，在与灵魂相对的语境中，τὸ σωματικόν 和 σῶμα 这两个词译作"肉体"会让意思更为明确。

③ 由于1022E之前的文本有中断，所以没有找到那个其观点受到了批评的解释者的名字，但是通过对这一文段和1013C进行对照，便表明了这人是克兰托尔。

让物质对这种无规则（irregularity）负责，因为它自身并无特质（without quality），① 也是无定形的（formless）。另一方面，神是绝对的善，因此他就不可能是恶的起因。② 为了说明这一点，我们

---

① ［译注］可比较 without quality（没有特质）和前文出现过的 unqualified（无限定的）。

② 在《论〈蒂迈欧〉中灵魂的产生》中，普鲁塔克的物质概念看上去很混乱，因为他既采用了《蒂迈欧》中的首要物质也采用了《蒂迈欧》中的次要物质（both the primary and the secondary matter），而没有仔细地区分它们。在他试图证明物质不能成为邪恶的起因的文段中，他断言它是完全无限定的（1014F）；他将以下这样的措辞应用到它自身上，即 ἄμορμος ［不成形的］、ἀσχημάτιστος ［无形状的］、πάσης ποιότητος καὶ δυνάμεως οἰκείας ἔρημος ［缺乏任何属己的特质和机能的］、ἄποιος ［没有特质的／无限定的］、ἀργὸς ἐξ αὑτοῦ ［未做好的］、ἀδιάφορος ［不加区分的］；在《蒂迈欧》之后，他将其与香料制造者所用的没有气味的油类相比。

同样，在 1013C 中他也说物质（ὕλη）通过对可理知之物的参与而变得可触摸和可见。另一方面，他说先于世界之创造的混沌（ἀκοσμία）不是无形体的（incorporeal［ἀσώματος］）；神并没有创造身体（body）的可触性和反击力（ἁπτὸν καὶ ἀντίτυπον））；他以认可的态度引用《蒂迈欧》30A（1016D）——那里将无序的物质称为可见的［东西］，以及《蒂迈欧》53A——那里将诸元素的ἴχνη［轨迹］说成是在创造之前就存在于物质之中。甚至他对术语的使用也是混乱的：在 1014F 中，他将 ἄμορφος 用于一种关联中——在这种关联中它应该意指"缺乏所有形式，无限定的"：ποῦ θήσονται, τὸ τὴν ὕλην ἀεὶ ἄμορφον καὶ ἀσχημάτιστον ὑπ' αὐτοῦ λέγεσθαι καὶ πάσης ποιότητος καὶ δυνάμεως οἰκείας ἔρημον etc..［他们在那个地方，借助他（即柏拉图）而说：物质总是无定形的和无形状的，并缺乏任何属己的特质和机能，等等。］在 1024B 中，他说可感知之物没有确定的秩序，而是 ἄμορφον καὶ ἀόριστον ［无定形的和不确定的］，也就是说没有确定的形式。

现在，柏拉图本人未能解释首要物质和次要物质之间的关系这一事实，自然会给那些以一种严格的字面意思来看待《蒂迈欧》的柏拉图主义者带来一些困难。否定世界是在时间中被造的柏拉图主义者可能会将次要物质视为神话性的［东西］。然而，我们发现所谓的阿尔齐诺斯的"导言"（Introduction）的作者对次要物质的解释与他在其他地方（第 14 章）所做的描述（即世界不是在时间中被造）不一致：第 13 章——τούτοις（转下页）

（接上页）(i.e. the geometrical solids) οὖν ὑπὸ τοῦ θεοῦ ἡ ὕλη τυπωθεῖσα ἐκινεῖτο μὲν τὸ πρῶτον τοῖς ἴχνεσιν ἀτάκτως, εἶτα ὑπὸ τοῦ θεοῦ πρὸς τάξιν ἤχθη, ἁρμοσθέντων πάντων ἀναλογίᾳ πρὸς ἄλληλα. [神借助这些（即几何实体）推动物质，首先是用轨迹（ἴχνεσιν）无规律地（推动物质），随后是由神引入秩序——当万物按比例地建立联系时。] 有几分类似的是，蒂迈欧·洛克努斯在 διακόσμησις [设定秩序] 之前构想了理念对物质的某种影响：90C——ὁ θεὸς ὁρῶν τε τὰν ὕλαν δεχομέναν τὰν ἰδέαν καὶ ἀλλοιουμέναν παντοίως μὲν, ἀτάκτως δέ etc.. [神识别出物质——它接受理念，并一方面以各种方式；另一方面又无规律地发生改变，等等。]

在普鲁塔克的《论〈蒂迈欧〉中灵魂的产生》中有一个文段（1024B-C），依据一个也许是可能的解释（但我不确定它的正确性），这个文段给出了一个有几分类似的关于首要物质和次要物质的关系的陈述。该文段内容如下：

> 因为可感知之物并未获得任何秩序，而是无定形的和不确定的；并且，围绕着这种事物而得到安置的机能（δύναμις）既没获得任何明晰的意见，也没有获得任何整全的运动，但是，它们中的多数都是如梦一般的、疯狂的和混乱的有形体之物，除非它偶然遇上了那更好的东西；因为它位于这两者之间，并拥有一种易受影响的和与这两者都相似的本性，它借助它的感知力来把握住物质，并借助它的辨识力来把握住可理知之物。
>
> 以这样的方式，他自己清楚地阐明了这些术语，因为他说："让这一点成为那在总体上被呈现为是由我的计算推断而来的言论吧，即存在（ὄν）、空间（χώραν）和生成（γένεσιν）是以三种方式（描述）的三个东西，它们甚至先于天的出现。"现在，他把物质称作空间——正如他有时把它称作处所和容器一样，并把可理知之物称作存在；而且，生成（宇宙还尚未生成）除了是那种处于变化和运动中的实质以外，什么都不是——它被规定为处在塑造者和被塑造者之间，并在这里（的世界）中散布来自那里（的世界）的形象（εἰκόνας）。

现在，毫无疑问的是，无序的灵魂理所当然就是以 ἐν μέσῳ γὰρ ἦν [因为它位于这两者之间] 开头的句子的主语，而短语 τὴν ἐν μεταβολαῖς καὶ κινήσεσιν οὐσίαν etc.. [处于变化和运动中的实质，等等] 也表明了这一点。如果这是普鲁塔克真正要表达的东西，那么这个文段就意味着无序的灵魂不仅会理解可感知之物，而且在某种程度上还会理解可理知之物（理念）；并且它把它从理念那里接收到的影像（εἰκόνας）转移到物质（即未加限定的物质）那里。这种解释——如果正确的话——解释了首要物质和次要物质（转下页）

必须假定最初的［82］灵魂（1015 B）。现在，这不仅仅是物质中的动力因，而且它还拥有察觉可感知之物并形成意见的机能，尽管这些意见并非定义明确（well-defined）（οὔτε δόξας ἐνάρθρους［不是清楚地表达的意见］）（1023D-1024C）。柏拉图在《蒂迈欧》35A 中用"可分的本质"这个术语来表示的正是这个先前存在的灵魂。德木格将不可分的本质与这个［先前存在的灵魂］混合在一起，而不可分的本质是可理知之物、理性之物和关乎秩序的元素；他从其自身中给予了这个［不可分的本质］（1016C、D）。①

［83］因此，被造的世界—灵魂从不可分的本质那里获得了它的理智（intelligence）和秩序，又从可分的本质那里得到了它的感知机能和动力机能。不可分的本质——νοῦς［理智］——在与可分的本质相混合后，将后者［即可分的本质］转向它自身

（接上页）的关系，并且它部分地解除了人们因为普鲁塔克混淆二者而发起的对他的惯常性指控（参见 Baeumker, *Das Problem der Materie*, p. 152; Heinze, *Xenocrates*, p. 34）。然而，由于普鲁塔克在其他地方没有提到任何这样的解释，我不敢冒昧地断言这种解释的正确性。我认为，关于这一文段的另一种观点应该是想要去假定：他无意识地从无序的灵魂的思想过渡到了被造的世界—灵魂的思想，并因此显得是要把某些只属于后者的特征归于前者。

在《论已然式微的神谕》414D 那里，兰普瑞阿斯（对话的叙述者）说：物质是神之作品（works）的败坏的起因，但是，正如他（即神）为我们制造和预备了很多其他东西，而且，自然也把毁坏和剥夺（στέρησιν）带到了某些这类东西之上；确切地说，物质有一种剥夺（之力），它经常会逐步地失去它的存在（状态），并分解那由更强有力的原因所生成的东西，等等。］我们必须假设普鲁塔克正在不精确地言说或者正在重复一个普通的概念。以下这一点是很清楚的，即《论〈蒂迈欧〉中灵魂的产生》中提出的观点代表了他在物质问题上的真实看法，这不仅是依据该作品自身（尤参第一段）和《柏拉图探究》1003A，而且是依据以下这一事实，即普罗克洛斯在他对《蒂迈欧》的疏解中频繁地将《论〈蒂迈欧〉中灵魂的产生》中的种种理论作为普鲁塔克所特有的而加以提及。

(turns it toward itself），并（在作为结果的世界—灵魂中）引发理解真实存在（real being）的运动。① 不过，关乎理性的元素（The element of reason）无法消除先前存在的灵魂的所有无规则；而残余的这种［无规则］就是世界中的邪恶的起因（1015A）。② 有时这［种残余的无规则］会胜过理性的元素，并逆转宇宙的有序运动；不过，它不能完全摧毁它，并且灵魂中的更好的部分会维护自身，并匡正世界。③

［84］同一和他异不是（如色诺克拉底所认为的）静止与运动的本原，而是相似（likeness）与差异（difference）的本原。同一源自可理知的本质，也就是不可分的本质，而他异源自可分的

---

① 1024C：当它（即理智）进入并统治灵魂时，它便会将（后者）转向它自身，并围绕那一直保持不变的东西而共同完成圆周运动——（这种运动）最（为亲近地）触及了存在（τοῦ ὄντος）。］亦参见1026F：但是，当神同时转向并援以引导时，更好的部分会再次转回并仰视模范（παράδειγμα）。对ἐπιστρέφω［转向］的一个类似的使用出现在《柏拉图探究》1003A：但是，当灵魂分有了理智与和谐（ἁρμονίας），并通过协调（συμφωνίας）而变得有理性（ἔμφρων），当它已经成为物质变化之起因，并用它自己的运动来控制（物质）时，它就会引起和转向后者的运动。这些是最早的例子——关于这些例子，我意识到了近似于以下这种意义上的ἐπιστρέφω［转向］的使用，在这种意义中，它在新柏拉图主义者那里变成了技术性的（technical）。它又再次出现在二世纪的阿尔齐诺斯的《导言》第10章：宇宙灵魂苏醒过来并转向其自身，他（即神）是其（即宇宙灵魂之）理智的起因。］以及第14章：他苏醒过来并转向其自身，他的理智和它，等等。

② 关于这一点，普鲁塔克援引了《治邦者》273B，那里说道：世界中的所有邪恶都是来自它的先前状态的残留物。

③ 1026F ff.。在这一点上，普鲁塔克照字面意思地跟随了《治邦者》中的神话。

本质。[1] 同一和他异——作为相对的本原——不能直接混合；但是，正如在物质世界的事例中，德木格首先混合水与气，然后混合土与火；同样，为了形成灵魂，他首先复合不可分的和可分的本质，从而制造了本质，然后他又将这个［本质］与同一和他异混合在一起（1025A、D）。[2] 本质作为同一和他异的一个 ὑποδοχή ［容器］，并由这二者形成（1025F），如此才可能有差异性的秩序

---

[1] 这至少似乎是希腊文的意思：1024D——ἑκάτερον γὰρ ἀπὸ τῆς ἑτέρας ἀρχῆς κάτεισι τὸ μὲν ταὐτὸν ἀπὸ τοῦ ἑνὸς τὸ δὲ θάτερον ἀπὸ τῆς δυάδος.［事实上，二者中的任何一个都源自另一个本原——同一源自一，他异源自双体。］一很显然是可理知的或不可分的［本质］。术语 δυάς ［双体、二］在《论〈蒂迈欧〉中灵魂的产生》提出的体系中并不能恰切地符合任何事物。色诺克拉底和他的追随者们专门将它作为表示多（plurality）的本原的一个名字来使用它。但是，在这种多的本原（物质源自其中）和先前存在的灵魂（普鲁塔克假设它与物质一起存在）之间没有接触点，有的只是在它们各自的体系中，它们都取代了可分的本质，并且被描述为宇宙中任何无规则和邪恶之物的起因。然而，我认为，由于这样一种相似性，我们必须假定普鲁塔克乃是用"双体"（dyad）来意指可分的本质。他不可能用它来意指物质，因为他明确地否认了它会进入世界—灵魂的构成之中，而且必定很自然地就会得出：源自物质的任何东西都不能这样做。我们可以援引 1025D 作为这种对"双体"的使用的一个对比：在这些（人类灵魂）中，双体的、不确定的部分的形式（εἶδος）会使它自身更为显而易见，而那简单的、单一的（部分的形式）则会沉入更大的模糊不清中。这里 τῆς δυαδικῆς καὶ ἀορίστου μερίδος ［双体的、不确定的部分］很明显指的是无序的灵魂。

[2] Martin, I. p.348 错误地假定普鲁塔克认为本质是由同一和他异复合而成：

而且，普鲁塔克想要指出（如同普罗克洛斯一样），第三个本质——根据第一个句子——是由同一和他异这两者共同组成。

（order in difference）。[1]

[85] 在进入了有朽的身体之中的灵魂中，较高的元素被遮掩了，而较低的元素变得更为突出。从后者中不仅衍生出了感觉（sensations）和意见，而且还有激情。[2] 灵魂的不同机能是如此的混杂在一起，以至于很难发现任何完全摆脱了思想（thought）的激情，或任何没有情感（emotion）相伴的思维活动（1025D）。

普鲁塔克的整个理论建立在世界—灵魂和世界乃是在时间

---

[1] 没有作为一个基质（substrate）的本质，就不可能会有生成（becoming），因为同一缺乏他异性，他异缺乏同一性。这两种本原的联合明显都存在于灵魂的动力和认知部分中。在恒星（fixed stars）的运动中，他异性见于同一性之中，在行星的运动中，同一性见于他异性之中［参见《蒂迈欧》36C，在那里，恒星的球体（sphere）等同于同一的圆（circle），行星的球体等同于他异的圆］。在认知方面，νοῦς［理智］来源于同一，感觉来源于他异。Νόησις［概念／观念］是关于停驻之物（that which abides）的理性部分（τοῦ νοοῦντος）的运动，δόξα［意见］是关于移动之物（that which moves）的知觉部分（the perceptive）的停留。所以，这两种本原都见于想象力之中——想象力是意见和知觉的结合：φαντασίαν—συμπλοκὴν δόξης πρὸς αἴσθησιν οὖσαν［想象力——意见与感觉的联合］。不过，在这部作品的前半部分中，理性被归因于不可分的本质，感觉（sensation）和意见被归因于可分的本质，在这里我们发现它们分别源自同一和他异。这并不令人惊讶，因为同一和他异的观念与不可分的和可分的本质之间有着如此紧密的关联，而且尤其是因为柏拉图在《蒂迈欧》37a 中说：可理知之物是由同一的圆所认知，而可感知之物则是由他异的圆所认知。

[2] 1025D；亦参见 1026D-E：——柏拉图在《斐德若》中用 ἐπιθυμία ἔμφυτος ἡδονῶν［天生的对诸快乐的欲望］来意指可分的本质，用 ἐπείσακτος δόξα ἐφιεμένη τοῦ ἀρίστου［习得的、趋向最好的东西的意见］来意指不可分的本质（［译注］具体可参见《斐德若》237d，此处汉译参见柏拉图《柏拉图全集：中短篇作品》（上），页 625），因为自身中就拥有前者，但后者是从更高的本原（可理知之物）那里获得的。关于世界—灵魂与人类灵魂的关系，亦参见《论伦理德性》441F ff.，也可参见本文［原文］的第一章页 12。

中被造这一假设之上。① 他特别重视以下这一论证，即只有以这种方式才能调和《斐德若》的表述（即灵魂没有开端）和《蒂迈欧》的屡次主张（即它是生成的）。作为对以下这种解释——柏拉图描绘灵魂和世界的创造仅仅是 θεωρίας ἕνεκα ［出于一种推测］——的许多反对意见之一，他提到了这样一个事实，即在他将灵魂既称作 γενητή ［被造者］，又称作 ἀγένητος ［非生出来的／无始的］时，他总是把世界称作 γενητή ［被造者］；他不仅在《蒂迈欧》中，也在《治邦者》中（273B）说：世界是由神所构建，并谈到了先前存在的无序；在《克里提阿斯》(Critias) 106A 那里，他将其称作 πάλαι μὲν ἔργῳ γεγονότα νῦν δὲ λόγῳ θεόν ［很久以前是通过行动、现在却是通过（我的）言辞而显现的神］；在《理想国》(546B) 那里，他又将其称作一个 θεῖον γενητόν ［神性的受造之物］。②

［86］在讨论完世界—灵魂的构成之后，普鲁塔克以一种稍微有些不完整的方式处理了《蒂迈欧》35B-36B 中描述的

---

① 普鲁塔克用了一整部论著来考虑这个问题，参见《论〈蒂迈欧〉中灵魂的产生》1013E；这个可以在《兰普瑞阿斯索引》的篇目66中看到：περὶ τοῦ γεγονέναι κατὰ Πλάτωνα τὸν κόσμον ［《论柏拉图笔下这个生成的世界》］。

② 关于柏拉图是否说世界—灵魂和世界乃是在时间中被造这一点的争论史，参见 Baeumker, *Die Ewigkeit der Welt bei Platon* in the *Philosophische Monatshefte*, Vol. XXII, pp. 513 ff.。我们并不熟知普鲁塔克之前的任何柏拉图主义者，关于他，我们可以肯定的是：他持有以下这一信念，即柏拉图的意思是这一创造是在时间中发生的。然而，很可能有一些人都有这样的做法。正如我们前面已经看到的那样，斯彪西波在这一问题上的立场有几分可疑。受到柏拉图强烈影响的新毕达哥拉斯学派看起来在拒绝一种在时间中的创造这一点上意见一致（参见 Zeller, III, 2, p. 146。我对 Timaeus Locrus 94A 没有绝对的把握）。泰奥弗拉斯托斯残篇 28 承认了这样一种可能性，即柏拉图可能是意指创造是 θεωρίας（转下页）

数学划分（mathematical division）。这些数字的目的是统一和协调实际上是由不同的元素复合而成的世界——灵魂（1027A、1028B、1030C 以及其他地方）。它们主要不是用于表示距离的比率（ratios）、速度，或行星的广延（magnitudes），或任何其他物理关系。然而，唯一自然的做法是去假设物质宇宙——它受灵魂的引导——的各个部分应该与彼此和整体处于规则的比例（proportion）之中，即使我们可能无法确定确切的关系。关于普鲁塔克对数字本身的处理，我们无须多说。他跟随克兰托尔以一种 lambda（Λ）①的形式排列它们。他批评了克兰托尔和欧多鲁斯（Eudorus），因为他们说 384 是可以用作级数（series）的起始点的最小数字，而如果要回避分数（fractions）的话，就用 192 代替它。②如果他尝试过嵌入所有的平均数（means）的话，他就会看到他的批评乃是错误的。

普罗克洛斯对《蒂迈欧》的疏解频繁地提到了我们在普鲁塔克那里第一次见到的世—灵魂理论；在那里，它［这一理论］被归于普鲁塔克，以及柏拉图主义者阿提科斯（Atticus）。它获得了足够的重视，以致被认为值得受到波菲利、杨布里科斯和普罗克

（接上页）ἕνεκα［出于一种推测］，在那些对创造坚持一种字面解释的人中，有亚里士多德、伊壁鸠鲁派（正如我们从他们对柏拉图的猛烈抨击——见于西塞罗的《论神性》（de natura deorum, I, cc.8, 9）——中所看到的那样），以及 περὶ ἀφθαρσίας τοῦ κόσμου［《论宇宙的不朽》］（被归于斐洛, c.4）的作者。

① ［译注］lambda，即第十一个希腊字母：Λ（λ）。这里所指的是普鲁塔克排列数字的一个图示，具体可参见《论〈蒂迈欧〉中灵魂的产生》1020A。

② Chalcidius c. 49 也采用了这个数字。

洛斯的驳斥。[①]

[87] 在离开这个主题之前，我们将简要地考察一下关于世界—灵魂的其他几种在普鲁塔克之后，但又在新柏拉图主义者之前的阐述。[②]

在卡尔西底乌斯（Chalcidius）[③]的《蒂迈欧》疏解（第295—299章）中，我们发现，努美尼乌斯（Numenius）把关于世界之起源的那些稍微有些类似于普鲁塔克所提出的看法的观点归因于毕达哥拉斯和柏拉图。宇宙来源于两种本原：单体（monad）和不确定的双体。单体是神、不确定的双体是物质——也就是在被赋予秩序并获得形式之前的物质。后者并不是——如某些毕达哥拉斯学派原以为的那样——来源于单体，即神，[④]而是有独立的起

---

① 参见托伊布纳（Teubner）版 Proclus, *in Timaeum* 的作者索引（Index Auctorum），词目为 *Plutarchusy*、*Atticus*。在对 Proclus *in Remp.* 的 scholia［评注］（刊印于 Vol. II, p. 377, Teubner）中，哈尔珀克剌提翁（Harpocration）被说成是已经相信了在时间中的创造。因为他是阿提科斯的学生（参见 Proclus, *in Tim. I*, p.305），他很可能接受了后期的关于世界—灵魂之创造的学说。普罗克洛斯在 *in Tim. I*, p.276 中提到很多柏拉图主义者肯定了在时间中的创造。很可能的是，这些人中的很多人持有与普鲁塔克和阿提科斯的理论非常相似的关于世界—灵魂的理论；我们会发现这就是努美尼乌斯的情况。

② 包含在 Chalcidius 的《蒂迈欧》疏解中的相关处理将会被纳入这些［阐述］之中，因为尽管它属于由新柏拉图主义思想占主导地位的时期，但他所讨论的关于世界—灵魂的这两种解释没有任何新柏拉图主义影响的痕迹。

③［译注］在西方学界，似乎这一名字目前较为常见的拼法是 Calcidius。

④ 持有这一学说的有毕达哥拉斯学派的珀吕伊斯托尔（Alexander Polyhistor）（参见 Diog. Laert., VIII, 25）；欧多鲁斯（Zeller, *III*, 2, p.130 n. 4; *III*, 1, p.634）；尼科马库斯（参见 Photius, *Codex*, 187, p. 143a24）——那里将单体称作 νοῦς ... εἶτα καὶ ἀρσενόθηλυς καὶ θεὸς καὶ ὕλη δέ πως etc..［理智……随后，双性者（ἀρσενόθηλυς=hermafrodita）、神和物质，等等］；亦参见 Zeller, *I*, 1, p.360。

源并与他一起永远并存（co-eternal）。既然物质在创造之前是在无规则地移动，那么它必定是被灵魂移动，因为灵魂是所有运动的起因。努美尼乌斯把所有的善都归因于神——作为它的起源（296）；又把邪恶——如果我们可以信任卡尔西底乌斯的证言的话——时而归因于物质，时而又归因于移动物质的初始灵魂。[①] 这种混乱非常不同于普鲁塔克所感受到的以下这种重大关切，即解除物质对于邪恶的责任，并将这种[责任]投放在先前存在的灵魂之上（参见《论〈蒂迈欧〉中灵魂的产生》1015C ff.）。当神赋予物质以秩序，从而创造宇宙时，他无法从中移除所有的邪恶。因此，事情乃是这样，即宇宙中——甚至在诸天（heavens）中——没有任何东西是绝对完美的（第299章）。

依据普罗克洛斯《柏拉图〈蒂迈欧〉疏解》II, 153，努美尼乌斯用单体和不确定的双体构建了世界—灵魂。毫无疑问，单体是神圣者、可理知的本原；现在，尽管卡尔西底乌斯明确地表明不确定的双体是物质，但似乎很可能的是：努美尼乌斯的意思真的是指世界—灵魂的第二个元素是无序的灵魂，在第297章中[88]他说它在移动物质。然而，他似乎并没有在物质和这个灵魂之间做出非常尖锐的区分。

人们可能会注意到[卡尔西底乌斯]与普鲁塔克的某些其他的相似之处：[首先，]二人都援引赫拉克利特来谴责荷马，因为[荷马]希望人与诸神之间的冲突可以消失不见。（卡尔西底

[①] 参见296：物质并非（如廊下派所假定的）是中性的（indifferent），而是邪恶的起因和开端；c. 298：——物质之灵魂奋力反抗神意的规划。

乌斯，第 297 章；普鲁塔克，《论伊希斯与俄赛里斯》370D）。①

① Proptereaque Numenius laudat Heraclitum reprehendentem Homerum qui optaverit interitum ac vastitatem malis vitae, quod non intelligeret mundum sibi deleri placere, siquidem silva quae malorum fons est, exterminaretur.[（但是，如果世界是由物质构成，那么它就确实是由一种先前存在的邪恶本性[natura]制作而成；）而这也就是为什么努美尼乌斯会赞扬赫拉克利特对荷马的批评了，后者渴望终结和扫清生活的不幸（malis），却未能理解：如果要根除物质这一邪恶之源的话，他实际上就是在为世界的毁坏进行辩护。]（[译注] 上述引文即出自正文中提及的卡尔西底乌斯 c. 297。此处汉译参考马吉（John Magee）英译本进行转译，并补充翻译了作者此处摘录文段之前的相关表述，具体参见 Calcidius, *On Plato's Timaeus*, p. 169）。

普鲁塔克《论伊希斯与俄赛里斯》370D: καὶ τὸν μὲν Ὅμηρον εὐχόμενον ἔκ τε θεῶν ἔριν ἐκ τ' ἀνθρώπων ἀπολέσθαι, λανθάνειν φησί (ὁ Ἡράκλειτος) τῇ πάντων γενέσει καταρώμενον, ἐκ μάχης καὶ ἀντιπαθείας τὴν γένεσιν ἐχόντων. [他还说，当荷马希望"神灵与人类之间的不睦熄火"时，他看不见他对人的世代繁衍发出了诅咒，因为人类来争斗和对立。]（[译注] 此处汉译参见普鲁塔克《论埃及神学与哲学：伊希斯与俄赛里斯》，页 106。）塞丁加（Thedinga）（*de Numenio philosopho Platonico*, p. 51）提及了荷马《奥德赛》III, 45 f., 因为这一诗节的意思是：θεοὶ δ' ἀρετὴν ὀπάσειαν παντοίην, καὶ μή τι κακὸν μεταδήμιον εἴη. [愿诸神赋予（你们）所有种类的德性，并且没有任何邪恶位于人们当中。]（[译注] 亦可参照："愿神明们惠赐你们诸事如意，人们免遭任何不幸。"参见荷马《荷马史诗·奥德赛》，页 239。）

但是，在普鲁塔克和其他地方那里的对比，似乎表明《伊利亚特》（*Iliad*）XVIII, 107 才是所要指涉的那个文段：ὡς ἔρις ἔκ τε θεῶν ἔκ τ' ἀνθρώπων ἀπόλοιτο. [愿不睦能从神界和人间永远消失。]（[译注] 此处汉译参见荷马《荷马史诗·伊利亚特》，罗念生、王焕生译，人民文学出版社 2012 年版，页 424。）参见亚里士多德《优台谟伦理学》（*Eudemean Ethics*）1235a25: καὶ Ἡράκλειτος ἐπιτιμᾷ τῷ ποιήσαντι ὡς ἔρις ἔκ τε θεῶν καὶ ἀνθρώπων ἀπόλοιτο· οὐ γὰρ ἂν εἶναι ἁρμονίαν μὴ ὄντος ὀξέος καὶ βαρέος οὐδὲ ζῷα ἄνευ θήλεως καὶ ἄρρενος ἐναντίων ὄντων. [（另一些人则认为相反生成友爱，）赫拉克利特曾批评诗人的这句话——"无论是神祇的倾轧，还是人间的冲突，都会消除"，因为他认为，假如没有高音和低音，就没有和谐的旋律，如果没有雄性和雌性，也就没有动物，一切都是相反的。]（[译注] 此处汉译参见亚里士多德《亚里士多德全集》第 8 卷，页 407）；亦参见 Simplicius, *in cat.*, p.412, 1. 23 [Kalbfleisch]。

[其次,]二人为了这两个世界—灵魂都援引了《法义》896D(卡尔西底乌斯,第297章; 普鲁塔克,《论〈蒂迈欧〉中灵魂的产生》1015E、《论伊希斯与俄赛里斯》370F)。[最后,]在邪恶之起源的问题上,二人都有反驳廊下派的论辩(卡尔西底乌斯,第297章; 普鲁塔克,《论〈蒂迈欧〉中灵魂的产生》1015B)。[卡尔西底乌斯著作]第297章中的"convertit"[旋转]这个词可能表示的是希腊语 $\dot{\epsilon}\pi\iota\sigma\tau\rho\acute{\epsilon}\phi\epsilon\iota$ [转向](普鲁塔克,《论〈蒂迈欧〉中灵魂的产生》1024D、《柏拉图探究》1003A、阿尔奇诺斯(Alcinous)$E\dot{\iota}\sigma\alpha\gamma\omega\gamma\acute{\eta}$ [《导言》]第10、14章)。

$E\dot{\iota}\sigma\alpha\gamma\omega\gamma\acute{\eta}$ [《导言》]的作者——它被归于阿尔齐诺斯——以克兰托尔所用的同样方式解释了组成世界—灵魂的四种元素(第14章)。他在世界—灵魂和世界的时间起源(temporal origin)这一问题上的立场并不是特别清晰。我们自然会期望他跟随克兰托尔而去否认它们是在时间中被造;而且,如果弗洛登塔尔(Freudenthal)在将[《导言》的]作者鉴定为柏拉图主义者亚比努斯(Albinus)这一点上是正确的话,[1]那么我们就在普罗克洛斯《柏拉图〈蒂迈欧〉疏解》I,219那里获得了带有这个意思的直接证据。[2]然而,我们在 $E\dot{\iota}\sigma\alpha\gamma\omega\gamma\acute{\eta}$ [《导言》]中也一并发现了像以下这样的前后矛盾的表述:世界被称作 $\gamma\epsilon\nu\eta\tau\acute{o}s$ [被创始的],这不是因为曾经有过一段那时它并不存在的时间,而是因为它一直处在一种生成的状态之中[89]($\dot{\epsilon}\nu\ \gamma\epsilon\nu\acute{\epsilon}\sigma\epsilon\iota$),以及它依赖于一种更高的本原(第14章)。神从包含了诸元素之轨迹(traces, $\check{\iota}\chi\nu\eta$)并且是无规则地移动的物质中创造了世界(第12、13章)。

---

[1] Freudenthal, *Der Platoniker Albinos und der falsche Alkinoos*, Hellenisüsche Studien.

[2] 柏拉图主义者亚比努斯说,依据柏拉图,非创造的宇宙拥有起源和开端……即它不是以依据时间的这种方式而具有起源的。

神并没有创造世界—灵魂（它一直都存在），而是赋予了它以秩序，就好像把它和它的 νοῦς［理智］从深度睡眠（deep sleep）中唤醒，并将它们转向他自身，以便它们可以获得理念（第14、10章）。① 这两种陈述（即世界是永恒的，以及神从无序的物质中创造了它）之间的矛盾显而易见。然而，以下这两种陈述——世界是永恒的，以及神从深度睡眠中唤醒世界—灵魂、赋予它以秩序并将其转向他自身——之间的［矛盾］仍旧真实存在（no less real）。没有被赋予了秩序的世界—灵魂就不可能有 κόσμος［宇宙］；如果世界—灵魂在时间中被赋予了秩序，那么世界必定也是如此。②

① 第10章中说神是灵魂的 νοῦς［理智］的起因。我们无法确定是否他像普鲁塔克所做的那样也将这个 νοῦς［理智］与不可分的本质关联在一起。

② 参见 Zeller, *III*, 1, p. 844（4th edition）：

> 他还认为，他可以将世界的永恒称作是柏拉图的学说，他通过听任别人仅仅把世界描述为是产生的——因为它处于持续的变化之中，从而证明它是一个更高的原因的作品，他正是由此得出结论，世界灵魂不是由神创造，而同样是永恒的：但他并不完全同意它应该由神赋予秩序并仿佛是从深沉的睡眠中苏醒过来，以便在转向神时从他那里获得理念的形式。

另参见同一页的注释3：

> 亚比努斯追随普鲁塔克，然而，当他否认世界的永恒时，他更合乎逻辑；因为在世界灵魂从沉睡中醒来之前，世界不可能存在。

另一方面，参见弗洛登塔尔（*op. cit.*）对这一主题的评论（p.288）：Ganz ähnlich spricht sich Plutarch über die Weltseele und ihr Verhältnis zur Gottheit und zum Geiste des Universums aus［普鲁塔克同样谈到世界灵魂及其与神、与宇宙之心灵的关系］；以及 p.298n.：（转下页）

[90] 在阿普列乌斯（Apuleius）的《论柏拉图及其学说》（de Platone et eius dogmate）中，我们找到了相对较少的有关世界—灵魂［的内容］。他在 I, 8 中说，柏拉图时而说世界并没有一个

> （接上页）除了对一种更高本原（Principe）的形而上学的依赖关系之外，这种对世界永恒的看法完全可以理解，并且更接近柏拉图的真正含义，而不是亚里士多德自己指责的对柏拉图式宇宙观的字面理解。因此，几乎没有任何理由来在亚比努斯和策勒的话中寻找矛盾。］

弗洛登塔尔的这两个表述高度不一致；一个人不可能合乎逻辑地断言：阿尔齐诺斯的世界—灵魂概念与普鲁塔克的相似，然后又说他的关于世界的永恒性的观念（它在形而上学上依赖于一种更高的本原）优于亚里士多德的解释（即它是在时间中被造）。世界和世界—灵魂的永恒性是普鲁塔克一直所否认的东西，在这一点上他的解释与亚里士多德的解释完全一致。不过，可以想象得到：在这一著作的足本（关于这一点可参见 Zeller, III, 1, p.835 n. 2）中，作者可能通过以下主张已经解释过这些矛盾，即次要物质以及神从其中唤醒灵魂的睡眠是神话性的，并且仅仅是用来表明除了神的影响之外，物质和灵魂本会是处于什么样的状态（关于对次要物质的这类解释，参见 Procl, in Tim. I, pp.382, 383）。而这因为以下这些事实而变得有些合理，也就是第 10 章中的事实——他似乎是要表明神对 οὐράνιος νοῦς［天上的理智］的影响是持续性的，以及附加的如下事实——在同一章之下，他在 οὐράνιος νοῦς［天上的理智］和世界—灵魂之上使用了关于神之行为的相同词语（κοσμεῖν）。第 10 章：

> ... ὁ πρῶτος θεὸς αἴτιος ὑπάρχων τοῦ ἀεὶ ἐνεργεῖν τῷ νῷ τοῦ σύμπαντος οὐρανοῦ. ἐνεργεῖ δὲ ἀκίνητος αὐτὸς ὢν εἰς τοῦτον, ὡς καὶ ὁ ἥλιος εἰς τὴν ὅρασιν, ὅταν αὐτῷ προσβλέπῃ καὶ ὡς τὸ ὀρεκτὸν κινεῖ τὴν ὄρεξιν ἀκίνητον ὑπάρχον. ［最高神（ὁ πρῶτος θεὸς）是整个天宇凭借理智而永远运动的原因。进入了这个（天宇）的不动者自身在施加影响，如同太阳进入了视觉（当它［即视觉］望向它时），也如同不动的渴望者推动渴望。］

以及下述（表达）：πατὴρ δέ ἐστι τῷ αἴτιος εἶναι πάντων καὶ κοσμεῖν τὸν οὐράνιον νοῦν καὶ τὴν ψυχὴν τοῦ κόσμου πρὸς ἑαυτὸν καὶ πρὸς τὰς ἑαυτοῦ νοήσεις. ［他是父亲，是万物的原因，并依据他自身及其思想而为属天的理智，以及宇宙的灵魂赋予秩序。］

开端，时而又说它有过一个起源并且是生成的：前一陈述在它［即世界］一直存在的意义上是正确的，后一陈述在它是由生成了但又会被毁坏的东西所组成的意义上［也是如此］。世界—灵魂属于与神、理智和诸理念在一起的更高等级的存在者（higher class of beings）。它是所有的个体灵魂（individual souls）的来源。

关于第欧根尼·拉尔修，[①]我们只需要提及以下这一点，即在一个混淆了世界—灵魂和个别灵魂（particular souls）的文段中，他首先是说灵魂有一个算术起源，身体则有一个几何起源；而在随后的句子中他又说柏拉图将灵魂界定为 $ἰδέα\ τοῦ\ πάντῃ\ διεστῶτος\ πνεύματος$［向各个方向散开的气息的理念］；在第一个陈述中他很显然是在跟随色诺克拉底的学派，在第二个陈述中则是在跟随波希多尼乌斯。[②]

卡尔西底乌斯在他对《蒂迈欧》的疏解中说，有两种关于世界—灵魂之构成要素的观点。依据其中的一种观点，柏拉图用不可分的本质来意指可理知世界，又用可分的本质来意指物质。[③]依据另一种观点，不可分的本质意指的是高阶的灵魂，它摆脱了

---

① Diog. Laert., III, 67, 68.
② 参见前文有关波希多尼乌斯的讨论。
③ 第29章：

    他用不可分的实质（substantiam）来指示可理知之世界的形式——依据它的样子（神）将其心智中所构想的诸形式转移到诸身体之中；并且，他用可分的实质来指示作为身体之开端和（像似）本源（fons）的材料，以致第三种混合种类的实质应当被理解为是这样一种形式——通过它，世界及其所包含之物的诸身体获得了形式；是这样的吗？等等。

［译注］此处汉译主要参考卡尔西底乌斯著作之马吉英译本转译（并参照拉丁原文进行校对），具体参见 Calcidius, *On Plato's Timaeus*, p. 165。

与物质的联系；可分的本质则意指的是低阶的灵魂，它赋予植物和动物以生命。这最后一种灵魂不是［91］由神所造，而是由他赋予了秩序，正如世界的身体（the body of the world）是被赋予了秩序一样。① 现在的世界—灵魂（the present world-soul）乃是处于高阶的灵魂与无序的灵魂之间——

> 也就是说，它永远处于可理知世界中而免于化身，而植物的灵魂既维持不能言语者，也维持没有感知者。

它处于同一和他异之间——

> 它交替地通过把目光投向高处而沉思同一之本性的神圣性，并通过向下转向他异之本性的领域，而依据尘世之物的创造者的法令为它们［即尘世之物］提供分配，并给它们赋予秩序。（第31章）②

这第二种观点看来与普鲁塔克的观念极为相似。此外，第31章清楚地论及世界是在时间中被造。

---

① 参见第29章，尤其是第31章：

> 因此，他赋予已然存在的事物以秩序，而非产生并不存在的事物，并且，通过给予理智，他把心智的无序漫游——它的激荡与波浪的激荡相似——从一种无序的摆动不定带入秩序之中。

［译注］此处汉译依据马吉英译本转译，具体参见 Calcidius, *On Plato's Timaeus*, p. 169。

② ［译注］汉译依据马吉英译本转译，具体参见 Calcidius, *On Plato's Timaeus*, p. 169。

卡尔西底乌斯没有直接说他接受的是这些理论中的哪一个。但是，根据我们在别处之所见，他必定倾向于第一个理论；因为在任何地方他都展现出了自己对在时间中的创造的反对意见（参见第 26、23、228 章）。而且，第一个解释看起来也等同于他在第 27 章中引用了《蒂迈欧》34D 之后立即给出的那个解释：

> 他在向我们表明：实质（substantiam）或——如西塞罗所说的——本质（essentiam）乃是双重的，其中之一是不可分的，另一者则通体都是可分的；并且，不可分的［实质］是与所有永恒而无身体（或作"无形体"）之物一样的种类，而可分的［实质］则是那种在身体之中的存在之起因的东西。因为，每一个身体无疑都存在，但存在着的东西拥有本质，等等。①

这个 essentia quae in corporibus invenitur［在身体之中发现的本质］看起来与第 29 章中的 silva quae velut exordium et fons est corporum［作为身体之开端和（像似）本源（fons）的材料］相同。而且，作为他赞成第一种观点的附加证据，我们发现在第 51、52 章中他将同类相知这一原理带入了与世界—灵魂的关联之中。

在第 33 章中，卡尔西底乌斯继续说道：既然灵魂将要进入的身体拥有所有的维度（dimensions），那么灵魂必定拥有与每一个［维度］相对应的机能。所以，在《蒂迈欧》中的灵魂的算术划分中，一代表点，二代表线，四代表面（surface），八代表立体（solid）。也可对照第 38 章。

---

① ［译注］汉译依据马吉英译本转译，具体参见 Calcidius, *On Plato's Timaeus*, p. 163。

在《论波希多尼乌斯的柏拉图〈蒂迈欧〉疏解》(*de Posidonio Timaei Platonis Commentatore*, 1906) 中, 阿尔特曼 (Gustavus Altmann) 论证了波希多尼乌斯是卡尔西底乌斯在第 29 章中提出的第一个理论——他很显然 [92] 在整篇论著中都在跟随这一理论——的来源: 他认为卡尔西底乌斯那里的定义, 即 forma qua informata sunt corpora [形塑身体(或作"形体")的形式], 相当于普鲁塔克那里的 ἰδέα τοῦ πάντῃ διαστατοῦ [全面延展之物的理念]。他认为, 以下这一事实——卡尔西底乌斯说可分的本质是 silva quae velut exordium et fons est corporum [作为身体之开端和 (像似) 本源的材料], 而它在普鲁塔克对于波希多尼乌斯的叙述中则是 ἡ τῶν περάτων οὐσία [界限的本质]——可以解释为是由反对者对于波希多尼乌斯学说的错误陈述 (misrepresentation) 所导致的, 这种反对者的观点出现在同一章之中。

接着, 在 [卡尔西底乌斯于第 33 章的] 前一章列举了关于灵魂的七个初步划分 (preliminary divisions) 之后, 我们在第 33 章中发现了以下这些话:

> 因此, 这个图解——它描绘了灵魂据说是由之构成的诸部分的产生或结合——显示了潜藏在灵魂和身体之联合后面的原理。身体为活物所掌控, 它拥有吸入其中的灵魂之力, 当然也拥有表面区域, 并且它拥有整体 (soliditatem, 或作 "坚实")。那么, 既然灵魂以它的生命力既会渗透表面区域, 也会渗透整体, 它就被赋予了与整体和表面区域都很类似的力量, 因为同类与同类相结合。①

---

① [译注] 汉译依据马吉英译本转译, 具体参见 Calcidius, *On Plato's Timaeus*, p. 171。

第二章　作为柏拉图之阐释者的普鲁塔克

阿尔特曼对这一文段的评论如下（页38）：

> 无疑，卡尔西底乌斯断定这些事物中的灵魂就是形式之所是，因此世界和所有形体（或作"身体"）都被赋予了形式。那些与形体类似的部分（Partes）无疑是几何形体，这也就是普鲁塔克笔下的 οὐσία περάτων（界限的本质）。

现在，仅仅通过在它的语境中来观察这一文段，我们就会看到短语 partium ex quibus anima constare dicitur［灵魂据说是由之构成的诸部分］所指的并不是将要组成灵魂的诸元素，而是在它已经完全复合而成之后所做的七个初步划分。另一方面，在普鲁塔克关于波希多尼乌斯的叙述中，οὐσία περάτων［界限的本质］是灵魂的组成部分之一，它相当于可分的本质。所以我们不能同等地看待这两者，除非阿尔特曼博士认为：在波希多尼乌斯看来，灵魂的数学划分所表示的只不过是它源自诸元素的组成。

阿尔特曼基于第53章提出了另一个论点。该文段［即第53章］的内容如下：

> 既然诸事物的最古老的开端是本质（essentia）或实质（substantia），并且在它的两种（即不可分的和可分的）显现中，自然（naturaeque）的这两重多样性显然都最为古老，那么，很清楚的是：灵魂作为每一种类型的本质——同一和他异之自然（本性）——的混合，它乃是由所有原初的元素所组成，并因此它的自然（本性）在最高程度上与数的自然（本性）一致；后者（即数）很显然甚至比几何形式（formis）自身都更为古老，（人们）发现，在某种意义上，也就是在三、四或更多边的图形的情形下，又或者在那些被称作六面

体和八面体的情形下,它们(即几何形式)必然依赖于数:这些形式很显然不能没有数而存在,却没有什么能阻止数在没有它们的时候而存在。那么,不管怎样,数的起源被发现是最为古老的,而数的诸开端(initia)或诸本原(principia)它们自身是单体(singularitas)和双体(duitas),因为它们很显然是其他的数的起源。通过这一推理线条我们获得了以下结论,即:由一种双倍的本质和双重的自然(本性)所构成的灵魂,乃是与数的性能(potentiae)协调一致并赋予具有理性功能和科学知识的天体与活物以活力,它拥有通过所有事物——也是存在于灵魂自身中——的性能的组合而去认知所有事物的能力。①

根据这一章,阿尔特曼得出了以下结论(页40、41):

> 然而,这些是开端,它们参与其中的灵魂可以认知所有事情,这正是卡尔西底乌斯(第53章)所宣称的;它们中一个是不可分的本质,另一个是可分的(本质)。并且,这些实质想要得到理解,而根据同一(eodem),你可以了解起源(capite)。也就是说,它们是数和几何形式。单体(singularitas)对应于数,所有的(可理知的)数的形式包含并且它们自身也对应于普鲁塔克笔下的可理知之物(intelligibili)。另一方面,几何形式是第二种实质,这也就是普鲁塔克笔下的 $\pi\epsilon\rho\acute{\alpha}\tau\omega\nu\ o\grave{\upsilon}\sigma\acute{\iota}\alpha$(界限的本质)。

---

① [译注] 此处汉译主要依据马吉英译本转译(并参拉丁原文进行校对),具体参见 Calcidius, *On Plato's Timaeus*, p. 207。

我完全不能理解的是，阿尔特曼如何能根据卡尔西底乌斯在这一章中所说的话就得出这样的结论。后者看来仅仅是指：灵魂是由不可分的本质、可分的本质、同一和他异——也就是说，事物的所有本原——创造出来的。因此，灵魂的本性相当于数的本性，[①]它们［即数］比几何形式更为原始，因为后者的存在依赖于这些［数］。数来源于单体和双体。很清楚的是：与数字类似的是灵魂，而非不可分的本质（正如阿尔特曼的解释所表明的那样）；几何形式被说成是晚于数字的［东西］；也没有谈及任何意指它们是可分的本质的［内容］。

［94］总之，我们可以说，阿尔特曼不仅未能表明卡尔西底乌斯在他的灵魂理论中是在跟随波西多尼乌斯，而且他也误解了卡尔西底乌斯。

---

① 这样说，要么是因为灵魂是依据数字而被划分的，这些数字象征着灵魂的某些特性（参见第32、33章）；要么是因为——正如数字是单体和双体的直接产物，同样，灵魂乃是直接地来源于不可分的和可分的本质、同一以及他异。位于这一章第二个句子的开头的词汇 ideo 看起来是支持后一种解释。

2 《伊希斯与俄赛里斯》与色诺克拉底

此时此刻，我们有必要讨论一下《论伊希斯与俄赛里斯》，这是因为它与出现在《论〈蒂迈欧〉中灵魂的产生》和《柏拉图探究》II 和 IV 中的普鲁塔克关于创造的立场的权威性表述之间，有着显而易见的差异；再者，这也是因为以下这一事实，即海因策（Richard Heinze）[1] 鉴于这些差异而试图将在这篇文章中给出的创造理论追溯到色诺克拉底。

普鲁塔克在这里依照他的以下原则来解释埃及神话，即宗教神话和仪式象征着一些哲学观念。他首先回顾和批评了以往的在寓意解释上的尝试；然后他提出了自己的理论，这个理论在神话中找到了柏拉图式的宇宙论（cosmogony）。在这里我们只关注这部作品的后半部分，尤其是［编码］369—377。[2] 简要地表明它的思想可能是个好的［做法］：我们绝不能和德谟克利特、伊壁

---

[1]［译注］依下文所见，这个 Richard Heinze 应该就是前文早已出现过的、写作了《色诺克拉底》（Xenocrates）的 Heinze。因为这个全名在本书中乃是第一次出现，故仍附于正文中。

[2]［译注］依据后文所讨论的文本内容来看，此处 369—377 应非页码标识，而是指《论伊希斯与俄赛里斯》的希腊原文编码。

鸠鲁（Epicurus）一道去将没有灵魂的原子（soulless atoms）设定为宇宙的元素，也绝不能和廊下派一道去假定一个统治万物的创造性理性（creative reason）；如果神不是任何事物的起因，那么就不可能有善（good），而如果他是一切事物的起因，那么就不可能有恶（evil）。赫拉克利特说过：

> παλίντονος γὰρ ἁρμονίη κόσμου, ὅκωσπερ λύρης καὶ τόξου.
> ［因为宇宙的和谐是由对立的张力造成，如同六弦琴与弓（的和谐）一样。］①

另据欧里庇得斯所言：

> οὐκ ἂν γένοιτο χωρὶς ἐσθλὰ καὶ κακά,
> ἀλλ᾽ ἔστι τις σύγκρασις ὥστ᾽ ἔχειν καλῶς.
> ［善与恶不可分离，
> 但存在某种混合——它是好的。］

以下这一传统从远古时代流传到了诗人和哲人那里，即宇宙既不是由机运（chance），也不是由一种至高无上的权力（supreme power）所引导，而是由两种对立的本原——一种是善的［本原］，一种是恶的（bad）［本原］——所引导。在索罗亚斯德（Zoroaster）的体系中，［善神］奥尔穆兹德（Ormuzd）和［恶神］阿里曼（Ahriman）被描述为在彼此交战。所以，在迦勒底

---

① ［译注］关于赫拉克利特的这一残篇，也可参见既有的汉译："对立造成和谐，如弓与六弦琴"（北京大学哲学系外国哲学史教研室编译：《古希腊罗马哲学原著选辑》，生活·读书·新知三联书店，1957，页23）。

人（Chaldeans）中，有两个行星被认为是善的，两个被认为是恶的（evil），① 还有三个则被认为是中性的（indifferent）。希腊人反对 [将这两种对立的本原称为] 奥林匹斯山上的宙斯和哈得斯，并且说哈耳摩尼亚是阿瑞斯和阿弗洛狄特的女儿。赫拉克利特将战争称作父亲，即万物之王和万物之主，并因荷马希望冲突可以从诸神与人中间消失而谴责了他。恩培多克勒将善的本原称为爱，将恶的本原称为冲突（strife）。毕达哥拉斯学派那里有两列对立面（opposites）；阿那克萨戈拉（Anaxagoras）那里有 $νοῦς$ [理智] 和 $ἄπειρον$ [阿派朗/无限]；亚里士多德那里有 $εἶδος$ [形式] 和 $στέρησις$ [匮乏]；柏拉图那里有同一和他异，在《法义》中则是更为直白的两种对立的灵魂。

> 他还承认有第三种中介的本质，它并不像某些人所认为的那样缺少自己特有的灵魂、理性和运动，但它在依赖于另外两个的同时，却总是倾向于跟随、向往和追踪比较好的那一个。这就是我们下文将要论述的问题，我们尤其要着力论述埃及人的神学与柏拉图哲学的一致之处。（370F-371A）②

在灵魂和身体中都可以看到这两种对立的本原，它们被描述为俄赛里斯和提丰；在灵魂中，俄赛里斯是 $νοῦς$ [理智] 和 $λόγος$ [理性]；在可感知世界中，秩序乃是来源于他。在灵魂中，提丰是非理性的和激情的部分；在可感知世界中，所有的毁坏和无序都是从他而来。

---

① [译注] 此处语境中，bad 和 evil 本是同义并被互换着使用。
② [译注] 此处引文的汉译，参见普鲁塔克《论埃及神学与哲学：伊希斯与俄赛里斯》，页 90—100。

因此，伊希斯被视为女性的本质，适于接受一切生殖。正是在这个意义上，柏拉图称她为"乳母"和"包含一切的女人"。大多数人称她为"有无数名字的女神"，因为神圣的理性引导她接受一切形式的形象和外表。她对第一本原（τοῦ πρώτου）怀有先天的爱，这一本原对一切事物施加至高无上的权力，它与善的本原相一致；她向往它、追随它，她逃避和排斥与恶的本原相关的一切。尽管对于二者而言，她都是一种物质和居所（χώρα，或"空间"），她总是主动地倾向于较好的本原；她主动让自己受孕于这一本原，让它在自己体内播撒从它身上散发出的、与它相像的东西。当她感到自己受孕，感到体内充满有创造力的种子时，这些精液令她愉悦，她高兴得浑身颤抖。实际上，任何繁殖都是有生殖力的实质（οὐσίας）呈现在物质中的一幅画像，而创造则产生于模仿赋予自己生命的那个存在（τοῦ ὄντος）。]（372E-F）[1]

最完美和最神圣的自然由以下三种本原构成：理智、物质以及它们结合而产生的有序的世界，就像希腊人所称呼的那样。（373F）[2]

后者——世界——的象征物是何鲁斯，他是俄赛里斯与伊希斯的孩子。这个三体（triad）可以与柏拉图《理想国》546中的三角

---

[1] ［译注］汉译参见普鲁塔克《论埃及神学与哲学：伊希斯与俄赛里斯》，页105—106。译文略有改动，比如原汉译中译作"实体"的 οὐσίας 替换成了本汉译本通行的"实质"、译作"生命"的 τοῦ ὄντος 改为"存在"。

[2] ［译注］参见普鲁塔克《论埃及神学与哲学：伊希斯与俄赛里斯》，页109；译文略有改动。

形相对照,[这个三角形]的边分别是三、四和五:三对应于男性本原(male principle),四对应于女性本原,五则对应于发源于它们的那个事物。在赫西俄德那里,混沌和大地对应于伊希斯,爱神对应于俄赛里斯,塔尔塔罗斯(Tartarus)对应于提丰;在《会饮》的神话中,波罗斯(Poros)对应于俄赛里斯,佩尼亚(Penia)对应于伊希斯,厄罗斯(Eros)对应于何鲁斯。

——当我们谈论物质的时候,我们不能听任自己被某些哲人的看法所牵引,将物质想象成一个没有灵魂($ἄψυχόν$)、没有特质($ἄποιον$)、没有活力和自身能量的形体,等等。(374E)[1]

伊希斯不是一个埃及的名字,而是一个希腊的名字:它源于 $παρὰ\ τὸ\ ἵεσθαι\ μετ'\ ἐπιστήμης\ καὶ\ φέρεσθαι,\ κίνησιν\ οὖσαν\ ἔμψυχον\ καὶ\ φρόνιμον$ [$ἵεσθαι$(奔赴/前进)一词,因为她懂得有技巧地运动和进步,她的运动是由思考所激发和引导](375C)。[2] 埃及人也用一个名字来称呼伊希斯,这个名字的意思是,"我从我自身而出"(I came from myself),因此它表示的是 $αὐτοκίνητος\ φορά$ [自我移动的运动](376A)。普鲁塔克在第64章的末尾用以下这些话语总结了他的解释:

自然中一切好的和善的东西都通过他们而存在;(俄赛里

---

① [译注]参见普鲁塔克《论埃及神学与哲学:伊希斯与俄赛里斯》,页112—113;译文略有改动。
② [译注]参见普鲁塔克《论埃及神学与哲学:伊希斯与俄赛里斯》,页115;译文略有改动。

斯）出之以本原，（伊希斯）则加以接受和分配。①

[96] 在页33、34中，海因策给出了他之所以认为普鲁塔克在这个讨论中是在跟随某个来源的论证。A priori [一开始]，他说：没有理由认为普鲁塔克可能不是依靠自身来着手这部作品。但是，一种对这种观点的严肃反对意见也冒出来了：《蒂迈欧》中的学说之构想——它构成了《论伊希斯与俄赛里斯》的基础——尽管很奇异，但它比通常在普鲁塔克那里发现的解释更接近正确的解释。这一寓言的独特之处在于，柏拉图的 ὑποδοχή [容器] 与世界—灵魂的结合是在伊希斯的形象下得以表现出来的。诚然，这并没有得到明确的表述，但它可以从物质被称为 οὐκ ἄψυχος [不是没有灵魂的] 这一事实中推断出来（第58章），更何况它还可以从伊希斯被命名为 ἀπὸ τῆς ἐπιστήμης ἄμα καὶ τῆς κινήσεως [（这位女神）同时也是出自知识和运动] 这一事实，以及 αὐτοκίνητος φορά [自我移动的运动] 被归因于她之中 [推断出来]。后者只能用于世界—灵魂之上。在第64章那里，出现了以下这些话：

> 自然中一切好的和善的东西都通过他们而存在；（俄赛里斯）出之以本原，（伊希斯）则加以接受和分配。

ὑποδέχεσθαι [接受] 归属作为 χώρα [空间／居所] 的伊希斯，

---

① [译注] 参见普鲁塔克《论埃及神学与哲学：伊希斯与俄赛里斯》，页121；译文略有改动。此外，截止到这里，作者都是在"简要地表明"他所说的《论伊希斯与俄赛里斯》"这部作品的后半部分，尤其是页369—377"的"思想"，除多次直接引用古希腊语原文内容外，作者在大部分情况下都是在用自己的话语进行"概述"。所囊括的文本内容对应的文段编码是《论伊希斯与俄赛里斯》369A—377B，相关完整汉译可参见普鲁塔克《论埃及神学与哲学：伊希斯与俄赛里斯》，页91—121。

διανέμειν［分配］则归属作为世界—灵魂［的伊希斯］。① 如同在普鲁塔克那里的其他地方一样，这部作品并没有混淆首要物质（primary matter）和次要［物质］（secondary）。恶的本原与神对立，并没有被神赋予秩序而成为善的世界—灵魂；基于此，有关在时间中的世界之创造的学说也就不复存在了：它［世界］不是永恒的，它是真实的，但这是因为它在连续不断地生成与消亡。这些与常规的普鲁塔克学说的偏差不能被归因于神话的迫切要求（exigencies），［神话］它本可以提供符合每一种思想的东西。因此，我们被引导去怀疑普鲁塔克并没有发明这个寓言，而是至少从一个早期作者那里获得了它的主要特征。

随后，海因策在他已经引用过的文段之外又援引了泰奥弗拉斯托斯《形而上学》（*metaphysics*）fr. XII, § 18，从而将世界中善恶本原的对立这一观念追溯至老学园。在页 35 中，他继续将《论伊希斯与俄赛里斯》与色诺克拉底关联在一起。他将他的论证建基于斯托拜俄斯《文选》（页 62）所给出的一个描述观点的（doxographical）② 证言之上；该证言如下：

> （依据）色诺克拉底——单体和双体（这两位）神；一位作为男性（的神），这位父亲带来秩序，它在天宇中进行统治，它叫作宙斯、超凡脱俗者和理智，因为它自己是第一位

---

① ［译注］句意有些难解，可参见原文 ὑποδέχεσθαι belongs to Isis as χώρα, διανέμειν as world-soul。
② ［译注］此处 doxographical 与本书原文页 63 中的 doxographers［古希腊哲人论述的编集者］只是不同词性而已，其名词形式为 doxography；它是由德国古典学者迪尔斯（Hermann Alexander Diels）组合两个希腊词语而成——δόξα［观点/意见］和 γράφειν［写下/描写］，该术语专门用来表示后期哲人、注疏者和传记作家等对早期哲人的观点的描述。

神。另一位作为女性的（神），这位母亲行使正义，它管理天宇中的分配，因为它自己是万物的灵魂。

现在，无须证明的是，这个双体并非不确定的双体。[①] 斐洛劳斯（Philolaus）已经将双体称作瑞亚（Rhea）——众神之母；但是，这［97］并没有解释色诺克拉底是如何让世界—灵魂成为双体和女性本原。不过，这一点为《论伊希斯与俄赛里斯》所阐明了；在《论伊希斯与俄赛里斯》那里，世界—灵魂和物质在伊希斯的形象下被联结在了一起。这种关联可能首先是以下述这种方式出现：在柏拉图那里，空间是女性本原；根据《蒂迈欧》的说法，神将有形体之物（the corporeal）植入世界—灵魂，以便后者围绕它。现在，像色诺克拉底这样的异想天开的（fanciful）思想家可以将这两者结合起来，并以女神的形象来描绘它们。在伊希斯对俄赛里斯的爱中，人们可以看到一种进入亚里士多德的以下学说——神会 ὡς ἐρώμενον［像爱人一样］移动——的方法。但是，我们应该记住亚里士多德的这个学说乃是取自柏拉图。依据《斐多》75A-B，所有的生成都渴望真正的存在（true being），并努力变得像它一样。依据欧德摩斯（《伦理学》［eth. I］8，1218a24），柏拉图主义者教导说，一是善本身（the good-in-itself），所有的数都渴望它。

再者，在普鲁塔克的论著《论月球中显现出来的面貌》第 30 章中（海因策后来将这一文段归诸色诺克拉底），太阳被说成是所有自然所渴望的 τὸ ἐφετὸν καὶ καλὸν καὶ θεῖον καὶ μακάριον［令人神往的、美的、神圣的和幸福的（东西）］的一个影像。如果这些推测是合理的，那么我们就在提丰身上获得了色诺克拉底笔下的不确定的双体的一个形象。我们不应受到以下这一事实的干扰，即尽管

[①] Cf. Brandis, *Handbuch II*, 2, 1, p. 24 ff..

不确定的双体是所有存在（all being）的一个组成部分，但提丰看起来只是一种毁坏性的本原，并且所有生成都是由俄赛里斯和伊希斯发出；因为在普鲁塔克那里，我们也发现了以下这一思想，即所有存在既包含善，也包含恶（亦参见第64章）。

现在，让我们首先来审查以下这些论证，根据这些论证，海因策将对于这个神话的解释归于色诺克拉底。我们从亚里士多德、普鲁塔克和亚里士多德的注疏者们那里得知色诺克拉底将灵魂定义为自我移动的数。但是，斯托拜俄斯的这个文段是我们所拥有的唯一证据，即他将灵魂称为双体。现在，遵循布兰迪斯（Brandis）的海因策说道：不言而喻的是，这个东西［即灵魂］不可能是不确定的双体，它必定是确定的双体。如果事实确实如此，那么在我看来最有可能的是，我们就会在亚里士多德的《论灵魂》中（在那里他批评了色诺克拉底的灵魂理论），或者在《形而上学》的最后两卷中（在那里他非常精心地处理了学园的数字猜想），或者在亚里士多德的注疏者们那里，发现有关它的其他证据。色诺克拉底是否曾将世界—灵魂称为双体，这似乎是个大可怀疑的问题；［98］但即便他这么做了，①我认为以下这一点也能够得到显明，即色诺克拉底的这一观念和《论伊西斯与俄赛里斯》之间没有关联。

像所有其他理念性的数字（ideal numbers）一样，确定的双体乃是源自单体和不确定的双体。但是，神话中的伊希斯——依据海因策，她既是世界—灵魂又是物质——是与俄赛里斯和提丰同源的（co-original），她代表一或单体，以及不确定的双体。普鲁塔克将 αὐτοκίνητος φορά［自我移动的运动］归因于她。这非常有

---

① 如果色诺克拉底的意思是说不确定的双体是世界—灵魂，那么他必定非常混乱，因为我们从普鲁塔克那里得知，他说灵魂是由一、不确定的双体、同一和他异（依据他的看法，这二者是静止和运动的本原）组成。

力地反驳了斯托拜俄斯那里的伊希斯和双体—世界—灵魂（dyad-world-soul）的同一性关联（identification）。而且，在色诺克拉底和老学园那里，物质总是与不确定的双体联系在一起。泰奥弗拉斯托斯在《形而上学》fr. XII，§12中说，柏拉图主义者们（这些人中他专门提及了色诺克拉底）从不确定的双体那里导出了一些东西，比如空间、虚无（the void）、ἄπειρον［阿派朗／无限］，但从数字那里导出了一、灵魂和某些其他的东西。（同样，斯托拜俄斯在《文选》页294中说：色诺克拉底 ἐκ τοῦ ἑνὸς καὶ τοῦ ἀενάου, ἀέναον τὴν ὕλην αἰνιττόμενος διὰ τοῦ πλήθους ［根据一（τοῦ ἑνὸς）和永恒存续之物（τοῦ ἀενάου）］——构建了宇宙——［又通过多（πλήθους）以谜语的形式谈及永恒存续之物］。当然，宇宙的第二个本原不是肉体性的（somatic）物质，而是多（plurality）的本原。因此，不确定的双体是多、无定性（indefiniteness）的本原，也是物质的本原。现在，普鲁塔克屡次断言伊希斯是 ὑποδεξαμενή［接受者／容器］、χώρα［空间／居所］、ὕλη［物质］；而色诺克拉底几乎不可能将（与不确定的双体关联在一起的）物质的观念和世界—灵魂的观念融为一体，由此形成一个（由一位女神所象征的）确定的双体。

我们几乎不可能否认《论伊希斯与俄赛里斯》与普鲁塔克对于世界之创造的惯常描述之间的种种差异。但是，我认为这些差异可以在很大程度上被解释为是由于这里所使用的神话形式。伊希斯的地位（position）在很大程度上可归因于此。海因策所援引用来证明她象征着世界—灵魂和物质的那些文段未能做到这一点。将独立运动和智识（intelligence）归因于她几乎没有得到应用，除了用来解释她对俄赛里斯的爱和对提丰的憎恶之外。伊希斯对俄赛里斯的爱是这个神话中普鲁塔克不得不加以重视的一个部分。［99］而且，他自己的寓意化的本原禁止他将宗教传统的神转变成无生命的物质元素。① 如此一来，出现在《论〈蒂迈欧〉中灵魂的产生》中的对物质的处理，在这里就是不可能的了。

但是，我们绝不能忽视这样一个事实，即我们在普鲁塔克的其他文段中也找到了"物质渴望神"这一观点：《爱欲对话》770A-B——

> （因为）地球（或"大地"）是所有人的母亲，也是所有动物和植物的起源，那么，无论何时对神的强有力的爱欲（Ἔρως）和渴望摒弃了物质，并在此后停止渴望和追求（它的）本原和运动，它必然不会在某个时间就消亡并被完全毁灭吧？

以及《论月球中显现出来的面貌》944E——

> 对太阳中的影像的热爱使它（即理智）分离出来，透过这种影像它显现出令人神往的、美的、神圣的和幸福的（东西），而所有自然（πασα φύσις）都以这样或那样的方式对这种（东西）心之向往。

物质渴望神这个观念来自类似的亚里士多德学说，尤其是在《形而上学》1072a19 和《物理学》192a17 ff. 中提出的学说，即神 ὡς ἐρώμενον［像爱人一样］移动，以及物质渴望神。海因策援引《斐多》75 A-B 来证明这是柏拉图的一个观念，只不过《斐多》75 A-B 说的是殊相（the particular）努力变得像理念（the Idea）一样，而这种思想与亚里士多德的思想相去甚远。这种被欧德摩斯

---

① 参见本文［原文］的第一章页 23。

(《伦理学》[ethics I]，8，1218a24) 归因于柏拉图主义者的学说绝非完全相同的事物，尽管它在迈向亚里士多德的思想上可能只有一步之遥。我在第一章页 54[1] 中已经表明，海因策因之而将《论月球中显现出来的面貌》第 30 章指向色诺克拉底的那些理由并不充分。根据它在普鲁塔克那里的出现来看，似乎相当合理的是，早期的柏拉图主义者已经接手了这个关于 ἔφεσις [渴望] 的学说。它出现在阿尔齐诺斯的 Eisagoge [《导言》]（第 10 章），那是一部包含了很多亚里士多德的思想的作品；那里使用的语言会使人回想起亚里士多德，由此也表明它最终是出自这个来源。它 [这种学说] 也频繁地出现在新柏拉图主义者那里（参见普罗克洛斯《柏拉图〈蒂迈欧〉疏解》I. 267. 4 ff.）。值得注意的是，普罗提诺在和普鲁塔克一样的意义上利用了《会饮》中的波罗斯和佩尼亚神话：波罗斯是形式，而佩尼亚是物质，它对前者有一种无法满足的渴望。[2] 这看起来很可能是对柏拉图文段的一种常见的解释。

物质渴望神这个观念并没有出现在《论〈蒂迈欧〉中灵魂的产生》中，这部作品是普鲁塔克对他有关世界之创造的观点 [100] 的最为权威的陈述。在那里，物质被说成是无限定的（unqualified）和中性的（indifferent）。然而，他还是小心翼翼地宣告它无须对邪恶负责，并将这种责任置于邪恶灵魂的掌管之下。物质渴望神这一观念与这个理论的分歧，要比它与色诺克拉底的 [理论的分歧] 小得多，而他 [色诺克拉底] 将物质和不确定的双体（邪恶之本原）紧密地联系在一起。

海因策指出，《论伊希斯与俄赛里斯》中与神相对立的邪恶本原没有像在《论〈蒂迈欧〉中灵魂的产生》中的情况一样，被

---

[1] [译注] 指本书原文的页码。

[2] Plotinus, III, 5, c. 8 ff.；比较 Baeumker, *Das Problem der Materie*, p.379。

他赋予秩序而成为善的世界—灵魂。我认为，这也应归因于这个神话，这个神话并没有将提丰描述为以任何方式得到了改造（reformed），而是描述为被削弱了。参见第55章：

> 但是，这位何鲁斯（Ὧρος）是坚定的和完善的，他不会全然摧毁提丰（Τυφῶνα），而是会全然摧毁他的活力和力量。

在第49章中，灵魂之激情的和非理性的部分（the passionate and irrational parts）被说成是源自提丰；这与《论〈蒂迈欧〉中灵魂的产生》中的教诲并无不同，在《论〈蒂迈欧〉中灵魂的产生》那里，灵魂的这些部分乃是源自最初的邪恶灵魂。这部作品自始至终都在说，宇宙既包含善也包含恶；严格来说，这是这个神话的一个矛盾，因为依据这一点，何鲁斯——普鲁塔克将其解释为世界——是俄赛里斯和伊希斯（即神和物质）的孩子；然而，普鲁塔克本来就几乎不可能避开它［即这个矛盾］。海因策将以下这一事实，即邪恶本原与神相对立，而且它并不是由神赋予了秩序，用作一个证明，也就是去证明：一种在时间中的创造并不会得到考虑，而它的结果是，这部作品中提出的种种理论并不是普鲁塔克自己的理论，而是借自某个否认了在时间中的创造的解释者。我们已经解释了普鲁塔克是如何因为神话的形式而被迫以这种方式来描述物质。然而，若某人有意对这个寓言再多几分追问，那么他可能就会说：提丰的能力的缩减（第55章）代表着——在神话所允许的范围内——当世界从无序的物质中被创造出来时所发生的对邪恶势力（the forces of evil）的限制。不过，在此类神话中，我们不应期待能找到任何可以决定世界是不是在时间中被造的东西。

值得注意的是，在援引权威来证明其学说时，有四个名字既出现在普鲁塔克的《论伊希斯与俄赛里斯》中，也出现在他的《论〈蒂迈欧〉中灵魂的产生》中，它们是：恩培多克勒、赫拉克利特、阿那克萨戈拉和索罗亚斯德。而且，《论〈蒂迈欧〉中灵魂的产生》中也提及了伊希斯与俄赛里斯神话。①

[101] 我们几乎不能确定：在从柏拉图式形而上学的意义上来解释《论伊希斯与俄赛里斯》，普鲁塔克是否在跟随一个来源，又或者他是否是如此解释它的第一人。长期以来都存在这样一种趋势，即将形式或神视为宇宙的男性本原，并将物质视为女性本原；所以在柏拉图那里，物质被称作"生成之母和生成的护理者"（mother and nurse of generation）；而亚里士多德的《物理学》192a23 中则说：物质（或"质料"）渴望形式 ὥσπερ ἂν εἰ θῆλυ ἄρρενος [就好像女性渴望男性一样]。② 很自然的是，这会使得将男性和女性神祇寓意化为形式和物质变得容易起来。我们知道，克律西波斯就是在这种意义上将宙斯和赫拉寓意化了。③ 所以，无论如何，普鲁塔克都拥有他的解释中的这种特征的先例。

在任何流传到我们手上的作品中，普鲁塔克都没有就有关理念的学说给出一种正式的讨论；④ 不过，它在每一个地方都被

---

① 《论〈蒂迈欧〉中灵魂的产生》1026C。

② [译注] 或译作："(质料渴望形式——) 似乎就像阴性渴望阳性。" 参见亚里士多德《亚里士多德全集》第 2 卷，页 28。

③ 参见 Origen, *against Celsus IV*, 48, p.540；亦参见 Diogenes Laertius, VII, 187。在杨布里科斯的《算术神学》(*Theologumena Arithmetica*) p.12 (Ast.) 中，伊希斯被说成是双体；这个名字源自 ἴσος [同等/平等]，而双体得到如此的称谓乃是因为 2 乘 2 等于 2 加 2，而且因为 2 是唯一的不能被分割为两个不相等的部分的数字。

④ "兰普瑞阿斯目录" (the catalogue of Lamprias) 中的篇目 67 和篇目 68 所处理就是理念问题：ποῦ εἰσιν αἱ ἰδέαι [《理念在何处？》] 和 πῶς ἡ ὕλη τῶν ἰδεῶν μετείληφεν, ὅτι τὰ πρῶτα σώματα ποιεῖ [《物质如何分有了理念？论最初的身体的创造》]。

认定为柏拉图体系的一个部分。理念是可感知物体的可理知的范式（patterns），当神构造世界时，他模仿了它们。[1] 在《论伊希斯与俄赛里斯》中，赋予物质以秩序而形成世界［这一点］在如下图像——神（也就是俄赛里斯）在物质（也就是伊希斯）中播种 λόγοι ［理性］或来自他自身的 ἀπορροαί ［流溢物］——中得

---

[1] 《柏拉图探究》1001 E；《会饮的问题》720；《论〈蒂迈欧〉中灵魂的产生》1023CD。在取自奥林匹奥多罗斯所著《柏拉图〈斐多〉义疏》(in Phaedonem, Finckh, p.128 [Ast.]) 的残篇 VII 第 26 节（Bernadakis, Vol. VII, p.33）中，有几个（借自柏拉图的）支持理念学说的论证——如果这一节真的是来自普鲁塔克的话。我认为，紧接其后的第 27 节很可能是普鲁塔克的［文段］：

> 有时他说的是相等（ἴσον）、有时他说的又是相等本身（αὐτὰ ἴσα），它要么转移到了很多人的理智之中——事实上，相等本身（ταὐτὰ ἴσον）在每一个人（的理智）里面；要么它是在理智中生长起来的东西——它是一种存在于大多数人的灵魂中的东西；确实，由于它（即灵魂）里面的朝向它自身的下降（ὑπόβασιν），存在于很多人里面的东西乃是处于它（即灵魂）之中。

在奥林匹奥多罗斯（p.175, 1.21 ff.）的一个没有被归于普鲁塔克的文段中，我们又发现了对复数形式的 αὐτὰ ἴσα ［相等本身］第二种解释。这与普鲁塔克那里的任何东西都不具相似性，而只能适用于新柏拉图派的（Neo-Platonic）关于 νοῦς ［理智］和 ψυχή ［灵魂］的理论。不过，我并不认为有任何正当理由——像 Zeller, III, 2, p.178 n.) 所做的那样——将这些残篇归于普鲁塔克这个新柏拉图主义者。正如芬克（Finckh）所述，诸手稿中的标题是：ἐκ τῶν τοῦ χαιρωνέως （在第二个慕尼黑 [Munich] 手稿 中 是：ἐκ τῶν τοῦ Πλωτίνου, ὡς βούλονταί τινες, ἢ ἐκ τοῦ χαιρωνέως πραγματειῶν；汉堡 [Hamburg] 手稿中则根本没有标题。）在更短的残篇选辑中（Bernadakis, p.35）是以下这个标题：ἐπιχειρημάτων διαφόρων συναγωγὴ δεικνύσεις εἶναι τὰς μαθήσεις ἐκ τῶν τοῦ χαιρωνέως Πλουτάρχου.

到了描述。[102] 这个构想似乎是基于廊下派的 σπερματικοὶ λόγοι[有生产能力的理性]观念。显而易见的是，普鲁塔克在这里有必要采用它来将神话寓意化。不过，他的思想是名副其实的（genuinely）柏拉图式思想，从他在《论伊希斯与俄赛里斯》中的表述中就能清楚地看出这一点，这个表述的大意是：生成的世界是真实的世界的一个副本（372F，373B）。

---

① 《论伊希斯与俄赛里斯》372F：

她对第一本原（τοῦ πρώτου）怀有先天的爱，这一本原对一切事物施加至高无上的权力，它与善的本原相一致；她向往它，追随它，她逃避和排斥与恶的本原相关的一切。尽管对于二者而言，她都是一种物质和居所（χώρα，或"空间"），她总是主动地倾向于较好的本原；她主动让自己受孕于这一本原，让它在自己体内播撒从它身上散发出的、与它相像的东西。当她感到自己受孕，感到体内充满有创造力的种子时，这些精液令她愉悦，她高兴得浑身颤抖。（[译注]汉译参见普鲁塔克《论埃及神学与哲学：伊希斯与俄赛里斯》，页106；译文略有改动。）

亦参见 373A：ἃς δ'ἀπ' αὐτοῦ τὸ αἰσθητὸν καὶ σωματικὸν εἰκόνας ἐκμάττεται, καὶ λόγους καὶ εἴδη καὶ ὁμοιότητας ἀναλαμβάνει, etc..[用有形体的和可感知之物塑造出来的一切形象都来自它；这种物质从它那获得限定、外形和相似的形象，如同蜡从印章上获得印记，等等。]（[译注]汉译参见普鲁塔克《论埃及神学与哲学：伊希斯与俄赛里斯》，页107；译文有所改动）。当然，εἴδη 不是超验的理念（transcendental Ideas），而是内在的形式（immanent forms）；我们可以比较阿尔齐诺斯 Eisagoge[《导言》]中的 ἰδέαι[理念]和 εἴδη[形式]之间的区别。

3　神与理念

　　普鲁塔克没有讨论神与理念之间的确切关系这一问题。在我们前面已经提及的《论〈蒂迈欧〉中灵魂的产生》1023C 中，他说神是理念的模仿者（the imitator of the Ideas），但他也是灵魂的创造者。同样，在《会饮的问题》中，他说存在三种本原——世界源出于此，即神、物质和理念。《论伊希斯与俄赛里斯》中的处理方式使得我们有必要在俄赛里斯的形象下一起描述神和 νοητὸς κόσμος ［可理知的宇宙］（参见 372F，373E-F）。然而，《柏拉图探究》1007C 也说：世界是神的形象（εἰκών）。[①] 普鲁塔克似乎在他自身的信念上没有受到以下这一由老学园的某些成员所提出的理论的影响，即理念是数字，并且是一和不确定的双体的产物；[②] 而且，他没有在任何地方表明作为神的思想的理念这一概念。[③]

---

　　① 然而，这只是柏拉图自己的表述，如果对 Paris MS., *in Tim*, 92C 的解读（即 εἰκὼν τοῦ ποιητοῦ ［造物主的形象］）是正确的话。
　　② 参见《形而上学》987b18，991n9。在《论已然式微的神谕》中，普鲁塔克以兰普瑞阿斯的身份间接提到了从这些本原中产生数字，但他并不认为数字等同于理念。
　　③ 关于作为神的思想的理念，对照 Philo, *de opif. mund.*, §17 ff.; Alcinous, c. 9; Pseudo-Plutarchean, *Placita*, I, 3; I, 10; 亦参（转下页）

（接上页）见 Zeller, *III*, 2, pp. 137, 138；福尔克曼（Volkmann, *Zweite Theil*, p.71）似乎认为普鲁塔克将理念视为神的思想：Er (i. e. Gott) theilt seine göttliche Vernunft, den Sitz der Ideen, seiner ewigen Gedanken, etc..［他（即神）赐予他的神圣理性，理念——他的永恒思想——的场所。］这种观点并没有证据。《论伊希斯与俄赛里斯》374F 中有以下句子：τόν τε νοῦν ἔνιοι τόπον εἰδῶν ἀπεφήναντο καὶ τῶν νοητῶν οἷον ἐκμαγεῖον.［他们宣称我们的理智（νοῦν）是思想的场所，如同一块黏土，适于接受可理知之物留下的印象。］［译注］汉译参见普鲁塔克《论埃及神学与哲学：伊希斯与俄赛里斯》，页 113；译文有所改动），正如相关语言所显示的那样，这一句子是对亚里士多德《论灵魂》429a27 的一个回忆，将它放到这里只是为了阐明［103］τόπος［场所］和 ἐκμαγεῖον［印象］的意义。

在叙利亚努斯（Syrianus）对《形而上学》的疏解中（p.105, 1. 36 ff.），我们找到了一个有关普鲁塔克、阿提科斯和柏拉图主义者德谟克里特（Democritus the Platonist）在理念这一主题上的观点的奇怪描述，他补充道：

> 在这一点上，我们无论如何都不会赞扬柏拉图主义者普鲁塔克、阿提科斯和德谟克里特，因为他们认为诸形式是永恒地存在于灵魂之实质中的普遍理性（τοὺς καθόλου λόγους）。因为，即使他们将它们与可感知之物中的共性（κοινοτήτων）区别开来，但是，我们也不应将灵魂中的理性和所谓的"卷入物质中的理智"与范式（παραδειγματικοῖς）、非物质的诸形式以及德木格的思想混杂在一起；但是，正如神圣的柏拉图所说：出于我们的东西（τὸ ... ἡμέτερον）是通过推理而集聚为一（ἕν），并且我们拥有对我们与神同行时曾看到的东西的回忆，而神圣之物（τὸ ... θεῖον）是永远以相同的方式处于相同［状态］中，结果是，如果他们还希望成为柏拉图主义者，他们就也要区分它们。

现在，τοὺς καθόλου λόγους τοὺς ἐν οὐσίᾳ τῇ ψυχικῇ διαιωνίως ὑπάρχοντας ［永恒地存在于灵魂之实质中的普遍理性］这些话的确切含义并不是非常清楚；不过，它们似乎指的是永恒地存在于灵魂——就其本身而论是存在于个别灵魂（particular souls）——之中的一般概念（general notions）。当然，这里所描述的理论不同于叙利亚努斯（参见 p.106, 1.31）以及一般意义上的新柏拉图主义者的以下观点，即理念——νοητά［可理知之物］——在 νοῦς［理智］之中并构成了它的本质。叙利亚努斯的这个表述并没有得到流传至我们手上的普鲁塔克著作中的任何内容的确认，也没有得到我们所知的阿提科斯之观点的确认。正如我们在前文所看见的，依据"兰普瑞阿斯目录"（篇目 67），普鲁塔克将一篇论著用于讨论 ποῦ εἰσιν αἱ（转下页）

[103] 普鲁塔克接受了柏拉图的如下观点，即元素源自几何立方体（solids）。① 在（以他的兄弟兰普瑞阿斯的身份言说的）

（接上页）ἰδέαι［理念在何处］这一问题。

不过，似乎极不可能的是：他本应该在这里提出任何这类理论来作为他自己的理论，而不是在他的作品的其他地方略微提及它。而且，它似乎与他所持有的其他观点不一致。很明显，理念不可能存在于无序的灵魂中；它们也不可能存在于有序的灵魂中，因为据说神创造了这个［有序的灵魂］，但也说他模仿了理念。（《论〈蒂迈欧〉中灵魂的产生》1023C.）在 Proclus, in Tim. I, pp. 391, 394 中发现的那个关于形式的描述——在其中理念的学说是为阿提科斯所持有——并没有为叙利亚努斯的言论提供支持；普罗克洛斯给出了波菲利反驳普鲁塔克和阿提科斯的学派的论证之梗概：反驳他们的要点之一是他们假定德木格和理念是同等的（co-ordinate）ἀρχαί［本原］；391: "首先，他坚决反对那些阿提科斯身边的人，因为他们假定了很多相互关联的本原：德木格和诸理念，等等。" 394: "诸理念若脱离理智就无法凭靠自身而存在，但当理智被转向它自身时它会看到所有的形式（εἴδη）……他们将诸理念描述为不活跃的东西，就像蜡制品一样，（它们）凭靠自身而存在，并且位于理智之外。"

这完全符合普鲁塔克在《论〈蒂迈欧〉中灵魂的产生》1023C、《柏拉图探究》720 中对理念的处理。有人可能会提议，叙利亚努斯的描述可能源于对普鲁塔克的以下思想的一个误解，即物质因为灵魂的作用而变得有秩序，它［指灵魂］接收了来自可理知之物（即理念）的形象（images）并将它们转移到质料（the material）中。（《柏拉图探究》1003，《论〈蒂迈欧〉中灵魂的产生》1024 C. 即使后一文段很可能直接提到的是无序的灵魂，但这一描述对于有序的世界—灵魂而言同样为真。）

① 《论德尔斐的 E》390A；《论已然式微的神谕》422F ff.；《会饮的问题》719E。《论德尔斐的 E》390A 将十二面体（dodecahedron）分配给了以太（斯彪西波也是这么做的，参见 Zeller, II, 1, p. 1008）；这似乎也是《论已然式微的神谕》430D 中的情况。普鲁塔克在别的地方似乎并没有接受关于第五种本质的学说。很有趣的是，我们观察到阿提科斯（他紧紧追随普鲁塔克关于柏拉图之形而上学的观点）尤其因为亚里士多德关于第五种本质的学说而批评了他。参见 Eusebius, *Praepar. Evang.*, XV, cc. 7, 8。需要注意的是，普鲁塔克的两个承认以太是第五元素的文段都出现在关于数字五的毕达哥拉斯化的讨论中，因此它们并不代表普鲁塔克的严肃思考。《论已然式微的神谕》428 说过，五个几何图形对应于《智术师》中的五个范畴——立方体对应于静止，锥体（the pyramid）（转下页）

《论已然式微的神谕》427 ff. 中，普鲁塔克论证了以下这一观点的可信性，[104]即存在五个世界；而与之相关联的是关于五个规则立方体的理论。不过，他拒绝对确切的数字进行教条化，而只是坚持认为它不能是无限的（infinite）。这个论证的特点——实际上这取决于毕达哥拉斯化的数字—理论——警告我们不要过于严肃地对待这个讨论。①

（接上页）对应于运动，十二面体对应于存在，八面体（octahedron）对应于同一，二十面体（icosahedron）对应于他异。我们在这里可以注意到，在《论德尔斐的 E》391 中，他将《斐勒布》27B 中的四个类（classes）描述为《智术师》中的五个 γένη［属］的 εἰκόνες［形象］——通过将一种关于分离（separation）的起因加入到前者中以对应于《智术师》中的他异。

① 《论德尔斐的 E》389F 中间接提及了同样的理论。这一观念可追溯至《蒂迈欧》55D。参见阿彻-欣德关于这一文段的论述（页 198）："柏拉图将以下这一观点——可能存在五个 κόσμοι［宇宙］，因为自然中存在五个规则立方体——视为一个相对合理的假设。" 在 427A 中，兰普瑞阿斯援引了由索利的特奥多鲁斯（Theodorus of Soli）给出的一个关于五个世界的起源的解释，它在 427E ff. 中受到了阿摩尼乌斯的严厉批评。兰普瑞阿斯并没有试图回答阿摩尼乌斯的反对意见，而是继续提出了可能存在五个世界的理由，以及关于它们是如何生成的另一种解释（430D）。

4 《柏拉图探究》

以《柏拉图探究》(*Quaestiones Platonicae*)——Πλατωνικὰ Ζητήματα [柏拉图探究]——为题的这部著作由十篇简短的讨论组成,它们是对有关柏拉图的解释中的各种不同要点的讨论,而且每一篇都是用一个问题的形式引入。[1] 它们处理的主题彼此都不相关,并且覆盖了相当大的范围。这十个问题中,有五个是处理《蒂迈欧》(2、4、5、7、8),二个处理《理想国》(3、9),一个处理《斐德若》(6),一个处理《泰阿泰德》(1),还有一个处理《智术师》(10)。[105] 在这里,我们没有必要给出一个关于所有这些问题[2]的

---

[1] 我们似乎在波菲利的《普罗提诺传》(*Life of Plotinus*) 第 15 章中发现了对另一种此类作品的提及:"明智的来自雅典的柏拉图之后继者,写作并发表了关于某些柏拉图之问题的论著。"我们也可以比较波菲利的 Ὁμηρικὰ Ζητήματα [《荷马探究》]、亚里士多德的 Ἀπορήματα Ὁμηρικά [《荷马问题》],参见 Christy, *Literaturgeschichte I*, fifth ed., p.76.

[2] 这些问题的主题如下:1. 为什么神命令苏格拉底担任助产士(midwife),但又阻止他生产?(《泰阿泰德》151C) 2. 为什么柏拉图将最高的神称作万物之父和万物之制造者?(《蒂迈欧》28C) 3. 分割线的不平等划分的意图是什么?哪个部分更大?是可理知之物或可感知之物?(《理想国》509D) 4. 为什么柏拉图在宣称灵魂比身体更为古老而且(转下页)

梗概，[①]因为对于我们而言，这些材料多数都无关紧要。不过，有几个要点值得加以评论。

我们发现，其中的两个问题（即 2 和 4）简略地表明了《论〈蒂迈欧〉中灵魂的产生》中详细阐述的灵魂理论。这两个问题中的第一个处理的是以下问题，即为什么柏拉图在《蒂迈欧》中将最高的神称作万物之父和万物的制造者。最终的且显然为他所接受的答案是：虽然神并没有创造（ἐγέννησε）世界的身体，但他用几何形式（πέρατα）和形状（σχήματα）为其赋予了秩序；另一方面，由于灵魂获得了一个理性而和谐的元素，那么它就不仅仅是神的一个作品，而且也是他的一个部分。当然，其含义并不是说整个灵魂都源于神，而是说它包含了一个源于他的元素。因此，策勒对这一文段的评论（*III*, 2, p.191 n. 4）看来几乎没有什么正当理由：

（接上页）是它的生成的起因之后，还说灵魂不能没有身体而存在？或 νοῦς［理智］不能没有灵魂而存在，而是灵魂必须存在于身体之中以及 νοῦς［理智］必须存在于灵魂之中（《蒂迈欧》30B, 亦参见《法义》896B）？ 5. 为什么柏拉图从几何图形中推导出元素，而不予考虑圆（the circle）（《蒂迈欧》54B ff.）？ 6. 他所说的（与身体直接相关之物的）φύσις τοῦ πτεροῦ［羽翼的自然］——通过它，重物被举到高处——分享神明中最高者（the most in the divine），这是什么意思？（《斐德若》246D）7. 关于 ἀντιπερίστασις［轮替］学说的讨论，这一学说被应用于各种自然现象（《蒂迈欧》80A ff.）。 8.《蒂迈欧》中的如下陈述，即灵魂被播种到地球、月球和其他时间器具（organs）中，是什么意思（《蒂迈欧》42D）？ 9. 当柏拉图在《理想国》中将 λογιστικόν［推理］、θυμοειδές［血气］和 ἐπιθυμία［欲望］的和谐与 ὑπάτη［高音］、μέση［中音］和 νήτη［低音］的和谐相对照时，他把 λογιστικόν［推理］或 θυμοειδές［血气］放在了 μέση［中音］的位置上了吗（《理想国》443 D）？ 10. 为什么柏拉图说会话（discourse）是由名词和动词——忽略了言辞中的所有其他部分——组成的（《智术师》262 C）？

① 关于这一点，可参见 Volkmann, *Plutarch*, 2te Theil, pp.53-61。

廊下派对这种表达的影响在措辞自身之中已经表现得非常清楚；这一命题，即灵魂是神的一个部分和流溢，最初是廊下派的（观念）。

第四个问题讨论的难题是，为什么柏拉图在宣称灵魂比身体更为古老而且是它的生成的起因［106］之后，还说灵魂不能没有身体而存在、νοῦς［理智］也不能没有灵魂而存在——由此他似乎是在说：身体与灵魂共存，而且它是由其产生。与他的平常习惯相反，他只给出了一个答案。他说，我们通常所主张的东西难道不是真的吗？非理性的灵魂和无形式的物质是共存的而且没有开端。但是，当灵魂获得了来自神的理性与和谐时，它反过来会使物质处于秩序之中，并且在这个意义上，可以说，宇宙的身体拥有来自灵魂的 γένεσις［起源］。

在问题 8 中，普鲁塔克讨论了柏拉图的以下言论——灵魂被播种到地球、月亮和其他时间器具（organs of time）中（《蒂迈欧》42）——是什么意思。有趣而值得关注的是，他否认了《蒂迈欧》40B 下述语句中的那种观点：

γῆν ἰλλομένην περὶ τὸν διὰ πάντων πόλον τεταμένον.
［地球（或作"大地"）绕着延伸而通贯万物的轴心旋转。］

——该观点将其解释为是在意指：地球在旋转。[1] 在 1007C

---

[1]［译注］据洛布版《蒂迈欧》的编译者伯里（R. G. Bury）所言：有些人将上述语句中的 ἰλλομένην（ἴλλεσθαι, εἴλω）一词理解为是在暗示 oscillation［摆动］或 rotation［旋转］（参见亚里士多德《论天》ii 293b30），但最好的做法或许是假定柏拉图在这里乃是在认为地球是静止不动的。（我们可以假定，）地球的潜在运动与宇宙的运动（大小）相等且（转下页）

中，他有如下表述，即正如柏拉图所说（《蒂迈欧》38B），时间随 κόσμος［宇宙］而生成，但在这种可被称作关乎时间的未成形的（unformed）物质（ὥσπερ ἄμορφος ὕλη χρόνου καὶ ἀσχημάτιστος［就好像是关乎时间的不成形状和没有形式的物质］）之前，还存在无序的运动；而这种表述可以与普罗克洛斯《柏拉图〈蒂迈欧〉疏解》III. 37 中被归于阿提科斯的学说进行对比：

> 于是，那些在阿提科斯身边的人胡乱说道：时间是在天的生成之前成形的，而不是（在这之后）。

这两个文段的思想完全相同，尽管它们在表达上有轻微的不同。

值得注意的是，在问题 7 中，普鲁塔克提出了一种对柏拉图的声音和谐（concord）理论的解释，但这个解释与柏拉图这一理论的含义相去甚远。①

（接上页）（方向）相反（equal and opposite），而她是宇宙的中心，并且这样对它（指运动）中和化（neutralizing），故而地球仍处于静止状态。参见 Plato, *Plato(VII)*, trans., R. G. Bury, London: William Heinemann Ltd., 1952, p. 85。

① 参见阿彻－欣德对《蒂迈欧》80 的疏解。

第三章　普鲁塔克与柏拉图之间的对比

1 导言

［107］普鲁塔克如何使用源自柏拉图的引用和回忆，这仍有待处理。在简短讨论他的引证方式，以及他所引用的各个对话的相对频率之后，我将就柏拉图与普鲁塔克之间的对比（parallels，或作"相似之处"）给出一个我所能做到的尽可能完整的列表；至于那些在维滕巴赫和伯纳达基斯的版本中，或在维滕巴赫版本的《斐多》中没有得到表明的对比，则会在这之后以相互对照的竖列的方式分别给出柏拉图和普鲁塔克的文本。

普鲁塔克对柏拉图对话的参引在数量上远远超过他对任何其他散文著者（prose author）的作品的参引。正如我们所期望的那样，我们发现每一种可能的种类的引用和回忆都得到了实际的采用，但并非所有种类的引用和回忆都使用了相同的频率。对扩展了的柏拉图文段——从它们取自其中的对话的迹象来看——的正式引用则相对不那么频繁；① 这种引用几乎全部出现在注释性的作品中，比如《论〈蒂迈欧〉中灵魂的产生》和《柏拉图探究》；参见（例如）前者的 1012C，在那里，普鲁塔克这样引入《蒂迈

---

① 在《致阿波罗尼俄斯的吊唁信》（consolatio ad Apollonium）中，具有可观长度的正式引用的频率是通常［学者们］拒绝普鲁塔克的作者身份的理由之一。

欧》35A: προεκθήσομαι τὴν λέξιν, ὡς ἐν Τιμαίῳ γέγραπται［我将以记载在《蒂迈欧》中的话来作为我的前言］; 亦参见《柏拉图探究》999D, 在那里, 他用以下这些话为援引《蒂迈欧》151C-D作序:

> 另外, 在《泰阿泰德》中, 苏格拉底还曾把很多自负和傲慢的话加在（自己）身上, 这些话中就有……

那么, 如果我们将普鲁塔克所引用的文段与出现在我们的柏拉图手稿中的文段之形式进行对照, 我们就会发现二者并不总是完全一致; 例如, 在《论〈蒂迈欧〉中灵魂的产生》1012C对《蒂迈欧》35A的引用中, 普鲁塔克笔下的 τῆς ἀμερούς 对应于我们的柏拉图文本中的 τῆς ἀμερίστου, τοῦ τ' ἀμερούς αὐτὴν 对应于 τοῦ τε ἀμερούς αὐτῶν, εἰς ταὐτὸ συναρμόττων 对应于 εἰς ταὐτὸν ξυναρμόττων, μοίρας εἰς ἃς προσῆκε 对应于 μοίρας ὅσας προσῆκε, 以及 ἑκάστην δὲ τούτων 对应于 ἑκάστην δέ。我们发现, 同样的事情也出现在其他自称为引文的文段中, 比如《论〈蒂迈欧〉中灵魂的产生》1027C（《蒂迈欧》36B）、《论〈蒂迈欧〉中灵魂的产生》1016F（《《蒂迈欧》53A）。虽然其中一些差异可以想象得到是由于我们的普鲁塔克手稿的状况所致, 还有一些差异则是出于他所使用的柏拉图手稿的变动, 但似乎相当清楚的是, 他并不试图在他的引文中做到绝对的精确; 有时他毫不犹豫地添加或去掉一个词, 而［108］这种改变在那里并不会影响句意; 有时他又用一个同等意义的词或短句来代替柏拉图所使用的那个词或短句; 或者, 有时他也让引用符合他自己的拼写方法（用 συν 代表 ξυν-; 引入省音［elision］）。但是, 这完全符合古代人的惯常做法。

相比正式引用的情况，远为频繁的是那些普鲁塔克在其中将柏拉图的话引入他自己的语境中的情况。当然，在这种普鲁塔克借此是在效仿柏拉图的紧密性（closeness）中仍有很大的变通：有时他的话几乎没有变化地得到了保留；有时它们很少得到保留，不过这些话中的观念则基本上用普鲁塔克自己的语言表达出来了。在很大一部分情况中，则根本没有迹象表明普鲁塔克是在引用。在柏拉图被指名道姓地加以引用的地方，通常都没有指明具体是柏拉图的哪篇对话。

虽然我们的目的不是通过堆积普鲁塔克使用引用的例子来实现的，但是出自柏拉图的两个、三个或四个单词组成的独立短语（detached phrases）的频繁使用就会引起我们的注意：例如，παρρησία—ἀναπεπταμένη（《斐德若》240E）在《论廊下派的矛盾》（de Stoicorum repugnantiis）1050C 中得到了引用；μηδ' ἂν κελεύω εἴπῃς（《斐德若》235E）在《爱欲对话》764A 中得到了引用（有轻微的改动）；οἷον κῆρες ἐπιπεφύκασιν（《法义》937D）引发了《如何区分谄媚者与朋友？》（quomodo adulator ab amico internoscatur）66E 中 的 κῆράς τινας ἐπούσας；而 πλάττων καθάπερ ἐκ κηροῦ（《法义》746A）在《会饮的问题》621B 中则呈现为 πλάσας ὥσπερ ἐκ κηροῦ。

我们也会注意到以下这样的情况，在这些情况那里，普鲁塔克故意改变了来自柏拉图的一个类似短语：比如，《反科洛特斯：关于其他哲人》（adversus Coloten）1122D 中的 φυσικαῖς, οὐ γεωμετρικαῖς ἑλκόμενος ἀνάγκαις 很显然是在回忆《理想国》458D 中的 οὐ γεωμετρικαῖς γε, —ἀλλ' ἐρωτικαῖς ἀνάγκαις；同样，《依循伊壁鸠鲁不可能快乐地生活》1107A 中的 δέλεάρ ἐστι λύπης τὸ ἡδύ, 也是在回忆《蒂迈欧》69D 中的 ἡδονὴν μέγιστον κακῶν δέλεαρ。

第三章　普鲁塔克与柏拉图之间的对比

在柏拉图的作品中,《蒂迈欧》被引用或提及的次数最多,其中大量的参引都出现在他的注释性作品——《论〈蒂迈欧〉中灵魂的产生》和《柏拉图探究》——之中。在《蒂迈欧》之后,普鲁塔克最常引用的作品依次是《理想国》《法义》《斐德若》《会饮》《斐多》和《高尔吉亚》。此外,普鲁塔克的《狄翁传》也非常广泛地引用了柏拉图的《书简》(*Epistles*)。[1]

---

[1] 希策尔在 *Der Dialog II* 中(有点幻想地)试图在普鲁塔克的某些对话和柏拉图的某些对话之间建立一种亲密的关联;参见 213 ff., 关于《论神的延迟惩罚》和《理想国》; 142 ff., 关于《七贤会饮》(*convivium septem sapientium*)和《会饮》; 148 ff., 关于《论苏格拉底的精灵》和《斐多》; 233, 关于《爱欲对话》和《斐德若》。不过, 希策尔否认了《爱欲对话》的真实性, 这主要是基于[该文中]所谓的针对柏拉图的猛烈攻击。胡贝特反驳了这些拒绝这一作品之真实性的论证(*de Plularchi Amatorio*, 1903, pp. 44-52)。

2 对比列表

	[109] 与《蒂迈欧》的对比	
Tim.	27, 28—*1114E 28B—1016E 28C—718A —1000F 29A—1014A 29D—*de fato* 573 BC 29E—*1015B —*1102D 30A—†550D —1016D 30B—1002F 31A—389F 31B—316F —*367A —*390B —*943F 32AB—*1025A 32B—1016F 33C—*1052E 34B—1002C —1023A 34BC—1016A 34C—1016E 35—441F	36A—1020A-B —1138C 36C—*43A 36E—1023A 36E-37A—1016A 37A—*1001C —*1003A —*1014E 37B ff.—1023E-F 37C—*v. Lycurg.* c. 29 37C ff. (c. 10)—*392F ff. 37D—*1007C 38B—1007CD 38C—1006DE 39D—*de fato* 569A 40BC—171A —937E —1006C —1006E 41A—*720C 41B—*927C 41D—*441F —*de fato* 573D 41E—*945C

续表

	与《蒂迈欧》的对比	
Tim.	35A—370F —1012C —1014D 35B—*52C —*415F —1027B [110] 45C—†390B —†433D —*436D —626C —*921D-E 46C—*930C 47AB—†550D —*958E 47DE—167B 48A—*1026B —*v. Phocion. c. 2 48A (cf. 56B)—1014F 48E—720A 49—1023A 50D—373F 50E—†374E —*640E —*661C —1014F 51A—*372E —*1014D 52D—*97A —*372E —636D —1024B 52E ff.—430C 53A ff.—*52C —427A —*719E	—de fato 568C 42D—1006C —de fato 573E 43AB—*827C 45B—98B 928B 55D—*422F —1004A 56B—427D 56C—427C 59D—†137B —*1092E —*1093C 59E—913C 60A—715E 60E—684F 65CD—624D 65DE—913D 67B—†98B —*390B —*436D —*1006B 68E—*720E 69D—†de lib. educ. 13A —†554F —622C —*1107A —v. Caton. c. 2 70C (cf. 91A)—698 —1047C 70D—*618F 71A—*450F 71B—*384A 80A ff.—1004D ff. 86B—*450F

续表

与《蒂迈欧》的对比	
Tim.	—1016E-F 53B—*430D —*926F 54 ff.—†390A 54B—*948B-C —1003B 55—421F 55C—430A —1003C 55CD—*954D	88B—137E 89B—*731D 90A—400B —600F —911D 91D—*78E 92B—*373B —477D —*1007C

[111] 与《理想国》的对比

General allusion—*consol. ad Apoll.* 120DE   412C—620C

| Rep. | 328D—*frag. XXXIV, p. 165, l. 16.
329BC—525A
—788E
—1094E
330E—*1040B
335D—*1102D
351D—1041B
361A—50E
—614A
—854E
372C—664A
372D—615E
—*616B
373A—*v. Num. c. 8
375E—355B
377B—de lib. educ. 3F
377C—*439F
—†de lib. educ. 3F
389B—†de lib. educ. 6E | 415—*de educ. lib. 1B
415B—†65B
416E—820A
422E—678D
423B—678D
426E—comp. Ag. Clem, et Gracch. c. 2
428ff.—*1034C
430E—450D
440ff.—442A
440D—*458E
441AE—*1008B
441E—442A
443D—1007E
458D—*1122D
—c. Lycurg. c. 15
462C—140D
—767E
—484B
468B—de educ. lib. 11F
472A—†549E |

与《理想国》的对比	
Rep.	398E—822B-C —1136B-E —1138C 399D—827A 404A—*128E —*134F —*vit. Ages. c. 33 —*vit. Philopoem. c. 3 404B—†353D —*730C 406A—554C 411A—†42C —*713A 411B—449F —*451D —*457B-C 411BC—*454B-C [112] 507-509—*372A —*393D —*413C —*433D-E —*780F —*781F —*944E —1006F 509D—1001C-D 515E—*36E 519A—*1096C 524ff., esp. 525A—*384F 524D—*718D 527E—718E 528C—1094C —fr. XVI, p. 113, l. 11 531AB—389D 537B—†de educ. lib. 8D	473C—†549E 474DE—44F —56D 475B—v. Cicer. c. 2 476B—*394F 491E—*v. Demetr. c. 1 —†552B 496C—*47C —*52D —*126C 496D—†97F —†126C —751E 501E—v. Num. c. 20 —comp. Cicer. et Demosth. c. 3 503A—758D 547A—484C 552CD—818C 560BC—*38B 568D—†77A 571CD—83A —101A 575D—*792E 576E—*827B 584DE—1091D 604BC—consol. ad Apoll. 112E 604C—467A 614B—*563D 615E—*591C —828F 616ff.—745F 617B—*1147 617C—*945C 617D—de fato 568D

续表

与《理想国》的对比	
539B—78E-F —*769E 546—373F 546C—1017B	617E—*740D 620B—739E —*fr. XXXIV, p. 176,1.2

与《理想国》的可能性对比	
352B—*1102F 365A—*1105B 379, 380—*23D 387C—*17B 397A—†18B 399—*713C (see under Laws 669F)	408DE—*1072A 474E—†84F 488A—*1123C 558C—*157D —*643B-C

与《法义》的对比		
Laws	625D—733F 633E ff.—*v. Numae c. 3 634A—*de educ. liber. 2B 650ff.—645A —fr. XXII, p. 125, 1, 4 654B—634F 666B—†156D —*620D [113]—*v. Num. c. 20 715E-716A—81E —360C —550D —601B —781F —1124F 717A—361A 717C—479F	—†712D 669D—*713C 691E ff.— v. Lyc. c. 5 692A—v. Lyc. c. 7 706B—*v. Themist. c. 4 —v. Philop. c. 14 709B—fr. XI, p. 82, 1. 26 711—84E 773D—15E —791B —fr. XXXIV, p. 151, 1. 1 775B—fr. IX, p. 44, 1. 2 —fr. XI, p. 80, 1. 11ff. 782C—964D 789—*fr. XI, p. 92, 1. 20 823D—965F 830C—†130E

续表

	与《法义》的对比	
Laws	—496C 717D—90C —456D —505C —634F 727E—†137C 728A—92D —1124E 728C—553F —*fr.* XI，p. 63，1. 14 729B—*de educ. lib.* 14B —71B —144F 729D—*fr.* XI，p. 86，1. 11 730B—49A 730C—*fr.* XI，p. 85，1. 7 731E—48EF —90A —†92C —92F —*1000A 746A—*621B 746E—*fr.* XI，p. 72 762E—806F	839A—†144B 839B—751E 844B—827E 853C—*463C-D 853D—700C 854A—*463C-D 854B—*fr.* XXV，p. 133，1. 9 875C—*de fato* 574A 892A—*fr.* VI，p. 23，1. 2 896B—1002F —1013F 896D—370F —1014E —1015E 898E—1002C —*1013C 923—*fr.* XI，p. 70，1. 19 931A—*fr.* XI，p. 83，1. 24ff. 937D—*66E 953A—*125C 961C—*v. Solon.* c. 19 968A—714C

与《法义》的可能性对比	
626ff.—*v. Aemil. Paul.* c. 3 636B—*751E 653—*439E —*452D	727E—†383B 775B-E—†*de educ. lib.* 1D 823B—*757E 885DE—1013E

[114] 与《斐德若》的对比

	General reference—40E	—1102E
Phaedr.	230A—1119B	247A—*fr.* XI, p. 55, 1. 22
	230D—749A	—679E
	234E—45A	—954F
	235D—764A	248B—*422B
	237D—*746D	—765A
	—1026E	248C—*de fato* 568C
	239D—51D	249A—*762A
	240A—*749F	249C—*718F
	240E—*139E	249D—*745E
	—*712A	—*766E
	—*1050C	—*1105D
	243D—†151D	250B (cf. also 252C)—*745E
	—*627F	250C—607E
	—706D	250D—654E
	—711D	—*765B
	—998A	—958E
	244ff.—758E	250E—751E
	245A—*452B	252A—*762E
	245C—996B	254ff.—445C
	245C—*731D	254B—781F
	—1013C	255B—*v. Pelop.* c. 18
	—1015E ff.	255D—*v. Alcib.* c. 4
	246A ff.—1008C	261A—1000F
	246C ff.—786D	—*v. Pericl.* c. 15
	—1004C	270A—*v. Pericl.* c. 8
	246E ff.—740B	276E—*†adv. Colot.* 1126C
	—*766B	

与《斐德若》的可能性对比

250D—*47C	269E—†*de educ. lib.* 2B

与《会饮》的对比

	General reference —612D —613D —614C	176E—*527B —710B 177D—1000F 177E—*750A —*1000D —*765C-D
Symp.	174—645F 174E—707A [115] 178B—*756F 179B—*761E 179C—*761E-F 180ff.—*752B —764B 182A—†*de educ. lib.* 11F 189A ff.—710C 202E—361C —*416F —*fr.* XI, p. 52 203B—374C-D 203D—622C 208AB—*752A 209E—*718D 210A—382D	210D—1002EF 213C—632B 215A—*c. Caton.* c. 7 215E—†69F —84C —*v. Alcibiad.* c. 6 216B—†46D 218A—750D 218C ff.—*333A 220-221—*v. Alcib.* c. 7 221—*1117E 221A—*581D 223—*fr.* XXV, p. 132, 1.4

与《会饮》的可能性对比

78C—*618D —*761B —*v. Pelop.* c. 18	207D—*637A 207D ff.—*392D

与《斐多》的对比

General reference —*consol. ad Apoll.* 120D-E —466F —607F	77B—*fr.* VII, p. 34, 1.23 81 A—*1105C 81CD—766B 81E—*fr.* XXXIV, p. 175, 1.17

与《斐多》的对比

Phaedo	58E—†499B —*de fato* 572B 60, 61—†16C 65—*521D 66B—*consol. ad Apoll.* 108A 67B—352D 68D—*988C —*comp. Thes. et Rom.* c. 1 69D—17E 72E—*fr.* VII, p. 28, 1. 10 73A—*fr.* VII, p. 32, 1. 21 74—*fr.* VII, p. 33, 1. 11ff. [116]—*564F —†*frag.* XXXIV, p. 174, 1. 5 108B—*564B 110B—934F	82A—*fr.* XXXIV, p. 176, 1. 1 83D—†565D —718D 84E—†161C 85B—975B 86D—†152C —†735C 89B—†150A —†152C 92—1013D 97D—435F 107D—†352C 115A—†*cons. ad Apoll.* 119F 117-8—†554E 117B—†499B

与《斐多》的可能性对比

65C—*v. Solon.* c. 21 66C—*1049D 67B—†160C 69C—*1107F 80CD—*1103E	107C—*555D 115E—*379D —*707F

与《高尔吉亚》的对比

	General allusion—*consol. ad. Apoll.* 120DE	
Gorg.	452B—1040D 453A—*792D 455E—*v. Pericl.* c. 13	473A—36B 485D—777B 493ff.—*160B 497A—*620B

续表

与《高尔吉亚》的对比	
General allusion—*consol. ad. Apoll.* 120DE	501E—712A
458B—*613D —*634A 463D—*629F 464B—*550A 464C—*v. Anton.* c. 29 470E—*de educ.* lib. 6A	508D—*fr.* XI, p. 56, 1. 8 509E—*fr.* XI, p. 60, 1. 11 512B—1039D 523A—*561B 523C—*cons. ad Apoll.* 120E 526B—*v. Arist.* c. 25

与《高尔吉亚》的可能性对比	
483D, 484C—*v. Camilli* c. 17 492—*v. Thes.* c. 6	508A—*484B —*719A

与《泰阿泰德》的对比	
Theaet.	150C—999D 151A—*1000E 151CD—999D 15 IE—*1000C 155D—385C —*680D 155E—*164E	157B—*393B 157—*1123A-B 161E—*fr.* VII, p. 33, 1. 7 172E—*1125A 179D—†64E 201C—*999E

[117] 与《智术师》的对比

| Soph. | 230D—*999F
249B ff.—391B
—428C
—1013D
257B—*393B | 262A—1009D
262C—1009B
264B—*1024F
267E—802B |

	与《克拉提洛斯》的对比	
Cratyl.	397D—†375D 401ff.—375D —746B 403Cff.—171D-E —*362D	406C—715A 409A—391A 409D—*617D 415CD—375D

	与《苏格拉底的申辩》的对比	
Apol.	21A—1116F 24BC—580B 26A—*fr. XI, p. 60, 1. 11 29A—consol. ad Apoll. 108D-E	30C—*475E 32BC—*1117E 40—consol. ad Apoll. 107-108 40D—*fr. VI, p. 23, 1. 24ff.

	与《治邦者》的对比	
Polit.	269D—1017B 272E—*429B —*720B —1015A	273B—*1015A —1017B 277C—†16C

	与《斐勒布》的对比	
Phil.	21C—†135B 23C—391B 24A—1014D, F 24B—†76B	31ff.—*687E 39A—fr. XV, p. 111, 1. 10 66—391C-D —*720C

	与《美诺》的对比	
Meno	General reference —consol. ad Apoll. 120D-E —fr. VII, p. 33, 1. 10 Allusion to ἀνάμνησις—629E	71E—93B 72A—141B 81D ff.—*1000D —fr. VII, p. 29, 1. 3 93D ff.—*v. Themist. c. 32

第三章　普鲁塔克与柏拉图之间的对比

	[118] 与《米诺斯》的对比	
Minos	319A—*593A —*fr.* XI, p. 87, 1. 4ff. 319BC—550A	—776E 320E ff.—*v. Thes.* c. XVI

	与《克里提阿斯》的对比	
	General reference—*v. Solon.* c. 26, 31	109B—483D 109C—801D
Critias	106A—1017B	

	与《普罗塔戈拉》的对比	
Prot.	321C—98D 326B—†*de lib. educ.* 8C	342E—510E-F 347C—*710B

	与《默涅克塞诺斯》的对比	
Menex.	237E—†*de educ. lib.* 3C 238A—638A	247B—†*de educ. lib.* 1B

	与《阿尔喀比亚德前篇》的对比	
I Alcib.	122B—*v. Lycurg.* c. 16	—*v. Alcib.* c. 1

与《帕默尼德》的对比	
Reference to *Antiphon*—484F	*Parm.* 131B—*1002D

与《游叙弗伦》的对比	
General reference—580D	*Euthyphro* 12B—*459D

	与《拉克斯》的对比	
Lach.	188DE—*1117E	—可能还有 *1033B

	与《欧蒂德谟》的对比	
Euthy.	290A—*441E	

	与《卡尔米德》的对比	
Charm.	164DE—†392A（维滕巴赫虽援引了正确的文段，但错误地将其指向了《拉克斯》）	

	与《克莱托丰》的对比	
	Clitophon 407C—439C	—534E

[119] 与《忒阿格斯》的对比

Theag.	129E—*de fato* 574B	

	与《书简》的对比[1]	
Epist.	315C—36C —*397B 315D—*v. Dion.* c. 10 316E—*v. Dion.* c. 11 318C—*v. Dion.* c. 12	333D—*v. Dion.* c. 19 338A—*v. Dion.* c. 16 345C—*v. Dion.* c. 16, c. 18 345E—347D—*v. Dion.* c. 19 346B—*v. Dion.* c. 15

---

[1] 柏拉图《书简》和《狄翁传》之间的对比列表乃是取自米勒（Hugo Müller）的学位论文（1876）：*de fontibus Plutarchi vitam Dionis enarrantis*, pp. 20-28，那里全文收录了两位作者的文本。其他两篇学位论文也处理了柏拉图《书简》和《狄翁传》之间的关系：Bachof, *de Plutarchei Dionis fontibus*, 1874；以及 Hermann Stoessel, *Epistulae Platonicae et Dionis vita Plutarchea quomodo cohaereant*, 1876。

续表

	与《书简》的对比	
Epist.	321B—808D —*v. Dion.* c. 8 —*v. Coriol.* c. 15 —*comp. Alcib. et Coriol.* c. 3 326D ff.—*v. Dion.* c. 4 327B—*v. Dion.* c. 10 328—*v. Dion.* c. 15 328AB—*v. Dion.* c. 11 cf. also 316C，327D 328C—*v. Dion.* c. 11 329D—*v. Dion.* c. 15 329DE—*v. Dion.* c. 16 330AB—*v. Dion.* c. 16 332CD—*v. Dion.* c. 9	347A—*v. Dion.* c. 19 —*v. Dion.* c. 10 347E—*v. Dion.* c. 19 348A—*v. Dion.* c. 19 349C—*v. Dion.* c. 19 350A—*v. Dion.* c. 19 —*v. Dion.* c. 20 350C—*v. Dion.* c. 22 353B—*v. Dion.* c. 3 360D—463C-D —474E —533B 362E—*v. Dion.* c. 21

对《克里同》的参引	
581C	1126B

3 不在维滕巴赫和伯纳达基斯版本中的希腊语对比文本

[译注]在前述较为简单的编码对比基础上,作者琼斯接下来列出的对比包含了普鲁塔克著作与柏拉图著作的文本细节;这些"对比文本"绝大多数出自作者自身"添加的对比"(参见原文页109脚注),即前文的那些星标(*)对比。关于这些"对比"文段的汉译,译者通常会直接参考相应著作的现有汉译(比如柏拉图著作均已出可靠的汉译本[刘小枫主编《柏拉图全集》2023年版]),少数情况下会依据原文略有改动,而未特别标注的汉译则由译者自行译出。

与《蒂迈欧》的对比	
《反科洛特斯:关于其他哲人》1114E:因为,真正的存在($ὄντι$)应当保持在存在($τῷ\ εἶναι$)之中,而这些事物一会儿在($ἔστι$)一会儿又不在,它们永远失去和改变了(它们的)本性($φύσιν$),它们需要的是另一个名称,而不是那个有关存在(它永远囿于自身)的名称。	《蒂迈欧》27,28。

第三章　普鲁塔克与柏拉图之间的对比 | 199

续表

与《蒂迈欧》的对比	
[120]《论〈蒂迈欧〉中灵魂的产生》1015B：造物主（δημιουργὸς，或德木格）是善的，并希望万物尽可能与他相似。 non posse suaviter vivi 1102D：《依循伊壁鸠鲁不可能快乐地生活》1102D：因为他是善的，而在善的事物中不会对任何事物生出嫉妒。	《蒂迈欧》29E：（造物主）他很[善]好，而在好[神]心中，任何时候都不会生成对任何事物的任何嫉妒。既然没有嫉妒，他就曾谋划让所有事物都最大限度地生成得接近他自己。
《论伊希斯与俄赛里斯》367A：因为倘若火的本原缺乏或者消失的话，宇宙就根本无完整可言。① 《论德尔斐的 E》390B：他们注意到，触感是坚硬的和属土的。 《论月球中显现出来的面貌》943F：因为，如其所言，任何有感知的事物都包含土和光的混合。②	《蒂迈欧》31B：事实上，生成的事物必然具有身体形相而存在，既可见又可触。然而，离开火，任何事物任何时候都不会生成得可见。若没有任何立体，就没有任何事物可触。若没有土，就没有立体。
《论〈蒂迈欧〉中灵魂的产生》1025A：在前一种情况下，因为存在的极端事物——火和土——拥有一种本性，即它们难于相互混合，确切地说，它们完全不可混合且无凝聚力；因此，他把气和水——分别先于火和土——放在中间，并首先将它们相互混合。	《蒂迈欧》32A-B.

---

①［译注］参见普鲁塔克《论埃及神学与哲学：伊希斯与俄赛里斯》，页 84。

②［译注］参见普鲁塔克《论月面》，页 71。

续表

与《蒂迈欧》的对比	
《论廊下派的矛盾》1052F：它自身的耗损带来养料，等等。	《蒂迈欧》33C：因为，它自身的耗损给它自身提供养料。①
《论倾听》43A：——他们惯于提出问题……循着侧边或循着对角线（直径）的运动是什么。	《蒂迈欧》36C：他曾使同的运动沿着边缘向右转动，并曾使异的运动沿着直径向左转动。
[121]《柏拉图探究》1001C：然而，当灵魂分有了理智、推理与和谐时。 《柏拉图探究》1003A：但是，当灵魂分有理智与和谐时。 《论〈蒂迈欧〉中灵魂的产生》1014E：但是，它分有了理智、推理与有理性的和谐。	《蒂迈欧》37A：然而，当灵魂分有了推理与和谐时。
de E apud Delphos 392E ff. (cc. 19-20).	《蒂迈欧》37C ff.（c. 10）——观念上相似。
《柏拉图探究》1007C：二者都是神的形象，宇宙是（神的）实质的形象，而时间则是（神的）永恒性的处于移动中的形象。	《蒂迈欧》37D：他曾试图把[这个]可推动的事物制作为永恒性的某种近似物。然而，就在为天宇安排秩序的同时，他曾制作持存于单一之中的永恒性的一个按永恒的数来运行的近似物，我们称之为"时间"。

---

① [译注]或译作："因为宇宙把自身的朽坏部分提供给自己作养分"，参见柏拉图《柏拉图全集：中短篇作品》(下)，页1232。

续表

	与《蒂迈欧》的对比
《会饮的问题》720C：得到了父亲和造物主的帮助。	《蒂迈欧》41A：神中之神们啊，我是作为作品的你们的制造者和父亲。
普鲁塔克此处很可能想起了41B，如同在《论德尔斐的E》393 F 中一样；尽管在后一文段中的思想是：神通过他的意志（will）将低阶诸神团结在一起，然而在普鲁塔克的这两个文段中，把 κόσμος［宇宙］团结在一起（这件事）还是一个问题。	
《论月球中显现出来的面貌》927C：它被依据理性的结合紧紧抓住，这种结合比依据自然的结合更稳固。	《蒂迈欧》41B：因为你们曾碰巧分得我的谋划，而比起你们曾生成时赖以结合的诸纽带，我的谋划是你们更强大也更权威的纽带。
[122]《论伦理德性》441F：由于人的灵魂是宇宙灵魂的一个部分或模仿，并且就像统治宇宙的那些东西那样按照理性和比例构成。①	《蒂迈欧》41D.
《论月球中显现出来的面貌》945C：随后，当太阳再次播种理智时。	《蒂迈欧》41E：当（灵魂）它们被播种到各自的合适的时间器具（指星辰）之后。
《论君主制、民主制和寡头制》827C：因为，其他（形式）的政制，在某种意义上，虽为政治家所控制，但（实际是）它们在控制他，虽为政治家所夺去，但（实际是）它们夺去了他。	［这里的］措辞可能是对《蒂迈欧》43AB 的回忆：这些曾被缚入巨大"河流"的圆轨，既不曾支配这条河流也不曾受它支配，而是曾以强力被它带动并曾带动它。

---

① ［译注］参见普鲁塔克《哲思与信仰：〈道德论集〉选译》，罗勇译，中国社会科学出版社 2018 年版，页 94。

续表

	与《蒂迈欧》的对比
《论月球中显现出来的面貌》921D：（虽然希帕尔库斯勤奋刻苦，）仍然有许多人发现，他对视觉自身性质的解释不能令人满意。按他的解释，（视觉）很可能包含了一种交感性的组合和融合，而不是伊壁鸠鲁所想的像原子的碰撞和反弹那样。①	《蒂迈欧》45C：于是，当白昼的光明存在于目光之流周围时，目光之流便冲出来——一致者遇上了一致者——并生成得与白昼的光明集合在一起。同时，目光之流从内部发起袭击，在它抵挡它所碰巧遇上的外部事物的地方，它通过眼睛的笔直视线构造出一个（与那个外部事物）"有亲缘"的物体。正是基于一致性，整个目光之流生成得具有一致遭遇。
《论月球中显现出来的面貌》930B：柏拉图解释了这些像的成因，因为他说：当镜子两面被抬高的时候，视光线就会交替反射，因为它们从一面转移到另一面。②	《蒂迈欧》46C.
[123]《论火还是水更有用？》958E：再者，如柏拉图所说，通过视觉（或译作目光），我们能够使（我们的）灵魂顺应天上的物体的运动。	《蒂迈欧》47B-C：神曾发现目光，并曾将其赐予我们，好让我们观察天宇中理智的诸圆轨，从而将其用于我们的思考的诸环行。这些环行类同于那些圆轨而存在，不过那些圆轨丝毫不乱，而这些环行受到扰乱。于是，我们透彻学习那些圆轨，并分有诸思索的依据自然的正当性。这样一来，我们模仿了那位神造就的完全不漫游而存在的诸圆轨，从而设置了我们内部漫游着的诸环行。

---

① [译注] 参见普鲁塔克《论月面》，页5。
② [译注] 参见普鲁塔克《论月面》，页32。

续表

与《蒂迈欧》的对比	
《论〈蒂迈欧〉中灵魂的产生》1026B：理性引导已然和说服混合在一起的必然性。 《福基翁传》c. 2：神用这种方式管理宇宙，不是强迫，而是以说服和理性来引领必然性。	《蒂迈欧》48A：因为眼下这个宇宙的生成是融合出的，即从必然性和理智（二者）的集结中生产出的。理智统治必然性，因为理智劝说必然性把生成者中的最大多数导向最卓越。在这个意义上，基于这些，由于必然性臣服于明智的劝说，故眼下这个大全在诸开端处这样得到构造。
《会饮的问题》640E：因为接受另一种自然物（φύσιν）的东西（植物？）有必要变得易于改变，如此它就可以受到控制和被吸收，并为了植株而改换它自身里面的养料。 《会饮的问题》661C：在芳香的染料中，没有气味的（橄榄）油会最快得到转移。	《蒂迈欧》50E.
《论〈蒂迈欧〉中灵魂的产生》1014D：那么，身体的实质不是其他东西，而是一种他（即柏拉图）所说的全方位接受性的本质（πανδεχοῦς φύσεως）——它是可生之物的住所和养育者。	《蒂迈欧》51A.
[124]《论多朋多友》97A：因为，自然学者们谈到无形态的和无色的实质，以及作为构成基础的和通过自身而转变的物质时说，它们一会儿被点燃，一会儿变得潮湿，有时变成气，之后又会再凝固。	《蒂迈欧》52D：当出生（或起源）的养育者被弄得潮湿和被火烧时，它就会获得土和气的形态。

续表

	与《蒂迈欧》的对比
quaest. conv. 719E：（几何立方体与诸元素）	《蒂迈欧》53ff..
《论已然式微的神谕》430D：因此，当物质处于那种状态时——很可能，神在那种状态中是不在场的。 《论月球中显现出来的面貌》926F：据柏拉图所言，（它们）处于这样一种状态，那时神在其中是不在场的。	《蒂迈欧》53B：正如（它们）很可能处于的那种状态，而那时神是不在场的。
《论冷的本原》954D：因为，（土）元素不可切割、不可移动，既不纤细，也不快速，不柔软、也不易于分散，而是像一个立方体一样稳定且根基牢固。 * 文本有出入。蒂尔内布（Turnebus）写作 λεπτόν。	《蒂迈欧》55C-D
《依循伊壁鸠鲁不可能快乐地生活》1093C：（它给出的）欢乐……无玷污且不会让人后悔。 《依循伊壁鸠鲁不可能快乐地生活》1092E：（快乐）……不会带来后悔。	《蒂迈欧》59D：——他会获得一种不会让人后悔的快乐。
《论德尔斐的 E》390B：当空气在耳朵中受到震动时，就变成了声音和声响。 《论已然式微的神谕》436D：他（即柏拉图）声称，（我们）借助空气的震动而倾听。	《蒂迈欧》67B：我们可以把声响规定为击打，气把击打通过耳朵传递到头内的髓，也传递到血，并一直传递到灵魂。

续表

与《蒂迈欧》的对比	
《柏拉图探究》1006B：实际上，声音是空气通过耳朵作用于感觉所产生的冲击（或震动）。①	
[125]《会饮的问题》720E：但是，当我们必须查明那些（由自然所造成的）出于必然性的原因时。	《蒂迈欧》68E：因此，我们有必要分辨原因的两个形相，即必然形相和属神形相。于是，一方面，为了获得幸福生活，我们有必要在所有事物中探究这种属神形相，只要我们的本性接受这种探究。另一方面，为了这些属神形相，我们有必要探究那种必然形相。因为（那位神）思索着，若没有那种必然形相，（我们）就不可能认识我们严肃追求的仅有的那些事物本身，也不可能抓住它们，也不可能在某种其他意义上分有它们。
《依循伊壁鸠鲁不可能快乐地生活》1107A：快乐，于他们而言，是痛苦之诱饵。	《蒂迈欧》69D：快乐是恶事之最大诱饵。
《会饮的问题》618F：某些心怀中道的人就像具有反弹性的垫料一样。	这可能是对《蒂迈欧》70D 的一个回忆： [他们让它（肺）环绕着心脏，像垫料一样。] * 这个为赫尔曼所采用的拼法是由 Toupius, ad Longin, 392 Weisk 以 Longin. 32, 5 和 Alcinous, Εἰσαγωγή, c. 23 为基础提出来的。手稿中的拼法是 ἅλμα μαλακόν。

---

① [译注] 参见普鲁塔克《哲思与信仰：〈道德论集〉选译》，页 215。

续表

与《蒂迈欧》的对比	
《论伦理德性》450F：欲望的肝脏起源。	*Tim*. 71A.
《论伊希斯与俄赛里斯》384A：灵魂的想象力，它接受梦的能力，变得如同镜面一般光滑。这样得到的结果具有净化作用，就像（毕达哥拉斯派的信徒们进入梦乡之前要弹奏）里拉琴一样，可以安抚和愉悦灵魂中本能的和多情的成分。①	《蒂迈欧》71B：（神……曾构造了肝的型相，）并曾把它设定在欲望部分的家里。神曾把肝设计得密集、光滑、光辉、甘甜又具有苦味。这是为了如下目的：当诸思考的那种能力从理智中运行而来时，这种能力运行到肝之中，就像到了镜子之中，等等。
[126]《论伦理德性》450F：可以用我们的冲动说明这一点：冲动出现且向着物体性的东西运动，随着身体的变化而变得剧烈或缓和。故此，年轻人的欲望由于充满了疯狂而激动的血液而是急躁、渴求和热望的；但是在老年人中，位于肝脏周围的欲望源头（或"欲望的肝脏起源"）正处于熄火之中，变得微小虚弱。②	关于思想上的某些相似性，对照《蒂迈欧》86B。
《会饮的问题》731D：因为，并不存在一种关于那没有原因的疾病的构造。	《蒂迈欧》89B：疾病的整个构造。

---

①［译注］参见普鲁塔克《论埃及神学与哲学：伊希斯与俄赛里斯》，页149。

②［译注］参见普鲁塔克《哲思与信仰：〈道德论集〉选译》，页114。

续表

与《蒂迈欧》的对比	
《一个人如何能意识到他自己在德性上的进步？》78E：（其中）有些人，为了（追求）自然学者的光辉和高度，却因为轻浮和爱荣誉而像鸟一样落下。	《蒂迈欧》91D：另外，鸟类自然而然生长出羽毛而非头发，且从如下男人们中"改变节律"而生成：这些男人不糟糕，但轻率。一方面，他们通晓天象术。另一方面，他们因天真而认为，只有通过亲见，对这些事物（即天象）最确定的证明才得以存在。
《论伊希斯与俄赛里斯》373B：……反对何鲁斯——他由伊希斯所生，是可理知之宇宙的可感知的形象。 《柏拉图探究》1007C：二者都是神的形象，宇宙是（神的）实质的形象。	《蒂迈欧》92B：可理知之物的形象——可感知的神。

与《理想国》的对比	
《残篇》XXXIV：因为，对于那些文雅的老人而言，出自身体的诸种快乐会逐渐枯萎，反过来，他们对言谈的欲求则会增长。	《理想国》328D：对我而言，与身体有关的其他的快乐的枯萎，是与对谈话的欲求及出自于它的快乐的增长成正比。①

---

① ［译注］参见柏拉图《〈理想国篇〉译注与诠释》，页 13。徐学庸的这个译本虽不是《理想国》的诸多汉译本中最为"达、雅"的那一个，但其译文与原文的严格对应（符合"信"的标准），却非常有助于读者更为直观地对比普鲁塔克著作与柏拉图《理想国》之间的相似。

续表

与《理想国》的对比	
[127]《论廊下派的矛盾》1040B：并且他说，克法洛斯不正确地（试图）阻止有关不义的来自诸神的恐惧。	《理想国》330E：当他发现在生命中他有诸多不正义之举，就像小孩，经常从睡梦中醒来，担惊受怕，且伴随着不佳的希望活着。[1]
《依循伊壁鸠鲁不可能快乐地生活》1102D：如果认为善的东西会伤害人的话，那就等于是认为热的功能是冷却而不是温暖。[2]	《理想国》335D：热的工作，我认为，不是冷却，而是其对反物的工作。——干的工作不是弄湿，而是其对反物的工作。[3] 另对照379A-B-C。
《德性是否可教？》439F：正如护工用手形塑他（即小孩）的身体，以这种方式，他们用习惯训练他的性情。	《理想国》377C：以故事来形塑他们的灵魂，更胜于以手来形塑他们的身体。[4]
《健康教谕》128E：那种极为精确的生活模式——如人们所说，"精确到手指甲"——让身体变得畏怯和不稳定。 另对照上文134F ff.；《菲洛佩门传》(*Life of Philopoemen*) 第3章；《阿格西劳斯传》(*Life of Agesilaus*) 第33章。	《理想国》404A：但，我说，这对健康是种昏睡与不稳定的模式。或你没看到他们睡觉打发日子，若他们有一点偏离安排好的饮食方式，这些运动员会有严重及剧烈的疾病？[5]

---

[1]［译注］参见柏拉图《〈理想国篇〉译注与诠释》，页21。
[2]［译注］参见普鲁塔克《古典共和精神的捍卫：普鲁塔克文选》，包利民、俞建青、曹瑞涛译，中国社会科学出版社2005年版，页36。
[3]［译注］参见柏拉图《〈理想国篇〉译注与诠释》，页39。
[4]［译注］参见柏拉图《〈理想国篇〉译注与诠释》，页171。
[5]［译注］参见柏拉图《〈理想国篇〉译注与诠释》，页255。

续表

与《理想国》的对比	
《会饮的问题》730C：因此，荷马不仅说希腊人放弃了鱼，尽管他们扎营在赫雷斯彭投斯海边，（而且）等等。	《理想国》404B：从荷马——任何人可知这类的事。因为你知道，在征战时他没有让英雄们在餐宴中吃鱼，即使他们是在海边的赫雷斯彭投斯。①
《会饮的问题》713A：当（笛子）它发出响声并穿过（我们的）耳朵，甜美的声音浇灌下来，直至它带来灵魂的平静。	《理想国》411A：因此当有人将自己献给文艺教育，吹奏笛子及透过耳朵将笛声灌注于灵魂中，就像通过漏斗，我们刚才说的甜美，柔软及哀伤的调子。②
[128]《论无怒》457B-C：同样，在通常由于软弱而导致的灵魂痛苦和受难之中也会出现怒气的爆发，这种怒气并非像有人说的那样是"灵魂的肌腱（[译注]或作'气力'）"。③ 《论伦理德性》451D：（同样，当激情温顺驯服时，理性就会使用激情，）既不阻扰也不消除这个为灵魂服务的部分。④	《理想国》411B：（他彻底融化激情）及从灵魂将其分离，就像切离其气力。⑤

---

① [译注] 参见柏拉图《〈理想国篇〉译注与诠释》，页256—257。
② [译注] 参见柏拉图《〈理想国篇〉译注与诠释》，页275。
③ [译注] 参见普鲁塔克《哲思与信仰：〈道德论集〉选译》，页132。
④ [译注] 参见柏拉图《〈理想国篇〉译注与诠释》，页277。
⑤ [译注] 参见普鲁塔克《哲思与信仰：〈道德论集〉选译》，页115。

续表

	与《理想国》的对比
《论无怒》454B-C：显然，当愤怒持续存留且频繁爆发时，灵魂中便会出现一种坏习惯，这被称为"易怒"，当因怒气患病，对小事生气、爱挑刺儿时，"易怒"就会导致勃然大怒、发火暴躁。①	《理想国》411B-C：可是若他具有高昂精神，他会使激情弱化及转为易怒，由于快速地受琐事的激发，又快速地熄灭。因此人们变成易怒及暴躁，而非高昂精神，由于充满了愤怒。②
《论廊下派的矛盾》1034C：如同柏拉图一样，芝诺也根据差异性而留下了更多的德性，也就是明智、勇气、节制和正义。	《理想国》428以下。
《论孩子的教育》1B：那些混铜的和掺杂的人的心（$\phi\rho o\nu\acute{\eta}\mu\alpha\tau\alpha$）会生出挫败的和卑贱的后代。	《理想国》415B：若他们的小孩生来混铜或混铁。③
《论无怒》458E：（他们）唤回怒气。	《理想国》440D：在它（即怒气）达成目的，死亡，或如狗被牧人收回，它被理智唤回身旁而且抚慰它。④
《柏拉图探究》1008B：如果根据自然，理性统治，而血气则被统治，当血气服从理性时，血气便在欲望违背理性时主宰并惩罚欲望。⑤	《理想国》440，441。
[129]《反科洛特斯：关于其他哲人》1122D：它将自然的必然之事、而不是几何学上的必然之事拉向自身。	《理想国》458D：不是几何学上的必然之事——而是爱的必然之事。⑥

① [译注] 参见普鲁塔克《哲思与信仰：〈道德论集〉选译》，页124。
② [译注] 参见柏拉图《〈理想国篇〉译注与诠释》，页277。
③ [译注] 参见柏拉图《〈理想国篇〉译注与诠释》，页289。
④ [译注] 参见柏拉图《〈理想国篇〉译注与诠释》，页367。
⑤ [译注] 参见普鲁塔克《哲思与信仰：〈道德论集〉选译》，页225。
⑥ [译注] 参见柏拉图《〈理想国篇〉译注与诠释》，页419。

续表

与《理想国》的对比	
《论皮提亚如今不再有韵律地发布神谕》394F：我们的爱观赏者极其（想要去看），而异乡人则是爱听者。	《理想国》476B：爱听者及爱观赏者。[1]
《健康教谕》126B：病弱导致很多人热爱智慧（或"追求哲学"）。	《理想国》496C：其他一切的事都将塞阿给斯准备好要偏离哲学，但身体疾病的照顾将他从政治中移除及限制了他。[2]
《论倾听》47C：由于缺乏男子气概，他离开了哲学。 《一个人如何能区分谄媚者与朋友？》52D：狄奥尼修斯离开了哲学。	《理想国》496C：——偏离哲学。
《论已然式微的神谕》413C：并且，他是太阳，或太阳和远处的一切被看之物的主人和父亲。 亦参见372A、393D、433D-E、780F、781F、944E、1006F。	《理想国》508以下。
《年轻人应当如何听诗？》36E：当他们听到与之对立的哲人之教诲时，他们最初会感到惊愕、烦恼和惊奇，他们不会承认、也不会忍受（这些教诲），就好像出离极大的黑暗后就要观看太阳，他们会变得对这类东西习惯起来；在混合了神话和真实的混杂光线中，他们会注视这类拥有不会引发痛苦的柔和之光的东西，而不会逃离。	这可能是对《理想国》515E ff. 的一个回忆。相比《斐多》99D，它更像这个文段，而维滕巴赫（*Phaedo*，页257）将其与《斐多》99D进行对照。

---

① [译注] 参见柏拉图《〈理想国篇〉译注与诠释》，页481。
② [译注] 参见柏拉图《〈理想国篇〉译注与诠释》，页541。

续表

	与《理想国》的对比
[130]《依循伊壁鸠鲁不可能快乐地生活》1096C：相反，他们把灵魂的思考部分径直放在肉身中，并且用肉体的欲望当铅块把它往下坠。在这方面他们和马厩农夫与牧羊人没有什么不同。①	《理想国》519A：然而——这种本质的这部分（即理智）若从小就被伤害及截肢，成为生成的近亲，就像是铅块一样，它们以食物及关于这类事物的快乐及贪婪长在它身上，并将灵魂的视力向下转。②
《论德尔斐的E》384F：但是就与我们的理性有关的（困惑）而言，神似乎主动向那些天性爱智慧的人提出问题，以便在灵魂中产生导向真理的热望。③	关于 $ἀπορίαι$ [困惑（难题）]导致的哲学观念，对照《理想国》524 ff.。关于这个用语，对照《理想国》525A： 它们看来确实会导向真理。
《会饮的问题》718D：当他为了把我们拽离那缠住我们的感觉、并把我们转回可理知之物（$τὴν\ νοητὴν$）和永恒的自然（$φύσιν$），而唱起关于几何学的颂歌时。	《理想国》524 以下。
《爱欲对话》769E：一开始，学问会扰乱孩子，哲学也会扰乱年轻人。	对照《理想国》539B。
《论倾听》38B：但是，他劝告（人们）要警惕庸俗的言辞——在（遇到）那种有用的言辞之前，就好像那些通过哲学而在性情上有所培育的护卫者一样，去占据那最会被搅动和被说服的位置。	《理想国》560B-C：因为它们知道它没有学习，精美的追求及真实的论述，这些在受神祇眷顾之人的心灵中是最佳的看守者与护卫者。——虚假及夸示的，我认为，言说与看法取代它们向上跑而且占据了这样的年轻人的相同的位置。④

① [译注] 参见普鲁塔克《古典共和精神的捍卫：普鲁塔克文选》，页 24。
② [译注] 参见柏拉图《〈理想国篇〉译注与诠释》，页 607。
③ [译注] 参见普鲁塔克《哲思与信仰：〈道德论集〉选译》，页 66。
④ [译注] 参见柏拉图《〈理想国篇〉译注与诠释》，页 727。

续表

与《理想国》的对比	
《老人是否应当从政？》792E：（你的）祖国和——如克里特岛人所称呼的——（你的）母国，等等。	《理想国》575D：（他奴役）他长久以来深爱的母国，如克里特岛人所言，（他将拥有及控制）祖国。①
[131]《论君主制、民主制和寡头制》827B：因为柏拉图说服了他，他除了君主制之外，不会选择别的（政制）。	《理想国》576E：对每个人而言这是显见之事，没有比专制（[译注]或作"僭制"）城邦更不幸的城邦，没有比君主统治的城邦更幸福的城邦。②
《论神的延迟惩罚》563D：此后第三日，就在他的葬礼之际，他复原了。	《理想国》614B：在第十二天他的葬礼将举行时，躺在火柴堆上他复活了。③
《论苏格拉底的精灵》591C：咆哮/怒号。	《理想国》615E：咆哮/怒号。
《论音乐》1147：宇宙的奔腾运转，星体的运动位移，它们的产生、它们的结构都与音乐有关，这种看法普遍存在于毕达哥拉斯学派、阿基塔、柏拉图以及许多古代哲人的思想中。他们看来，神以和谐为原则，创造出万事万物。④	Rep.617B。亦对照《蒂迈欧》35B及以下。
《论月球中显现出来的面貌》945C：而在地球上，拉刻西斯（以双手）一同握住最远处（或"最深处"）。	《理想国》617C：可是，拉赫希斯（[译注]一般译作"拉刻西斯"）以两手分别碰触这两处。⑤

---

① [译注] 参见柏拉图《〈理想国篇〉译注与诠释》，页777。
② [译注] 参见柏拉图《〈理想国篇〉译注与诠释》，页779。
③ [译注] 参见柏拉图《〈理想国篇〉译注与诠释》，页901。
④ [译注] 参见何源《古希腊音乐中的古今之争：普鲁塔克〈论音乐〉研究》，博士学位论文，中国人民大学，2014年，页222。
⑤ [译注] 参见柏拉图《〈理想国篇〉译注与诠释》，页911。

续表

与《理想国》的对比	
《会饮的问题》740D：因为德性和邪恶没有主人。	《理想国》617E：德性无主人。①
《残篇》XXXIV：进入狼的本性或狮子的本性。	《理想国》620B：签序第十二顺位的灵魂（埃阿斯）选择狮子的生命。②

与《理想国》的可能性对比	
《依循伊壁鸠鲁不可能快乐地生活》1102F：受到神喜爱的人不可能不繁荣昌盛，节制的和正直的人不可能不为神所喜爱。③	对照《理想国》352B 中的思想。
《依循伊壁鸠鲁不可能快乐地生活》1105B：即使那些害怕它们的人也通过某种神秘庆典和净化仪式加以对治，相信经过这些净化历程之后，他们就能在下界载歌载舞地过日子，那地方明亮灿烂，微风和煦，到处听到说话声。④	这方面的思想可对照《理想国》364E 及以下。
[132]《年轻人应当如何听诗？》23D：因为，诗人不会设想是神给人类发明了邪恶。	关于神不对任何邪恶负有责任的总体思想，对照《理想国》379、380。

---

① [译注] 参见柏拉图《〈理想国篇〉译注与诠释》，页 913。
② [译注] 参见柏拉图《〈理想国篇〉译注与诠释》，页 919。
③ [译注] 参见普鲁塔克《古典共和精神的捍卫：普鲁塔克文选》，页 37。
④ [译注] 参见普鲁塔克《古典共和精神的捍卫：普鲁塔克文选》，页 42。

续表

与《理想国》的可能性对比	
《年轻人应当如何听诗?》23D：再者，那些有关招魂仪式的奇迹叙述和创作——它们以可怕的表述制造出幽灵，和有关燃烧的河、蛮荒之地和阴郁的惩罚的形象，等等。	普鲁塔克可能想到的是《理想国》387C：因此还应扬弃一切恐怖与可怕的名字，寇曲投斯及史提嘎斯，死人及尸体，及其他与这形式有关的名称，它们皆被认为令听者颤抖吗？①
《论共同概念：反廊下派》1072A：但是，正如那有关益于健康之物和不健康之物的技艺的思想不会出现在这样一些人那里——这些人此前并没有出现过有关那种事物的思想。	对照《理想国》408DE：医生，我说，会最具技术，若他们从小就开始学习医术至今，尽可能与最多最重病的身体接触而且他们自己罹患一切疾病，并在本质上不是全然健康之人。②
《一个人如何能意识到他自己在德性上的进步？》84F：而是如情人们那样，即使对方口齿不清、面色苍白，她们也会深情地接受。③	关于同样的观念，对照《理想国》474E。《论倾听》（de aud.）44F 以柏拉图之名引用了《理想国》的这个文段。有趣的是，我们看到，柏拉图并未提及 τραυλότης［口齿不清的］，但它出现在卢克莱修（IV, 1164）的一个类似的文段中：balba loqui non quit, traulizi［口吃、不能说话的，会被说成是 traulizi（说话口齿不清的人）］。④

① ［译注］参见［古希腊］柏拉图《〈理想国篇〉译注与诠释》，页 201。
② ［译注］参见［古希腊］柏拉图《〈理想国篇〉译注与诠释》，页 269。
③ ［译注］参见［古罗马］普鲁塔克《古典共和精神的捍卫：普鲁塔克文选》，页 159。
④ ［译注］traulizi 在相关拉丁语词典中查无此词，它应该就是前面刚提到的古希腊词语 τραυλότης 的某种词法形式的拉丁转写；作为参照，τραυλίζω 意为"口齿不清地说话"。在现有的汉译本中，这句话被译作："如果她是一个哑巴不会说话，那就会被当作是'谦虚的女士'。"参见伊壁鸠鲁、卢克莱修《自然与快乐：伊壁鸠鲁的哲学》，包利民等译，中国社会科学出版社 2004 年版，页 189。方书春的《物性论》译本（商务印书馆 2012 年版）则漏译了这句话。

续表

与《理想国》的可能性对比	
[《反科洛特斯：关于其他哲人》1123C：因为，没有任何一个熟练的制造器具的人或杰出的塑像者或画家会冒险混合（欺骗性的）相似和游戏，等等。]	关于对画家的这种行为的一个暗示，对照《理想国》488A。
[133][《会饮的问题》643B-C：如同肉和面包的分配，以最不正义的标准，将平等给不平等的人，这并没有什么可自夸的。] [《七贤会饮》157D：并且，正如你在喂养、养生法和给病患的药物方面，以理性为（你的）法律，没有给任何一个分配平等（的量），而是给每一个都分配合适（的量）。] 亦对照指向《高尔吉亚》508A而加以援引的文段。	[《理想国》558C：将平等以相同的方式分配给平等与不平等之人。]
与《法义》的对比	
《努马传》c.3：真实的勇敢在于运用理性制服自身里面的欲望。①	《法义》633E以下。
《论孩子的教育》2B：但是，如果缺乏了这些（要素）中的一个，基于此，德性就必然会变成跛脚的（或"有缺陷的"）。	《法义》634A：无疑，宙斯和皮提亚的立法者未曾制定一种跛脚的勇敢。②

---

① [译注] 参见普鲁塔克《希腊罗马名人传》，陆永庭、吴彭鹏等译，商务印书馆1995年版，页130；译文依据原文略有改动。

② [译注] 参见柏拉图《法义》，载《柏拉图〈法义〉研究、翻译和笺注》第2卷，林志猛著译，华东师范大学出版社2019年版，页9。

第三章　普鲁塔克与柏拉图之间的对比 | 217

续表

与《法义》的对比	
《会饮的问题》620D：因为酒会把（他的）性情带入一种中道，弄湿它并把它变得更为柔软。	《法义》666B：使灵魂的性情从坚硬变为柔软。[①]
《会饮的问题》713C：所以，当竖琴和长笛的声音凭靠它自身来敲打（我们的）耳朵时，让我们不要回应；但是，如果它伴随着言辞（λόγου）和歌曲而来款待和愉悦我们里面的理性（λόγον），我们就会让它进来，并且我们认为，那个玛尔绪阿斯受到神的惩罚，这是因为他用吹口和长笛套住自己而敢于用纯粹的曲调来与歌曲和竖琴竞赛。	关于对纯粹工具性音乐的批评，对照《法义》669E-670A。关于对长笛的批评和对玛尔叙阿斯（Marsyas）的提及，对照《理想国》399D-E。
[134]《柏拉图探究》1000A：因为爱者对于所爱之物是盲目的。[②]	《法义》731E：（就受关爱的东西而言，）每个关爱某种东西的人都是盲目的。
《会饮的问题》621B：他说，"提昂，这就是我为你塑造的会饮之首领，就好像我是用言辞之蜡（塑造的）一样。"	《法义》746A：像是在用蜡塑造一个城邦和公民们。
《残篇》XI：并且，柏拉图说过，关于在家里的器具（σκευῶν，或"设备"），要选择相称之物（或"合适的尺寸"）。	《法义》746E：此外，对看起来讲得很琐碎的恐惧，不应该让人怕得不敢制定他们拥有标准尺寸的工具。（或：不仅如此，立法者应该不怕显示出对细小事物的过分关注。他得敢于发出指示：公民们不容许拥有不符合标准规格的设备。）

---

① [译注] 参见柏拉图《法义》，页36。
② [译注] 参见普鲁塔克《哲思与信仰：〈道德论集〉选译》，页189。

续表

	与《法义》的对比
《论无怒》463C-D：因为他们是人和人的后代，所以总是不免会在某个地方泄露他们本性之中的弱点。①	《法义》853C：但我们是凡人，为当今的人类种族立法。（或：但我们是人类，在今日世界上是为人类的孩子立法的。） 《法义》854A：同时为了预防人的自然本性的普遍弱点。
《论〈蒂迈欧〉中灵魂的产生》1013C：灵魂逃出了所有的感觉。	《法义》898E：我们周遭所有这类自然生长的东西，凭任何身体的感官都感觉不到（而只能靠心智来理解）。
《一个人如何能区分谄媚者与朋友？》66E：因此，正如当我们看到更多的某些污点（κῆράς）临到率直之上。	《法义》937D：人类生活中有众多高贵之物，但可以说，大部分天然会伴随某种致命的东西，玷污、糟蹋它们。
《健康教谕》125B：如柏拉图所说，当（身体）咬住和紧绷时，（我们）会屈服；而当（身体）没有受到伤害，我们就会逃脱。	《法义》953A：——若没有……受到伤害就可以离去。
[135]《梭伦传》c.19：他想，城邦有了这两个会议，它就好像下了两个锚（就比较不会受到巨浪的震撼，民众也就会大大地安静下来）。②	《法义》961C：我要这样讲：我认为：若有人像为整个城邦抛锚一样抛下此物（即议事会），等等。

---

① [译注] 参见普鲁塔克《哲思与信仰：〈道德论集〉选译》，页146。
② [译注] 参见普鲁塔克《希腊罗马名人传》，页186。

第三章　普鲁塔克与柏拉图之间的对比

与《法义》的可能性对比	
《埃米利乌斯·保卢斯传》c. 3：对敌人的胜利几乎应当被视为是对公民们的教育的一件附属物。	关于这个观念，对照《法义》626 及以下。
Amatorius 751F：（παιδεραστία [对男孩之爱] 的起源）。	《法义》636B。
《论伦理德性》452D：因此，拉刻岱蒙人的教师说得不错：他说他打算让孩子对高尚之事感到快乐，对羞耻之事感到讨厌。其实，除此之外，适合于自由民的教育便没有更大和更高贵的目的了。① 以及《德性是否可教？》439F：所以，当斯巴达人被问及教师会带来什么时，他说："我让孩子对高贵之物感到快乐。"	关于这个观念，对照《法义》653。
《爱欲对话》757E：但是，当一个男人试图去捕捉最美好的猎物——即友爱（φιλίαν，或"友谊"）——时。	《法义》823B：但还有很多通过友谊的狩猎，有时值得称赞，有时要谴责。

与《斐德若》的对比	
《会饮的问题》746D：柏拉图在每个人里面留下了两种行为原理，一种是天生的对诸快乐的欲望，另一种是外来的、趋向最好的东西的意见。②	《斐德若》237D.

---

① [译注] 参见普鲁塔克《哲思与信仰：〈道德论集〉选译》，页 118。
② [译注] 普鲁塔克这里的表述基本沿用了《斐德若》237D 中的用词（虽然少数几个词语被替换了），所以此处汉译也部分借用了刘小枫的译文，可参见柏拉图《柏拉图全集：中短篇作品》（上），页 625。

续表

	与《斐德若》的对比
[136]《爱欲对话》749F：——爱欲者会模仿那些卑贱的人，剥夺所爱之人的家、婚姻和伟大的事业，以让他在最长的时间里保持是未接触过的和不成熟的，并在体育馆里脱去他的衣服。	《斐德若》240A：出于这些，完全必然的是，爱欲者会妒忌拥有钱财的男孩，男孩的钱财散了他就高兴。爱欲者甚至会乞求男孩尽可能长久地没老婆、没子女、没有家庭，欲求尽可能长久地享用（与）被爱欲者的甜蜜。
《婚姻教谕》139E：公然而毫无约束地放肆言辞（或率性而言）。 《会饮的问题》712A：趋向玩笑和插科打诨的鲁莽——它过分放纵毫无约束，且漫无边际。 《论廊下派的矛盾》1050C：漫无边际地放肆言辞。	《斐德若》240E：放纵毫无约束且漫无边际地放肆言辞。 参见汤普森（Thompson）对这一文段的注释。
《会饮的问题》627F：并且，像盐一样的凝结外壳停留在（他们的）身体上，直至他们用可饮用的和新鲜的（水）将其冲洗掉。	《斐德若》243D：我急欲要用一篇新鲜的言辞来洗掉（从先前那篇言辞）听来的苦咸味。
《论伦理德性》452B：因为正如柏拉图所说，不仅在诗里，被缪斯启发和附体之人证明了仅仅凭靠理论知识的手艺人是可笑的。①	《斐德若》245A：若没有这种缪斯们的疯癫，无论谁去敲诗的大门，听信仅凭技艺就足以成为有能耐的诗人（的说法），那么，他不会达到目的——疯癫之人的诗作会使节制之人的诗作黯然失色。②

---

① [译注] 参见普鲁塔克《哲思与信仰：〈道德论集〉选译》，页117。

② [译注] 参见柏拉图《柏拉图全集：中短篇作品》（上），页634。

第三章　普鲁塔克与柏拉图之间的对比

续表

与《斐德若》的对比	
	（伯纳达基斯指向《伊翁》(*Ion*) 533A ff., 但它与《斐德若》245A 之间的对比更为相近。）
《会饮的问题》731D：确实，身体中如何出现了一种新的疾病或晚生的激情（*πάθος*），它（即身体）并不像灵魂是其（自身）运动的本原一样，也拥有这样一个属于自身的东西。	《斐德若》245C。
[137]《爱欲对话》766B：因为，当真正的爱欲者到达另一个世界并与美善者（*τοῖς καλοῖς*）为伍时，（以下所述）就是合乎神律（*ᾗ θέμις*，或作"神的法规"）的了，即他会长出羽翼并靠近他的神开始连续的狂欢，（那时）他会向上跳起舞来，并与（神）一道四处走动。	《斐德若》246E 及以下：而神性的东西就是美、智慧、善，以及所有诸如此类的东西。灵魂的翅羽尤其要靠这些东西来养育和生长。 《斐德若》249A：在如此长久的时间之前，灵魂不会生出翅羽——除了这样的灵魂：要么它诚实无欺地过热爱智慧的生活，要么凭热爱智慧来爱恋男孩。 《斐德若》250B：可是，在那个时候，美（本身）明亮得焯焯可见啊。当时，福乐的视见和观看由幸福的歌队相伴——我们（的灵魂）跟随着宙斯，其他人（的灵魂）则跟随别的诸神——按神的法规来讲，我们所圆成的是开悟中最为福乐的开悟。我们为这种开悟举行秘密仪式时，我们自身是整全的，尚未沾染（世间的）种种邪恶。
《论已然式微的神谕》422B：被称作真理平原（或"真实性质的原野"）。	《斐德若》248B：见到真实性质的原野要费这么多的热忱。

续表

	与《斐德若》的对比
《爱欲对话》762A：他们确实说得很好，并且因着某种神圣的机运，他们触摸到了真理（τἀληθοῦς）——当他们说：爱欲者可以从哈得斯进入无路可通的光（的世界）里；但是，他们不知道（这是）从何处以及如何（实现的），就好像他们完全误入了歧途，而柏拉图则是通过（他的）哲学而认知到（这一点）的第一人。	《斐德若》249A。
《会饮的问题》718F：（抓住）永恒的和非物质的形象（εἰκόνων），靠近那让神永远是神的东西（或"使神因之具有神性的东西"）。	《斐德若》249C：毕竟，热爱智慧者总是竭尽所能地凭靠回忆让自己接近那些使神因之具有神性的东西。
《会饮的问题》745E：在这里（即地球），那种音乐的一种模糊的回声到达了我们这里，它通过言辞（λόγων）召唤（我们的）灵魂，提醒它们记起往事。	对照《斐德若》中的神话，尤其是249D、254B等。
[138]《爱欲对话》766E：并且，我们唤起（自己）对于那些美好而神圣之物——亦即神圣者（τὸ θεῖον）、真实之物和奥林匹斯之物（ὀλύμπιον）——的回忆，借助它们，灵魂会长出羽翼。 * 文本缺损（[译注]洛布版《伦语》中的该文段只在 ἱερὰς 后补充了一个 ἅς，其他并无差别）。	《斐德若》249D：——关于第四种疯癫所说的其实就是：一旦谁见到（地上）这儿的美回忆起那真实性质的美，会生出羽翼。不过，当他满怀热忱要展翅高飞时。

续表

	与《斐德若》的对比
《依循伊壁鸠鲁不可能快乐地生活》1105D：但是，就像一向上注视的鸟儿，它随时准备从肉体中展翅飞翔到光明的天穹之中。①	《斐德若》249D：像只鸟儿那样飞起来往下瞧，等等。 以及那里紧接着的上文： προθυμούμενος ἀναπτέσθαι. [当他满怀热忱要展翅高飞时。] 亦对照 Ep. VII, 248A： ἐγὼ μὲν βλέπων ἔξω, καθάπερ ὄρνις ποθῶν ποθὲν ἀναπτέσθαι. [当我想要往外看时，就好像一只满怀热忱的鸟从某个地方飞起来。]
《会饮的问题》745E：在欢乐中，他们跟随（塞壬，即 σειρῆνες），并陪同她们漫游（或"到处走动"）。	这一文段的语气是柏拉图式的：对照《斐德若》250B、252C（对词语 περιεπόλουν [漫游] 的使用）。
《爱欲对话》765B：以同样的方式，天上的爱神（Ἔρως）给我们提供美好之物的美好镜像（ἔσοπτρα），不过，这些有朽之物是有关诸神的可朽坏之物，是可理知之物的可感知之物，通过在年轻人的形相（σχήμασι）、外表和闪耀形态（εἴδεσι）中促成（这些东西），她显示并激发（我们的）平静不动的回忆——通过这些东西，回忆最先受到激发。	对照《斐德若》250D。

---

① [译注] 参见普鲁塔克《古典共和精神的捍卫：普鲁塔克文选》，页43。

续表

与《斐德若》的对比	
《爱欲对话》762E：对其他人的爱欲者很少思考任何谨慎的事，不仅仅是同伴和亲属，甚至法律、执政官和国王，他不惧怕任何事物，也不尊崇、不服侍任何事物，但敢于面对"枪兵、雷电"，同时，若他看到美的东西（τὸν καλόν），"他就会像一只受奴役的、倾斜着羽翼的公鸡一样害怕"，并且，他的勇气被打碎了，灵魂的高傲也被击碎了。	《斐德若》252A：甚至母亲、兄弟和所有友伴也全忘掉。财富因疏忽而流失，他会满不在乎，他……那些习惯做法和虚有其表，统统被一脚踢开——（如今）灵魂打算做奴仆，只要允许，就尽可能挨近自己渴慕的人儿睡。
[139]《反科洛特斯：关于其他哲人》1126C：柏拉图在他的著作中留下了关于法律和政制（νόμων καὶ πολιτείας）的高贵（καλοὺς）言辞，而他把远远更为优秀的（这类言辞）放入了他的学生们中。	《斐德若》275-276。

与《斐德若》的可能性对比	
《论倾听》47C：并且，它会展现出对德性的强有力（δεινὸς，或"何等厉害"）的爱欲。 《爱欲对话》770B：无论何时对神的强有力的爱欲和渴望摒弃了物质。	《斐德若》250D：它会促发何等厉害的爱欲啊。

与《会饮》的对比	
《论爱财》527B：阿伽同把宴会的长笛演奏者赶走，赶到妇女的角落那边，因为他认为客人们的交谈就足以娱乐自己了。[①]	《会饮》176E。

---

① [译注] 参见普鲁塔克《古典共和精神的捍卫：普鲁塔克文选》，页195。

第三章　普鲁塔克与柏拉图之间的对比 | 225

续表

与《会饮》的对比	
《柏拉图探究》1000D：苏格拉底所唯一相信的智慧，就是他所说的对神性的和理智的存在的爱欲。①	《会饮》177E：我要说，除了爱欲的事情，别的我都不懂。
《爱欲对话》750A：普罗塔戈拉——将其所有的闲暇都献给了爱欲——围绕着爱欲并在爱欲之中。	《会饮》177E：他整个儿都在狄俄尼修斯和阿芙洛狄忒那里消磨时间。
《爱欲对话》756F：因此，帕默尼德宣称：爱若斯是阿芙洛狄忒的作品中最古老的作品，在《宇宙起源》(κοσμογονία) 中他如此写道："所有诸神中，她最先设计的是爱若斯。"但是，我认为，赫西俄德更为自然地使爱若斯成为所有（诸神）中最为原始的，以便一切事物都因为她而参与了生成。	《会饮》178B：倒是赫西俄德说过：最初生成的是混沌，'在那以后，是胸脯宽阔的大地，万物永久的稳靠宅基，然后是爱若斯'。阿库西勒俄斯也同意赫西俄德，继混沌之后生成的是这两个，即大地和爱若斯。帕默尼德则说，起源'在设想所有诸神时最先设想爱若斯。'（[译注] 作者删除了这段文本的中间部分内容，但未注明，现汉译仍收录进来了。）
[140]《爱欲对话》761E：因为阿瑞斯完全不在妇女当中（或"完全与女人无关"），但出于爱若斯的神灵附体 (κατοχή)，她会引领一个人违反自然 (παρὰ φύσιν) 而勇敢行事并至死方休。	《会饮》179B：再说，唯有正在爱欲着的人才会愿意替别人去死，不仅男人这样，女人也如此。
《爱欲对话》761E-F：关于阿尔刻提斯、普罗忒西拉奥斯和俄耳甫斯的欧律狄刻的（故事）表明：哈得斯只为诸神中的爱若斯办了其所命令的事。	《会饮》179B 以及下。

---

① [译注] 参见普鲁塔克《哲思与信仰：〈道德论集〉选译》，页 191。

续表

	与《会饮》的对比
《爱欲对话》752B：另一方面，是否有一位没有阿芙洛狄忒的爱若斯。	《会饮》180C：没有爱若斯，就没有阿芙洛狄忒。
《论已然式微的神谕》416F：如柏拉图所说，废除传述的和能服务的自然。	《会饮》202E：（把来自世人的祈求和献祭）传述和转达给神们，（把来自神们的旨令和对献祭的酬赏）传述和转达给世人。
《爱欲对话》752A：但是，他斥责和侮辱那种能给有死的种族（带来）不朽的婚礼与联合，而（有死的种族）通过出生会立即重新点燃我们那将要熄灭的本性（φύσιν）。	《会饮》208A-B："……靠这个法子，苏格拉底啊，"她说，"会死的才在身体以及所有其他方面分有不死。"
《会饮的问题》718D：可理知之物（τὴν νοητήν）和永恒的自然（φύσιν）——对其的沉思（θέα，或"观看"）是哲学的目的，像似有关圆满的秘密仪式。	《会饮》209E：那些圆满的开悟，等等。 亦对照《斐德若》250C：μυούμενοι καὶ ἐποπτεύοντες, etc..（我们为这种开悟）举行秘密仪式时，等等。
《阿尔喀比亚德传》c. 6：（由于）言辞——心脏跳动，眼泪涌出来。	《会饮》215E：心脏就跳得（比科瑞班特人还厉害得多），眼泪就由于这人的言辞涌了出来。
《论亚历山大的机运或德性？》333A：当阿尔喀比亚德与他（即苏格拉底）同睡时，苏格拉底忍住了。	《会饮》218C。
（关于德利昂（Delium）和波提代亚（Potidaea）的描述）（[译注] Delium、Potidaea 分别对应古希腊语中的 Δήλιος、Ποτιδαία；也可参下一条"对比"。）	《会饮》220-221。

续表

与《会饮》的对比	
[141]《反科洛特斯：关于其他哲人》1117E：他在德利昂，即波提代亚，（所做的）不可思议之事可以给你作证。 《论苏格拉底的精灵》581D：（从雅典来协商条约的人告诉他）苏格拉底、阿尔喀比亚德和拉克斯已经安全回国了。（罗勇译文）	《会饮》221。

与《会饮》的可能性对比	
《爱欲对话》761B：帕默尼德改变了重装甲步兵的秩序并把爱欲者放在中间，他指责荷马，因为他（即荷马）是不爱人的（ἀνέραστον，或"残忍的"），即他按照部落和宗族联合亚加亚人，没有把爱欲者安排到被爱之人旁边——而以这种方式可以带来"盾牌支撑盾牌，头盔支撑头盔"，因为爱欲是唯一不可战胜的将军。 同样的观念也出现在《会饮的问题》618D，以及《佩洛皮达斯传》(Life of Pelopidas) c. 18，这两个地方都将其归诸于帕梅涅斯（Pammenes）。	对照《会饮》178C 及以下。

续表

	与《会饮》的可能性对比
《会饮的问题》637A：由此，它也愿意让另一个（个体）成为它与之分离的那样的东西。①	对照《会饮》207D：——（会死的自然要能不死，）唯有靠生育（后代）这种方式，靠总是留下另一个，即年轻的取代年老的，等等。 以及208B：毕竟，凡会死的都靠这种方式来保存自己——而是靠离去的、老朽的东西让位给另一个年轻的但又是其自身那样的东西。 亦对照亚里士多德对 $\dot{\alpha}\pi o\kappa\rho\dot{\iota}\nu\omega$ ［分开/区分］的频繁使用。
[142]《论德尔斐的E》392D：没有人能保持自身，或是"是"这同一个人；相反，我们成为许多人，其实就是质料因无法察觉的运动而被刻上了某人的外表和模子。另外，倘若我们能够保持这同一个人的话，那我们怎么会以现在的事情为乐，但之前我们却以其他事物为乐呢？我们怎么会爱或者恨相反的事物，惊讶和责备也不同了，我们使用其他的话语，感受其他情绪，不再拥有这同一个人的外貌，不再拥有相同的外形或者思想？②	关于这个观念，对照《会饮》207D-208A。也注意柏拉图的词语 $\dot{\varepsilon}\kappa\mu\alpha\gamma\varepsilon\hat{\iota}o\nu$ ［印象/模具］。

---

① ［译注］或译作"它们也希望能够繁殖出更多与自己的母体一样的个体。"参见普鲁塔克《古典共和精神的捍卫：普鲁塔克文选》，页250。

② ［译注］参见普鲁塔克《哲思与信仰：〈道德论集〉选译》，页82。

与《斐多》的对比	
《论多管闲事》521D：然而，这一点是比任何东西都更为真实的，即那些最大程度运用思想（διανοία）的人很少调动（自己的）感觉。	《斐多》65，66A。
《论非理性的（动物）对理性的运用》988C：所以，对你们而言，看起来很明显的是：勇敢是明智的胆怯，勇气则是恐惧——它拥有通过一些东西来规避另一些东西的技能（ἐπιστήμην）。	《斐多》68D：除了热爱智慧的人（即哲人），所有人都是由于恐惧和出于恐惧才勇敢。可是，一个人因为恐惧和怯懦而勇敢，实在荒谬。
《残篇》VII：因为，如果多是相等之物，那么它对于多而言，自身就是出于一。	《斐多》74 以下。
《残篇》VII：因为根据第二个论证，（我们）看到，西姆米阿斯说：它（即灵魂）在哈得斯中仍将存在还没有得到证明。	《斐多》77B。
《依循伊壁鸠鲁不可能快乐地生活》1105D：他们把哲学视为死亡的训练。①	《斐多》81A：——灵魂总是专注于这个——没别的叫法，只能叫作——以正确的方式热爱着智慧，实实在在地专注于轻松地去死。这不就是一种对死的专注吗？
[143]《残篇》XXXIV：因为，在他们的改变和出生中，盛开的欲求部分在统治和掌权，对于这些人而言，他说，他们会因为爱快乐和贪吃而发生改变，进入驴一样的浑浊而不洁的身体和生命中。	《斐多》81E：曾经专注于贪吃、肆心、好酒，而且毫无警觉，这些灵魂看起来会被绑到驴子一类和其他诸如此类的动物身上。

---

① [译注] 参见普鲁塔克《古典共和精神的捍卫：普鲁塔克文选》，页43。

续表

与《斐多》的对比	
《残篇》XXXIV：将其自身投入狼的本性。	《斐多》82A：而那些不义的、僭主品性的、贪婪豪夺的灵魂已经被处罚为狼啊、鹰啊、鹞子啊一类啦。
《论神的延迟惩罚》564F：精灵会在这些人死后将其移交给狄刻（即正义女神）。	《斐多》107D：每个人终了之后，各自（在其活着的时候凭运气获得的［本命］）精灵就会试着领他去某个地方。
《论神的延迟惩罚》564B：但它们都转身离开那些喧闹的（灵魂）。	《斐多》108B：（其他灵魂）都逃避并转身离开这个……（灵魂）。

与《斐多》的可能性对比	
《梭伦传》c. 21：他把欺骗和强迫，苦恼和快乐，放在同一范畴，相信两者同样可以败坏一个人的理性。①	参见《斐多》65C：灵魂要最为完美地思考，就得不受任何感觉打搅，无论是听还是看，无论痛感还是某种快乐。
《论廊下派的矛盾》1049D：因为，对于人而言，没有邪恶就不会生出战争，但（人们会因为）爱快乐、贪婪、爱荣誉或爱权力而争战。	《斐多》66C：毕竟，没有什么比身体及其欲望更引致战争、纷争和争斗。因为，所有战争无不出于为了获取财物，而由于身体的缘故，我们被迫获取这些财物，做侍奉身体的奴隶。
［144］《论伊希斯与俄赛里斯》379D：于是，哲人们有理由说，那些没有学会准确理解词语意义的人，当他们使用物品时，也同样会弄错。②	［《斐多》115E：这类不美的说法不仅就这事儿本身来说离谱，还会给灵魂塞进某种坏东西。］

---

① ［译注］参见普鲁塔克《希腊罗马名人传》，页 189。略有改动。
② ［译注］参见普鲁塔克《论埃及神学与哲学：伊希斯与俄赛里斯》，页 130。

续表

与《斐多》的可能性对比	
《会饮的问题》707F：因为，在进入行为（ἔργα）时，你要使自己适应以可耻之人的方式易于受到话语（或"言辞"）的引导。	不过，赫斯曼（Mrs. Hersman）对照了《克拉提洛斯》435E：基于此，你会想要说：知道名称的人也知道事物（πράγματα）。
与《高尔吉亚》的对比	
《老人是否应当从政？》792D：除了这些之外，经验（——善于看中时机）和言辞（——说服的制造者）。	《高尔吉亚》453A：演说（或"修辞"）是说服的制造者。
《会饮的问题》613D：（我们）需要考虑到近旁的人（或"客人/听众"）。《会饮的问题》634A：现在，（我们）需要考虑到近旁的人（或"客人/听众"）。	《高尔吉亚》458B：然而，或许（我们）应当考虑到近旁的人（或"听众"）。
《会饮的问题》629F：你说："因为，一种关于在询问和游戏方面之优雅（τοῦ ἐμμελοῦς，或"和谐"）的知识和警觉（τήρησις）并非关乎善于交谈的一个小的部分（或"不重要的部分"）。	《高尔吉亚》463D：因为，依据我的说法，演说（或"修辞"）是政治的一个部分的影子。
《论神的延迟惩罚》550A：因为，对灵魂的治疗——被称为惩罚与正义。	《高尔吉亚》464B：正义与治疗相对应。
[145]《七贤会饮》160B：但是，正如达纳伊德们（Δαναΐδες）如果被解除了试图填满大缸的苦差事，便会对应该过什么样的生活和职业感到困惑，同样的困惑也会降临到我们身上，如果我们不用再以出于大地和海洋的东西填充我们无限制的肉	这可能是受到了《高尔吉亚》493的启发。

续表

与《高尔吉亚》的对比	
体的话，我们会感到无所适从；因为，由于对高贵的事物缺乏经验，我们如今喜欢上了受必然限制的生活。①	
《会饮的问题》620B：他们被恳求（拿出）不重要的东西，但他们却佯作不知。	《高尔吉亚》497A：你知道，但你佯作不知。
《残篇》XI：毕竟我不是更坏的（那个），苏格拉底说，如果某个人不正当地击打（我的）耳朵。	《高尔吉亚》508D：我说，卡里克勒斯啊，不正当地击打耳朵不是最可耻的。
《残篇》XI：这是苏格拉底的（说法），即每一个恶人都是不自愿地行恶的。	《高尔吉亚》509E：所有不义之徒都是不自愿地行不义。
《论神的延迟惩罚》561B：我想说一个最近听到的论说（λόγον），不过我担心你会认为：这对于你们而言就是一个神话（μῦθος）。	《高尔吉亚》523A：请听……一个非常美的论说，而你会认为这是一个神话，但它——如我所相信的那样——是一个论说。

与《高尔吉亚》的可能性对比	
《卡米卢斯传》c. 17：你们这样做一点算不得残暴或者不公平，不，你们只是奉行一条最古老的法律，强者应该得到他的弱邻的财物。整个世界都是如此，由上帝开始直至要消亡的兽类。②	《高尔吉亚》483D 及以下。

---

① [译注] 参见普鲁塔克《哲思与信仰：〈道德论集〉选译》，页33—34。

② [译注] 参见普鲁塔克《希腊罗马名人传》，页283。

续表

与《高尔吉亚》的可能性对比	
[146]《忒修斯传》c. 6：在他们看来，所谓对人的尊重以及正义、公平、人道等等，大多数人对这些品质称赞不已，是因为他们缺少为非作歹的胆量，或是害怕祸及自身。①	参见《高尔吉亚》492A-B。
《论兄弟之爱》484B：当梭伦就政制发表（意见）时，（他说，）平等不会制造内讧，而大众非常期望（如此），（于是）他引入了算术的和民主的比例，以替代美好的几何学的（比例）。	《高尔吉亚》508A：但是，你没有注意到在诸神以及在人们之间的几何学上的平等的伟大力量。
《会饮的问题》719B：因为，你无疑知道：吕库古从拉刻岱蒙驱除了算术的比例——因为它是民主的和大众的。他引入了几何学的比例——它适合于明智的（$\sigma\omega\phi\rho o\nu\iota$，或"有节制的"）寡头政制和遵守法律的（$\nu o\mu\iota\mu\eta$，或"合法的"）君主制。	

与《泰阿泰德》的对比	
《柏拉图探究》1000E：为此，苏格拉底并不教授任何东西，而是引发困惑，就像促使年轻人产痛那样，从而唤醒、推动并帮助生下其内在的观念。②	《泰阿泰德》151A：他们也有阵痛，而且整日整夜地身处窘境，比后者更甚；而我的技艺能够引起或终止这种痛苦。

---

① [译注] 参见普鲁塔克《希腊罗马名人传》，页 9。
② [译注] 参见普鲁塔克《哲思与信仰：〈道德论集〉选译》，页 191—192。

续表

	与《泰阿泰德》的对比
《柏拉图探究》1000C：（如果没有什么东西是人所能理解和知道的，）那么神自然而然就会阻止苏格拉底生产出空洞（ὑπηνέμια）、错误和不可靠的观点。①	《泰阿泰德》151E：但是，我们一起来考察一下，它碰巧是"真胎"呢，抑或是个"无精卵"。 还有《泰阿泰德》161A：多方检验，看他别是个不值得抚养的无精卵和假东西。 （据说 ἀνεμιαῖον［未受精的（卵）］／无精卵］是比 ὑπηνέμιον［未受精的（卵）］更好的阿提卡式用语。）
[147]《会饮的问题》680D：因为，不论在什么地方关于起因的道理（λόγος）失效了，他就从那个地方开始疑惑，也就是说，（他开始）热爱智慧，而那些不相信（或"违背"）惊奇的人则以某种方式杀死了哲学。	《泰阿泰德》155D：因为"惊异"之感特属热爱智慧者；除此，热爱智慧别无开端；等等。
《论迷信》164E：如同在坚硬的（σκληροῖς）田地里一样，在顽固的（ἀντιτύποις）性情中产生不虔诚（ἀθεότητα，无神论）。	《泰阿泰德》155E：你说的（这些人）是非常固执且令人憎恶的家伙。
《论德尔斐的E》393B：实际上，这位神不是多，并不像我们每个人那样由各种经历产生的繁多成分所构成，是随意组合起来的异质聚合物。	《泰阿泰德》157B：这些集合的名称有"人"、"石头"、每种动物以及形相。

---

① [译注] 参见普鲁塔克《哲思与信仰：〈道德论集〉选译》，页190。

续表

与《泰阿泰德》的对比	
《反科洛特斯：关于其他哲人》1123A-B：但是，其他（例子）我且不考虑，什么是更为明显的（以这种方式）和更为人所相信的（东西）——因为幻视和幻听出现在疯癫的和暴躁的诸激情（πάθεσι）中？等等。 这个文段出现在一个反对以下这一学说——即所有感觉—感知（sense-perceptions）皆为真——的论辩中。	对照《泰阿泰德》157E：漏下的东西是有关"梦"和"疾病"的那些——"疯狂"以及其他一切——一切被称为误听、误看或其他错误的感觉。
《残篇》VII：助产式的提问。	《泰阿泰德》161E：至于我和我的助产术。① 还有《泰阿泰德》210B。
《反科洛特斯：关于其他哲人》1125A：统治者的手中握有正义。	《泰阿泰德》172E：他的手中握有某种正义。②
《柏拉图探究》999E：凭借这种哲学，他总是去检查其他人，清除他们的狂妄、错误、炫耀，并使他们首先摆脱自己的、然后摆脱与其在一起的人（τοῖς συνοῦσιν）的烦恼？③	《泰阿泰德》210C：你对你周围的人也会少些跋扈，更为温和。

[148] 与《智术师》的对比	
《柏拉图探究》999F：喜好盘问的言辞，就好像它拥有用于净化的药物。	《智术师》230D：盘问的质询，简直就像是诸种净化中最伟大的和最强有力的（净化）。

---

① [译注] 参见普鲁塔克《哲思与信仰：〈道德论集〉选译》，页83。
② [译注] 另参贾冬阳译文："（原告站在旁边）手持诉状"，参见柏拉图《柏拉图全集：中短篇作品》（上），页235。
③ [译注] 参见普鲁塔克《哲思与信仰：〈道德论集〉选译》，页188—189；译文本略有改动。

续表

[148] 与《智术师》的对比	
《论德尔斐的E》393B：他异性（ἑτερότης，或"差异"）——不同于存在——转入了非存在的生成之中。①	《智术师》257B.
《论〈蒂迈欧〉中灵魂的产生》1024F：想象力（或想象）——意见与感觉的联合。	《智术师》264B：我们所说的"想象（φαίνεται）"是感觉和意见的混合物。② 与在普鲁塔克那里一样，词语"συμπλοκή [混合物]"出现在亚里士多德《论灵魂》428a24 中的以下这个界定中： 很显然，想象既不可能是与感觉相关的意见，不是以感觉为基础的意见，也不是意见和感觉的混合物。③
与《克拉提洛斯》的对比	
《论伊希斯与俄赛里斯》362D：因为，柏拉图说，哈得斯（如此）被命名，是因为对于那些来到他身边的人而言，他是有助益的（ὠφελήσιμον）和温和的神。	

---

①［译注］或译作："'异'因为偏离了存在，便进入了非存在的生成之中。"参见普鲁塔克《哲思与信仰：〈道德论集〉选译》，页84。

②［译注］φαίνεται（φαίνω）的本意是"显露"，乔伊特（Benjamin Jowett）将其译作 imagination or phantasy［想象或幻想］，这与王太庆的译法相契合，参见柏拉图《柏拉图对话集》，王太庆译，商务印书馆2014年版，页590。此外，贾冬阳将该词译作"表象"，参见柏拉图《柏拉图全集：中短篇作品》（上），页344。

③［译注］参见亚里士多德《亚里士多德全集》第3卷，页73。

第三章　普鲁塔克与柏拉图之间的对比 | 237

续表

与《克拉提洛斯》的对比	
* 伯纳达基斯的识读（[译注]ἀδούσιον 一词在洛布版《伦语》中为 ὠφελήσιμον，此处汉译参考了洛布版原文）。	《克拉提洛斯》403-404。
《会饮的问题》617D：请看我会采用何种工具（μηχανὴν，或"方法"）。	《克拉提洛斯》409D：因此，请你注意这个工具（或"方法"）——当我犹豫不决时，我便会把这个工具引进到所有这类的（困难）之上。

与《苏格拉底的申辩》的对比	
《残篇》XI：他们知道，这是苏格拉底的（看法），即所有恶人都是不自愿地（ἄκων）行恶的。因此，他（即恶人）需要受到警告，如此便可能会意识到他自己的邪恶。	《苏格拉底的申辩》26A：如果我无意（ἄκων [译注：不自愿地]）败坏了他们，法律就不该因为这种（无意的）过错，让人带我来这里，而应该让人私下教育和警告我。显然，如果我得到了教诲，我就会停止我无意做的事。
[149]《论心静》475E：（并且对运气说）苏格拉底在他应当回答他的控诉者时对法官所说的话："阿努图斯（Ἄνυτος）和莫勒图斯（Μέλητος）可以夺走我的性命，但他们却无法伤害我。"	《苏格拉底的申辩》30C：没有人会伤害我，无论是莫勒图斯还是阿努图斯——因为没人有能力。[①]
《反科洛特斯：关于其他哲人》1117E：他在三十巨头之下（所做的）、……对民众（所做的）不可思议之事可以给你作证。	《苏格拉底的申辩》32BC。

---

① [译注] 参见普鲁塔克《哲思与信仰：〈道德论集〉选译》，页179。

续表

与《苏格拉底的申辩》的对比	
fr. VI, p. 23,1. 24ff.: ὅτι τῶν περὶ ἡμᾶς παθῶν ὁ ὕπνος ἥδιστόν ἐστι. [《残篇》VI：睡眠是我们的诸经验（παθῶν）中是最快乐的（经验）。]	《苏格拉底的申辩》40D。

与《治邦者》的对比	
	《治邦者》272E：与生俱来的欲望。
《论已然式微的神谕》429B：当可感知的和身体性的（或"物质性的"）东西——由于他异性（ἑτερότητος，或"差异"）的与生俱来的必然性——而被划分为更多部分时。	
《会饮的问题》720B：因为，它由于身体的与生俱来的必然性而总是处于生成之中。	
《论〈蒂迈欧〉中灵魂的产生》1015A：那远古某时的自然中的先天属性，在进入现在的宇宙之前，曾分有了巨大的无序（或"漫长的混乱"）。	《治邦者》273B：那远古某时的自然中的先天属性，在进入现在的宇宙之前，曾分有了巨大的无序（或"漫长的混乱"）。①

---

① ［译注］另参见刘振译文："它的自然很久之前造成的习性，因为，在达到如今的秩序之前，它分有了许多无序。"参见柏拉图《柏拉图全集：中短篇作品》（上），页369。此外，原文将此处文段指向了《治邦者》272B，这应是误录，故改之。

与《斐勒布》的对比	
《会饮的问题》687E：它（即欲望）会充满不足，它渴望并总是追求自身的缺乏之物。	这是《斐勒布》31及以下中的灵魂学。
《会饮的问题》720C：存在者（τῶν ὄντων）中关于适度（περὶ μέτρον）的东西比（它们的）对称性更美。① 关于把 τὸ περίμετρον［超出限度之物］识读为 περὶ μέτρον［关于限度/适度］，请参见我发表在1912年《古典哲学》（Classical Philosophy，1912，Vol. VII，p. 76）上的注释文章。	《斐勒布》66A：但是，首先，关于适度和中道……其次，关于对称性和美。

[150] 与《美诺》的对比	
《柏拉图探究》1000D：苏格拉底所唯一相信的智慧，就是他所说的对神性的和理智的存在的爱欲。对人类而言，这种智慧不是产生的或发现的，而是回忆的。②	《美诺》passim［各处］；例如81D。

与《米诺斯》的对比	
《论苏格拉底的精灵》593A：（假如有人不相信，）或者打算称天鹅，蛇，狗和马为"神圣的"，而不相信有些人是神圣的，是为诸神所爱的。（罗勇译文）	《米诺斯》319A：你不应当认为，某些石头、木头、鸟和蛇是神圣的，而人却不神圣。③

---

① ［译注］此处汉译参考了作者在这一文段下面所做的补充，即把 τὸ περίμετρον［超出限度之物］识读为 περὶ μέτρον［关于限度/适度］。
② ［译注］参见普鲁塔克《哲思与信仰：〈道德论集〉选译》，页191。
③ ［译注］参见柏拉图《柏拉图全集：中短篇作品》（下），页1325。

续表

与《米诺斯》的对比	
《忒修斯传》c.16：从这一件事看来，与一个以语言和文学见长的城市为敌，该是多么可悲的事。在雅典戏剧中，总是把米诺斯当作一个残忍暴虐的人，谩骂不止。尽管赫西俄德称他为"最高贵的人"，荷马称他为"宙斯的知心朋友"也都无济于事。悲剧作家们占了上风，他们利用讲台和舞台纷纷痛斥米诺斯。①	《米诺斯》320E：是由于某件事，最亲爱的朋友啊，如果你睿智（σωφρονῆς）的话，无论是你，还是其他所有爱惜好名声的人，都要提防这件事：绝不要招致任何诗人的嫉恨。……其实，米诺斯错就错在，他攻打的那个城邦，有着各式各样的聪明人，以及五花八门的诗人，尤其悲剧诗人——其他诗人也都在那里。……其实，由此也可以回答你的问题：为何米诺斯会变得声名狼藉。

与《帕默尼德》的对比	
《柏拉图探究》1002D：无论怎样，尽管"现在"被说成是没有部分的和不可分的，却同时出现在各个地方，世界上没有一个部分缺少"现在"。②	《帕默尼德》131B：它就像时日，是一旦同一，既能同时存在于各处，又绝不会自我分裂。

与《拉克斯》的对比	
《论廊下派的矛盾》1033B：因为，演说家——依据埃斯基涅斯——没有必要以这种方式称赞他（自己）和法律，就好像哲人的生活（没有必要）与（他的）言论和谐一致一样。	《拉克斯》188C-E。

---

① [译注] 参见普鲁塔克《希腊罗马名人传》，页16。
② [译注] 参见普鲁塔克《哲思与信仰：〈道德论集〉选译》，页201。

第三章　普鲁塔克与柏拉图之间的对比　　241

续表

与《拉克斯》的对比	
[151]《反科洛特斯：关于其他哲人》1117E：确实，苏格拉底说一套做一套。……因为，这些都不与苏格拉底的言论相符。	《拉克斯》188E；尤其是下文：在那里，我发现，它与美好的言论相符。

与《游徐弗伦》的对比	
《论无怒》459D：因为这不像诗人所说的："恐惧所及之处，敬畏随之而来；"而是相反，敬畏之人才会产生对纠正行为的恐惧。	《游徐弗伦》12A：我说的与那位作了这首诗的诗人刚好相反，他说："宙斯，这位造化万物之神，你不敢称说他，因为凡有恐惧，必有敬畏。" ……应该是"凡有敬畏，必有恐惧"。那些做什么事都心存敬畏和羞耻的人，不都害怕和恐惧得到坏名声吗？等等。①

与《欧叙德谟》的对比	
《论伦理德性》441E：为了（给灵魂）带来陶醉和抚慰。	《欧叙德谟》290A：陶醉和抚慰。

---

① [译注]参见普鲁塔克《哲思与信仰：〈道德论集〉选译》，页138。

	与《书简》的对比
《论皮提亚如今不再有韵律地发布神谕》397B：因为不动情感的和纯洁的东西不会让快乐靠近（或"不会容许快乐"）。	《书简》三（315C）：因为神性远远居于快乐和痛苦之上。[1]

---

[1] 在如下这样的一些例子中——那里的对比主要是思想上的对比，而且这种对比非常明显——但我并不认为有必要给出柏拉图的文本。我从这个列表中删掉了《列传》与柏拉图之间的以下这些对比（尽管辛特尼斯并未给出它们）；在每一个实例中，普鲁塔克都指名道姓地指向柏拉图，并且，这种参引在每一个实例中都非常明显：《努马传》(Life of Numa) c. 8—《理想国》373A；《德米特里俄斯传》(Life of Demetrius) c. 1—《理想国》491E；《地米斯托克利传》c. 4—《法义》706B；《努马传》c. 20—《法义》711E；《佩洛皮达斯传》(Life of Pelopidas) c. 18—《斐德若》255B；《伯里克利传》(Life of Pericles) c. 15—《斐德若》261A；《伯里克利传》c. 13—《高尔吉亚》455E；《地米斯托克利传》c. 32—《美诺》93D。

4 补遗

[152]《一个人如何能区诣媚者与朋友？》52C：柏拉图的数字和长方形（或"正方形"）。	《蒂迈欧》35B。亦可对比《一个人如何能区诣媚者与朋友？》52C——《蒂迈欧》53C 及以下。
《论已然式微的神谕》415F：由本原（ἀρχῆς）、最开始的两个平面、两个正方形（καὶ δυοῖν τετραγώνων）和两个立方体组成——柏拉图在（他的）灵魂的生成（ψυχογονία）中接受了这些数。①	
《论已然式微的神谕》436D：实际上，正如柏拉图声称的：看（ὁρᾶν）是由于来自我们眼睛的光亮与太阳之光的混合。	《蒂迈欧》45C。
《论伊希斯与俄赛里斯》372E：由柏拉图称之为护工和接受一切者（πανδεχής）。②	《蒂迈欧》51A，52D。

---

① [译注] 此处汉译依据洛布版《伦语》原文增加了"καὶ δυοῖν τετραγώνων（两个正方形）"这一内容（本书上述所录的原文中本没有），可参见 Plutarch, *Moralia*, Vol. V, p. 382。

② [译注] 或译作"柏拉图称她为'乳母'和'包含一切的女人'"，参见普鲁塔克《论埃及神学与哲学：伊希斯与俄赛里斯》，页 105。

续表

《论冷的本原》948B：（我们的）身体中被放入了不等边三角形的形态（σχηματισμῶν）。]	《蒂迈欧》53C。
《论已然式微的神谕》422F：在那里，柏拉图写下了（他自己的）言论，但却没有说出任何合理或可能的东西。	参考的是《蒂迈欧》55D。
《会饮的问题》616B：（他们）随意躺下而得到喂养。	《理想国》372D：（你，苏格拉底，建立了猪的城邦，）你有别的东西来养肥他们吗？
《残篇》XI：从未（有人说得比）普鲁塔克更美好，即不应让刚刚出生的（孩子）不运动，或不应将其放入不可移动之物中。	《法义》789CD。
[153]《残篇》XI：如柏拉图所说，神灵不与我们相交，但精灵会照管人类事物。	《会饮》202E。
《残篇》XXV：阿尔喀比亚德并没有因酒而喝醉，因为喝了同样多的酒的苏格拉底仍保持清醒。	《会饮》223。
《反科洛特斯：关于其他哲人》1107F：你知道：这人不是那些出自学园的人的权杖持有者，但却是柏拉图的最为疯狂的拥护者。	《斐多》69C。
《依循伊壁鸠鲁不可能快乐地生活》1103E：因为灵魂瞬间就被彻底毁掉，分崩四散，在身体解体之前就消逝了。①	那里可能是在提及《斐多》80CD中的论辩。

---

① [译注]参见普鲁塔克《古典共和精神的捍卫：普鲁塔克文选》，页39。

续表

《论神的延迟惩罚》555D：因此，如果死后灵魂根本就不存在，而死亡也就是所有奖赏和惩罚的终点，那么就更加有人会说：神灵是在轻柔而随随便便地攻击恶人，让他们迅速地受到惩罚和死去。	《斐多》107C：毕竟，倘若死就是一了百了，对坏人来说简直就是一笔意外之财：他们一死，在摆脱身体的同时，也连带让灵魂摆脱了他们的邪恶。
《论神的延迟惩罚》352B-C。	《斐多》107D。

在《年轻人应当如何听诗？》中，普鲁塔克引用了很多出现在柏拉图《理想国》379—391中的诗人的文段。正如赫斯曼夫人在其《希腊寓意解释之研究》(*Studies in Greek Allegorical Inlerpretation*，p.28 n.163)中所指出的，普鲁塔克在创作他自己的关于诗人的作品时，他心中所想的是《理想国》中的这一部分。

附录一　希拉德法词汇对照表

[译注]在本"对照表"中，译者仅收录了原文正文（不含第三章）中出现过的希、拉、德、法四个语种的专名和关键词，并各按语种的字母顺序排序。

希腊词汇对照

Αἰγύπτιος[埃及人]
Ἅιδης[哈得斯]
αἰθήρ[以太]
αἴσθησις[知觉]
Ἀκαδημαϊκούς[学园派]
ἀλήθεια[真理／真实]
ἀνάγκη[必然性]
ἀναθυμίασις[蒸汽]
ἀπαθία[不动情／摆脱情感]
ἀπειρία[无限]
ἄπειρον[阿派朗／无限]
ἄποιος[无限定]
ἀποκατάστασις[恢复]
ἀπορρόη[流溢物]
ἀρετή[德性]
ἀριθμός[数字／数]
ἁρμονία[和谐]
ἀρχή[本原]
Ἀττικός[阿提科斯]
Βροῦτος[布鲁图斯]
γαῖα[大地]
γένεσις[起源]
γῆ[大地／地球]
δαιμόνιον[精灵]
δαίμων[精灵]
διάστασις[延展]；διαστατός[延展]

附录一 希拉德法词汇对照表

Δίων[狄翁]
δυάs[双体]
δύναμιs[功能/能力]
εἶδοs[形式]
εἰκών[形象]
ἐκπύρωσιs[大火]
Ἕλλην[希腊人]
ἐπιστήμη[知识]
Ἔρωs[爱欲]
εὐθυόνειροs[做梦历历在目的人]
εὐλαβεία[小心谨慎]
Ζεύs[宙斯]
ἡδονή[快乐]
ἥλιοs[太阳]
ἠλύσιον[埃琉西昂]
θάτερον[他异(the Other)]
θεολογία[神学]
θεόs[神]
ἰδέα[理念]
Ἴσίs[伊希斯]
κάλλοs[美]
Κέλσοs[克里索]
κόσμοs[宇宙]
κρᾶσιs[气质]
κρίσιs[判断]
λήθη[勒忒(遗忘)]
λογισμόs[推理]

λόγοs[理性/思想/言辞]
μαντικόs[预言术]
μάντιs[先知]
μελαγχολικόs[黑胆汁的人]
μεταγγισμόs[轮回]
μετενσωματώσειs[转入另一个身体]
μηδὲν ἄγαν[勿过度]
μονάs[单体]
μυσταγωγόs[秘法师(引人入秘教者)]
νοῦs[理智]
νοῦs-δαίμων[理智—精灵]
Ξενοκράτηs[色诺克拉底]
οἰωνοπόλοs[占卜师]
οὐσία[实质/本质(substance/essence)]
ὄχημα[车辇/支撑物]
πάθοs[激情]
πλανήτηs[行星]
Πλάτων[柏拉图]
Πλατωνικόs[柏拉图主义者]
πνεῦμα[气息]
Πυθία[皮提亚]
Ῥαδάμανθυs[拉达曼提斯]
Σεβῆροs[西弗勒斯]
σελήνη[月球]
Σπέσιπποs[斯彪西波]
στιγμή[点]

σῶμα [身体]

ταὐτόν [同一（the Same）]

τελετή [秘仪]

τὸ ἀγαθόν [善的本原]

τὸ αἰσθητικόν [感知力]

τὸ ἄλογον καὶ φαντασιαστικόν [（灵魂的）非理性的和敏于接受印象的部分]

τὸ ἐπιθυμητικόν [欲望的部分]

τὸ θρεπτικόν [生长的本原]

τὸ θυμικὸν [血气部分]

τὸ θυμοειδές [血气的部分]

τὸ λογικόν [（灵魂的）理性部分)]

τὸ λογιστικόν [推理的部分]

τὸ λογιστικὸν καὶ φροντιστικόν [（灵魂的）推理的和思考的部分]

τὸ νοερὸν καὶ λογιστικόν [（灵魂的）有思想的和推理的部分]

τὸ νοητόν [可理知之物]

τὸ ὄν [存在]

τὸ παθητικὸν καὶ ἄλογον καὶ πολυπλανὲς καὶ ἄτακτον [（灵魂的）充满激情、无理性、到处漫游和无秩序的部分]

τὸ παθητικὸν καὶ ἄλογον [激情的和非理性的本原]

τὸ πρῶτον [第一本原]

τὸ φανταστικόν [想象力]

τὸ φρονοῦν [理智部分]

Τροφώνιος [特洛芬尼俄斯]

Τυφῶν [提丰]

ὕλη [物质 / 质料]

φιλανθρωπία [仁爱]

φιλοσοφία [哲学]

φιλόσοφος [哲人]

φύσις [自然]

ψυχή [灵魂]

Ὧρος [何鲁斯]

拉丁词汇对照

Anima [灵魂]

Chalcidius [卡尔西底乌斯]

Cicero [西塞罗]

Conflagrationis [世界大火]

Corpus [身体]

Diacosmesis [调整（διακόσμησις 的拉丁转写）]

Diversa [他异]

Duitas [双体]

Ecpyrosis [大火（ἐκπύρωσις 的拉丁转写）]

Essentia [本质]

Eudemus [欧德摩斯]

Forma [形式]

附录一　希拉德法词汇对照表

Idem [同一]
Lethe [遗忘（λήθη 的拉丁转写）]
Materialis [物质]
Melancholicoi [黑胆汁的人
（μελαγχολικοί 的拉丁转写）]
Mundus [世界]
Natura [自然]
Numerus [数]
Phaedo [《斐多》]
Plato [柏拉图]
Principium [本原]
Singularitas [单体]
Sol [太阳]
Stella [星辰]
Substantia [实质]

德语词汇对照

Akademisch [学园派]
Ausdehnung [延展（=διάστασις）]
Daimonion [精灵]
Dämon [精灵]
Andere [他异（=θάτερον）]
Selbig [同一（=ταὐτόν）]
Element [元素]
Gott [神]
Harmonisch [和谐的]

Logos [理性]
Natur [本性]
Peripatetisch [漫步学派]
Philosophie [哲学]
Platoniker [柏拉图主义者]
Platonisch [柏拉图式的]
Plutarch [普鲁塔克]
Posidonius [存在]
Schule [学派]
Seele [灵魂]
Socrates [苏格拉底]
Stoisch [廊下派]
Substanz [实质（=οὐσία）]
Welt [世界]
Weltseele [世界灵魂]
Wesen [本质]
Zahl [数字/数]

法语词汇对照

Corps [身体]
Autre [他异]
Même [同一]
Essence [本质]
Âme [灵魂]
Posidonius [波希多尼乌斯]
Speusippus [斯彪西波]

附录二 普鲁塔克《伦语》篇目

[译注] 本篇目采取"希—拉—英—汉"对照,所收录的《伦语》篇目及其顺序均参照洛布版《伦语》。以下文第 3 个篇目([A] Περὶ τοῦ ἀκούειν │ [B1] *De recta ratione audiendi* / [B3] *De audiendo*([B2] *De aud.*) │ [C] *On listening to lectures*)为例,这其中,希腊语篇名([A])、拉丁语篇名([B1])和英语篇名([C])均采自洛布版《伦语》。而在"拉丁语篇名"一项中,笔者另行补充了该篇目在现今西方学界通行的文献名缩写([B2]),以及该篇目可能同时并存着的另一个拉丁语篇名([B3],仅少数篇目才有),这两个信息均出自 Greert Roskam 所著《普鲁塔克》(*Plutarch*, Cambridge: Cambridge University Press, 2021)一书的附录(List of Plutarch's Works)。至于所有篇目的汉译名则为笔者依据希腊语译出。

卷一

1. Περὶ παίδων ἀγωγῆς │ *De liberis educandis*(*De lib. educ.*) │ The education of children │《论孩子的教育》,1A–14C

2. Πῶς δεῖ τὸν νέον ποιημάτων ἀκούειν │ *Quomodo adolescens poetas audire debeat* / *De audiendis poetis*(*De aud. poet.*) │ How the young man should study poetry │《年轻人应当如何听诗?》,14D-37B

3. Περὶ τοῦ ἀκούειν | De recta ratione audiendi / De audiendo (De aud.) | On listening to lectures |《论倾听》, 37C-48D

4. Πῶς ἄν τις διακρίνειε τὸν κόλακα τοῦ φίλου | Quomodo adulator ab amico internoscatur / De adulatore et amico (De ad. et am.) | How to tell a flatterer from a friend |《一个人如何能区分谄媚者与朋友？》, 48E-74E

5. Πῶς ἄν τις αἴσθοιτο ἑαυτοῦ προκόπτοντος ἐπ' ἀρετῇ | Quomodo quis suos in virtute sentiat profectus / De profectibus in virtute (De prof. in virt.) | How a man may become aware of his progress of virtue |《一个人如何能意识到他自己在德性上的进步？》, 75A-86A

卷二

6. Πῶς ἄν τις ὑπ' ἐχθρῶν ὠφελοῖτο | De capienda ex inimicis utilitate (De cap. ex inim.) | How to profit by one's enimies《一个人如何能透过敌人获益？》, 86B-92F

7. Περὶ πολυφιλίας | De amicorum multitudine (De am. mult.) | On having many friends |《论多朋多友》, 93A-97B

8. Περὶ τύχης | De fortuna (De fortuna) | Chance |《论机运》, 97C-100A

9. Περὶ ἀρετῆς καὶ κακίας | De virtute et vitio (De virt. et vit.) | Virue and vice |《论德性与邪恶》, 100B-101E

10. Παραμυθητικὸς πρὸς Ἀπολλώνιον | Consolatio ad Apollonium (Cons. ad Apoll.) | A letter of condolence to Apollonius |《致阿波罗尼俄斯的吊唁信》, 101F-122A

11. Ὑγιεινὰ παραγγέλματα | De tuenda sanitate praecepta (De tuenda) | Adivice about keeping well |《健康教谕》, 122B-137E

12. Γαμικὰ παραγγέλματα | Coniugalia Praecepta (Con. praec.) | Adivice to bride and groom |《婚姻教谕》, 138A-146A

13. Τῶν ἑπτὰ σοφῶν συμπόσιον ｜ Septem sapientium convivium（Sept. sap. conv.） ｜ The dinner of the seven wise men ｜《七贤会饮》, 146B-164D

14. Περὶ δεισιδαιμονίας ｜ De superstitione（De sup.） ｜ Superstition ｜《论迷信》, 164E-171F

卷三

15. Ἀποφθέγματα βασιλέων καὶ στρατηγῶν ｜ Regum et imperatorum apophthegmata（Reg. et imp. apophth.） ｜ Sayings of kings and commanders ｜《国王与将领的格言》, 172A-194E

16. Ῥωμαίων Ἀποφθέγματα ｜（洛布本未附拉丁译名，而现今一般将其视为《国王与将领的格言》的后半部分）｜ Sayings of Romans ｜《罗马人的格言》, 194F-207E

17. Ἀποφθέγματα Λακωνικά ｜ Apophthegmata Laconica（Apophth. Lac.） ｜ Sayings of Spartans ｜《拉刻岱蒙人的格言》, 208A-236E

18. Τὰ παλαιὰ τῶν Λακεδαιμονίων ἐπιτηδεύματα ｜ Instituta Laconica（拉丁缩写同上，因现今一般将其视为《拉刻岱蒙人的格言》第二部分）｜ The ancient customs of the Spartans ｜《拉刻岱蒙的古代习俗》, 236F-240B

19. Λακαινῶν ἀποφθέγματα ｜ Lacaenarum Apophthegmata（拉丁缩写同上，因现今一般将其视为《拉刻岱蒙人的格言》第三部分）｜ Sayings of Spartan women ｜《拉刻岱蒙妇女的格言》, 240C-242D

20. Γυναικῶν ἀρεταί ｜ Mulierum virtutes（Mul. virt.） ｜ Bravery of women ｜《女人的德性》, 242E-263C

卷四

21. Αἴτια Ῥωμαϊκά ｜ Quaestiones Romanae（Quaest. Rom.） ｜ The Roman questions ｜《罗马诸事原由》（或《罗马问题》）, 263D-291C

22. Αἴτια Ἑλληνικά ｜ Quaestiones Graecae（Quaest. Graec.） ｜ The Greek

questions ｜《希腊诸事原由》(或《希腊问题》), 291D-304F

23. Συναγωγὴ ἱστοριῶν παραλλήλων Ἑλληνικῶν καὶ Ῥωμαϊκῶν ｜ Parallela Graeca et Romana (Parall. Graec. et Rom.) ｜ Greek and Roman parallel stories ｜《希腊和罗马的对比历史集锦》, 305A-316B

24. Περὶ τῆς Ῥωμαίων τύχης ｜ De fortuna Romanorum (De fort. Rom.) ｜ On the fortune of the Romans ｜《论罗马人的机运》, 316B-326C

25. Περὶ τῆς Ἀλεξάνδρου τύχης ἢ ἀρετῆς, λόγοι βʹ ｜ De Alexandri magni fortuna aut virtute (De Al. Magn. fort.) ｜ On the fortune or the virtue of Alexander ｜《论亚历山大的机运或德性》, 326D-345B

26. Πότερον Ἀθηναῖοι κατὰ πόλεμον ἢ κατὰ σοφίαν ἐνδοξότεροι ｜ Bellone an pace clariores fuerint Athenienses (Bellone an pace) ｜ Were the Athenians more famous in war or in wisdom? ｜《雅典人在战争方面还是在智慧方面更为有名？》, 345C-351B

卷五

27. Περὶ Ἴσιδος καὶ Ὀσίριδος ｜ De Iside et Osiride (De Is. et Os.) ｜ Isis and Osiris ｜《论伊希斯与俄赛里斯》, 351C-384C

28. Περὶ τοῦ ΕΙ τοῦ ἐν Δελφοῖς ｜ De E apud Delphos (De E) ｜ The E at Delphi ｜《论德尔斐的 E》, 384C-394C

29. Περὶ τοῦ μὴ χρᾶν ἔμμετρα νῦν τὴν Πυθίαν ｜ De Pythiae oraculis (De Pyth. or.) ｜ The oracles at Delphi no longer given in verse ｜《论皮提亚如今不再有韵律地发布神谕》, 394D-409D

30. Περὶ τῶν ἐκλελοιπότων χρηστηρίων ｜ De defectu oraculorum (De def. or.) ｜ The obsolescence of oracles ｜《论已然式微的神谕》, 409E-438E

卷六

31. Εἰ διδακτὸν ἡ ἀρετή ｜ An virtus doceri possit (An virt. doc.) ｜

Can virtue be tought? |《德性是否可教？》, 439A-440C

32. Περὶ τῆς ἠθικῆς ἀρετῆς | De virtute morali (De virt. mor.) | On moral virtue |《论伦理德性》, 440D-452D

33. Περὶ ἀοργησίας | De cohibenda ira (De coh. ira) | On the control of anger |《论无怒》, 452E-464D

34. Περὶ εὐθυμίας | De tranquilitate animi (De tranq. an.) | On tranquillity of mind |《论心静》, 464E-477F

35. Περὶ φιλαδελφίας | De fraterno amore (De frat. am.) | On brotherly love |《论兄弟之爱》, 478A-492D

36. Περὶ τῆς εἰς τὰ ἔκγονα φιλοστοργίας | De amore prolis (De am. prol.) | On affection for offspring |《论对子女的深情厚爱》, 493A-497E

37. Εἰ αὐτάρκης ἡ κακία πρὸς κακοδαιμονίαν | An vitiositas ad infelicitatem sufficia (An vitiositas) | Whether vice be sufficient to cause unhappiness |《邪恶是否足以导致不幸？》, 498A-500A

38. Πότερον τὰ τῆς ψυχῆς ἢ τὰ τοῦ σώματος πάθη χείρονα | Animine an corporis affectiones sint peiores (Animine an corp.) | Whether the affections of the soul are worse than those of the body |《灵魂的激情还是肉体的激情更恶劣？》, 500B-502A

39. Περὶ ἀδολεσχίας | De garrulitate (De gar.) | Concerning talkativeness |《论饶舌》, 502B-515A

40. Περὶ πολυπραγμοσύνης | De curiositate (De cur.) | On being a busybody |《论多管闲事》, 515B-523B

卷七

41. Περὶ φιλοπλουτίας | De cupiditate divitiarum (De cup. div.) | On love of wealth |《论爱财》, 523C-528B

42. Περὶ δυσωπίας | De vitioso pudore (De vit. pud.) | On compliancy |

《论羞怯》，528C-536D

43. Περὶ φθόνου καὶ μίσους ｜ De invidia et odio (De inv. et od.) ｜ On envy and hate ｜《论嫉妒与憎恨》，536E-538E

44. Περὶ τοῦ ἑαυτὸν ἐπαινεῖν ἀνεπιφθόνως ｜ De se ipsum citra invidiam laudando (De se ipsum laud.) ｜ On praising oneself inoffensively ｜《论不招人忌妒地自我称赞》，539A-547F

45. Περὶ τῶν ὑπὸ τοῦ θείου βραδέως τιμωρουμένων ｜ De sera numinis vindicta (De sera num.) ｜ On the delays of the divine vengeance ｜《论神的延迟惩罚》，548A-568A

46. Περὶ εἱμαρμένης ｜ De fato (De fato) ｜ On fate ｜《论命运》，568B-574F

47. Περὶ τοῦ Σωκράτους δαιμονίου ｜ De genio Socratis (De genio Socr.) ｜ On the signs of Socrates ｜《论苏格拉底的精灵》，575A-598F

48. Περὶ φυγῆς ｜ De exilio (De exilio) ｜ On exile ｜《论流放》，599A-607F

49. Παραμυθητικὸς πρὸς τὴν γυναῖκα ｜ Consolatio ad uxorem (Cons. ad ux.) ｜ Consolation to his wife ｜《致妻子的吊唁信》，608A-612B

卷八

50. Συμποσιακῶν προβλημάτων βιβλία ς´ ｜ Quaestionum convivalium libri vi (Quaest. conv.) ｜ Table-talk, books I-VI ｜《会饮的问题》(卷1—6)，612C-697B

卷九

[50] Συμποσιακῶν προβλημάτων βιβλία γ´ ｜ Quaestionum convivalium libri iii (Quaest. conv.) ｜ Table-talk, books VII-IX ｜《会饮的问题》(卷7—9)，697C-748D

51. Ἐρωτικός | Amatorius (Amatorius) | The dialogue of love | 《爱欲对话》, 748E-771E

卷十

52. Ἐρωτικαὶ διηγήσεις | Amatoriae narrationes (Am. narr.) | Love story | 《爱欲叙事》, 771E-775E

53. Περὶ τοῦ ὅτι μάλιστα τοῖς ἡγεμόσι δεῖ τὸν φιλόσοφον διαλέγεσθαι | Maxime cum principbus philosopho esse diserendum (Maxime cum principibus) | That a philosopher ought to converse especially with men in power | 《论哲人尤其应当与统治者交谈》, 776A-779C

54. Πρὸς ἡγεμόνα ἀπαίδευτον | Ad principem ineruditum (Ad princ. iner.) | To an uneducated ruler | 《致未受教育的统治者》, 779C-782F

55. Εἰ πρεσβυτέρῳ πολιτευτέον | An seni respublica gerenda sit (An seni) | Whether an old man should engage in public affairs | 《老人是否应该从政？》, 783A-797F

56. Πολιτικὰ παραγγέλματα | Praecepta gerendae reipublicae (Praec. ger. reip.) | Precepts of statecraft | 《政治教谕》, 798A-825F

57. Περὶ μοναρχίας καὶ δημοκρατίας καὶ ὀλιγαρχίας | De unius in republica dominatione, populari statu, et paucorum imperio (De unius) | On monarchy, democracy, and oligarchy | 《论君主制、民主制和寡头制》, 826A-827C

58. Περὶ τοῦ μὴ δεῖν δανείζεσθαι | De vitando aere alieno (De vit. aer.) | That we ought not to borrow | 《论不应当借贷》, 827D-832A

59. Περὶ τῶν δέκα ῥητόρων | Vitae decem oratorum (Dec. or. vit.) | Lives of the ten orators | 《论十个演说家》, 832B-852E

60. Συγκρίσεως Ἀριστοφάνους καὶ Μενάνδρου ἐπιτομή | Comparationis Aristophanis et Menandri compendium (Comp. Ar. et Men.) | Summary of a comparison between Aristophanes and Menander | 《阿里斯托芬和米南达的对比摘要》,

853A-854D

卷十一

61. Περὶ τῆς Ἡροδότου κακοηθείας ｜ De Herodoti malignitate（De Her. mal.）｜ On the malice of Herodotus ｜《论希罗多德的恶意》, 854E-874C

[增 补] Περὶ τῶν ἀρεσκόντων τοῖς φιλοσόφοις βιβλία ε′ ｜ De placitis philosophorum libri V（Plac. philos.） ｜ Five books on the doctrines of the philosophers（伪篇，洛布本未收录）｜《论哲人喜爱的自然哲学教诲》, 874D-911C

62. Αἰτίαι φυσικαί ｜ Quaestiones Naturales（Quaest. nat.） ｜ Causes of natural phenomena ｜《自然诸事原由》(或《自然问题》), 911C-919E

卷十二

63. Περὶ τοῦ ἐμφαινομένου προσώπου τῷ κύκλῳ τῆς σελήνης ｜ De facie quae in orbe lunae apparet（De facie）｜ Concering the face which appears in the orb of the moon ｜《论月球中显现出来的面貌》(或《论月面》), 920A-945D

64. Περὶ τοῦ πρώτως ψυχροῦ ｜ De primo frigido（De prim. frig.） ｜ On the principle of cold ｜《论冷的本原》, 945E-955C

65. Περὶ τοῦ πότερον ὕδωρ ἢ πῦρ χρησιμώτερον ｜ Aquane an ignis sit utilior（Aqua an ignis）｜ Whether fire or water is more useful ｜《论火还是水更有用？》, 955D-958E

66. Πότερα τῶν ζῴων φρονιμώτερα τὰ χερσαῖα ἢ τὰ ἔνυδρα ｜ Terrestriane an aquatilia animalia sint callidiora / De sollertia animalium（De soll. an.） ｜ Whether land or sea animals are cleverer ｜《陆生生物还是水生生物更明智？》, 959A-985C

67. Περὶ τοῦ τὰ ἄλογα λόγῳ χρῆσθαι ｜ Bruta animalia ratione uti / Gryllus（Gryllus） ｜ Beasts are rational ｜《论无理性的[动物]对理性的运用》,

985D-992E

68. Περὶ σαρκοφαγίας λόγοι β′ | *De esu carnium orationes ii* (*De esu*) | On the eating of flesh | 《论肉食》, 993A-999B

卷十三 · 上册

69. Πλατωνικὰ ζητήματα | *Platonicae quaestiones / Quaestiones Platonicae* (*Quaest. Plat.*) | Platonic questions |《柏拉图探究》, 999C-1011E

70. Περὶ τῆς ἐν Τιμαίῳ ψυχογονίας | *De animae procreatione in Timaeo* (*De an. procr.*) | On the generation of the soul in the Timaeus |《论〈蒂迈欧〉中灵魂的产生》, 1012A-1030C

71. Ἐπιτομὴ τοῦ περὶ τῆς ἐν τῷ Τιμαίῳ ψυχογονίας | *Compendium libri de animae procreatione in Timaeo / Epitome libri de animae procreatione in Timaeo* | Epitome of the treatise, "On the generation of the soul in the Timaeus" |《"论〈蒂迈欧〉中灵魂的产生"的摘要》, 1030D-1032F

卷十三 · 下册

72. Περὶ Στωικῶν ἐναντιωμάτων | *De Stoicorum repugnantiis* (*De Stoic. rep.*) | On Stoic self-contradictions |《论廊下派的矛盾》, 1033A-1057C

73. Σύνοψις τοῦ ὅτι παραδοξότερα οἱ Στωικοὶ τῶν ποιητῶν λέγουσι | *Compendium Argumenti Stoicos absurdiora poetis dicere / Stoicos absurdiora poetis dicere* (*Stoic. absurd. poet.*) | Conspectus of the essay, "The Stoics talk more paradoxically than the poets" |《"廊下派言说得比诗人更为悖谬" 概览》, 1057C-1058D

74. Περὶ τῶν κοινῶν ἐννοιῶν πρὸς τοὺς Στωικούς | *De communibus notitiis adversus Stoicos* (*De comm. not.*) | Against the Stoics on common conceptions |《论共同概念：反廊下派》, 1058E-1086B

卷十四

75. Ὅτι οὐδὲ ζῆν ἔστιν ἡδέως κατ' Ἐπίκουρον | *Non posse suaviter vivi secundum Epicurum*（*Non posse*）| *That Epicurus actually makes a pleasant life impossible* |《依循伊壁鸠鲁不可能快乐地生活》, 1086C-1107C

76. Πρὸς Κωλώτην ὑπὲρ τῶν ἄλλων φιλοσόφων | *Adversus Colotem*（*Adv. Col.*）| *Reply to Colotes in defence of the other philosophers* |《反科洛特斯：关于其他哲人》, 1107D-1127E

77. Εἰ καλῶς εἴρηται τὸ λάθε βιώσας | *An Recte Dictum Sit Latenter Esse Vivendum* / *De latenter vivendo*（*De lat. viv.*）| *Is "live unknown" a wise precept?* |《隐秘无闻地生活是否可以说就是美好地生活？》, 1128A-1130E

78. Περὶ μουσικῆς | *De musica*（*De mus.*）| *On music* |《论音乐》, 1131A-1147A

卷十五

Fragmenta（*fr.*）| 残篇

附录三　普鲁塔克《对比列传》篇目

[译注]本篇目采取"希—拉—英—汉"对照，所收录的《对比列传》篇目及其顺序均参照洛布版《对比列传》（Plutarch's *Parallel Lives*，共 11 卷）。以第一篇（[A] Θησεύς ｜ [B1] *Vita Thesei* ／ [B2] *Theseus*（[B3] *Thes.*）｜ [C] *Theseus* ｜ [D]《忒修斯传》）为例，这其中，希腊语篇名（[A]）、英语篇名（[C]）取自洛布版《对比列传》，拉丁语篇名（[B1]）取自近代的两个《对比列传》版本（这些篇名现今虽不常用但会出现在 20 世纪以前的文献中），拉丁语篇名（[B2]及其对应的文献名缩写（[B3]）则普遍为现今的西方学界所采用，相关信息参见 Greert Roskam 所著《普鲁塔克》（*Plutarch*, Cambridge: Cambridge University Press, 2021）一书的附录（List of Plutarch's Works）。至于汉语篇名（[D]），则是译者基于商务版《希腊罗马名人传》中的"译名对照表"，并结合其他信息（包括希腊语原文、学界已出《对比列传》研究论著等）综合考量后的结果。

卷一

1. Θησεύς ｜ *Vita Thesei* ／ *Theseus*（*Thes.*）｜ *Theseus* ｜《忒修斯传》
2. Ῥωμύλος ｜ *Vita Romuli* ／ *Romulus*（*Rom.*）｜ *Romulus* ｜《罗慕洛传》

—— Θησέως καὶ Ῥωμύλου Σύγκρισις ｜ Comparatio Thesei cum Romulo / Comparatio Thesei et Romuli（Comp. Thes. et Rom.） ｜ Comparison of Theseus and Romulus ｜《忒修斯与罗慕洛的对比》

3. Λυκοῦργος ｜ Vita Lycurgi / Lycurgus（Lyc.） ｜ Lycurgus ｜《吕库古传》

4. Νομᾶς ｜ Vita Numae / Numa（Num.） ｜ Numa ｜《努马传》

—— Λυκούργου καὶ Νομᾶ Σύγκρισις ｜ Comparatio Lycurgi cum Numa / Comparatio Lycurgi et Numae（Comp. Lyc. et Num.） ｜ Comparison of Lycurgus and Numa ｜《吕库古与努马的对比》

5. Σόλων ｜ Vita Solonis / Solon（Sol.） ｜ Solon ｜《梭伦传》

6. Ποπλικόλας ｜ Vita Puplicolae / Publicola（Publ.） ｜ Publicola ｜《普布利科拉传》

—— Σόλωνος καὶ Ποπλικόλα Σύγκρισις ｜ Comparatio Solonis cum Puplicola / Comparatio Solonis et Publicolae（Comp. Sol. et Publ.） ｜ Comparison of Solon and Publicola ｜《梭伦与普布利科拉的对比》

卷二

7. Θεμιστοκλῆς ｜ Vita Themistoclis / Themistocles（Them.） ｜ Themistocles ｜《地米斯托克利传》

8. Κάμιλλος ｜ Vita Camilli / Camillus（Cam.） ｜ Camillus ｜《卡米卢斯传》

——（现无"对比"内容存世）

9. Ἀριστείδης ｜ Vita Aristidis / Aristides（Arist.） ｜ Aristides ｜《阿里斯泰德传》

10. Μάρκος Κάτων ｜ Vita Catonis / Cato Maior（Ca. Ma.） ｜ Cato Major ｜《马可·伽图传》

—— Ἀριστείδου καὶ Κάτωνος Σύγκρισις ｜ Comparatio Aristidis cum Catone Maiore / Comparatio Aristidis et Catonis（Comp. Arist. et Ca. Ma.） ｜ Comparison of Aristides and Cato Major ｜《阿里斯泰德与马可·伽图的对比》

11. Κίμων ｜ *Vita Cimonis / Cimon*（*Cim.*）｜ Cimon ｜《客蒙传》

12. Λούκουλλος ｜ *Vita Luculli / Lucullus*（*Luc.*）｜ Lucullus ｜《卢库卢斯传》

——Κίμωνος καὶ Λουκούλλου Σύγκρισις ｜ *Comparatio Cimonis cum Lucullo / Comparatio Cimonis et Luculli*（*Comp. Cim. et Luc.*）｜ Comparison of Cimon and Lucullus ｜《客蒙与卢库卢斯的对比》

卷三

13. Περικλῆς ｜ *Vita Periclis / Pericles*（*Per.*）｜ Pericles ｜《伯里克利传》

14. Φάβιος Μάξιμος ｜ *Vita Fabii / Fabius Maximus*（*Fab.*）｜ Fabius Maximus ｜《法比乌斯·马克西穆斯传》

——Περικλέους καὶ Φαβίου Μαξίμου Σύγκρισις ｜ *Comparatio Periclis cum Fabio Maximo / Comparatio Periclis et Fabii Maximi*（*Comp. Per. et Fab.*）｜ Comparison of Pericles and Fabius Maximus ｜《伯里克利与法比乌斯·马克西穆斯的对比》

15. Νικίας ｜ *Vita Niciae / Nicias*（*Nic.*）｜ Nicias ｜《尼基阿斯传》

16. Κράσσος ｜ *Vita Crassi / Crassus*（*Crass.*）｜ Crassus ｜《克拉苏传》

——Νικίου καὶ Κράσσου Σύγκρισις ｜ *Comparatio Niciae cum Crasso / Comparatio Niciae et Crassi*（*Comp. Nic. et Crass.*）｜ Comparison of Nicias and Crassus ｜《尼基阿斯与克拉苏的对比》

卷四

17. Ἀλκιβιάδης ｜ *Vita Alcibiadis / Alcibiades*（*Alc.*）｜ Alcibiades ｜《阿尔喀比亚德传》

18. Γάϊος Μάρκιος ｜ *Vita Coriolani / Marcius Coriolanus*（*Cor.*）｜ Caius Marcius Coriolanus ｜《盖乌斯·马基乌斯·科里奥拉努斯传》

——Ἀλκιβιάδου καὶ Κοριολάνου Σύγκρισις ｜ *Comparatio Alcibiadis cum*

Coriolano / Comparatio Marcii Coriolani et Alcibiadis（Comp. Cor. et Alc.）｜ Comparison of Alcibiades and Coriolanus｜《阿尔喀比亚德与科里奥拉努斯的对比》

19. Λύσανδρος ｜ Vita Lysandri / Lysander（Lys.）｜ Lysander ｜《吕山德传》

20. Σύλλας ｜ Vita Sullae / Sulla（Sull.）｜ Sulla ｜《苏拉传》

—— Λυσάνδρου καὶ Σύλλα Σύγκρισις ｜ Comparatio Lysandri cum Sylla / Comparatio Lysandri et Sullae（Comp. Lys. et Sull.）｜ Comparison of Lysander and Sulla ｜《吕山德与苏拉的对比》

卷五

21. Ἀγησίλαος ｜ Vita Agesilai / Agesilaus（Ages.）｜ Agesilaus ｜《阿格西劳斯传》

22. Πομπήϊος ｜ Vita Pompeii / Pompeius（Pomp.）｜ Pompey ｜《庞培传》

—— Ἀγησιλάου καὶ Πομπηΐου Σύγκρισις ｜ Comparatio Agesilai cum Pompeio / Comparatio Agesilai et Pompeii（Comp. Ages. et Pomp.）｜ Comparison of Agesilaus and Pompey ｜《阿格西劳斯与庞培的对比》

23. Πελοπίδας ｜ Vita Pelopidae / Pelopidas（Pel.）｜ Pelopidas ｜《佩洛皮达斯传》

24. Μάρκελλος ｜ Vita Marcelli / Marcellus（Marc.）｜ Marcellus ｜《马克卢斯传》

—— Πελοπίδου καὶ Μαρκέλλου Σύγκρισις ｜ Comparatio Pelopidae cum Marcello / Comparatio Pelopidae et Marcelli（Comp. Pel. et Marc.）｜ Comparison of Pelopidas and Marcellus ｜《佩洛皮达斯与马克卢斯的对比》

卷六

25. Δίων ｜ Vita Dionis / Dion（Dion）｜ Dion ｜《狄翁传》

26. Βροῦτος ｜ Vita Bruti / Brutus（Brut.）｜ Brutus ｜《布鲁图斯传》

—— Δίωνος καὶ Βρούτου Σύγκρισις ｜ Comparatio Dionis cum Bruto ／ Comparatio Dionis et Bruti（Comp. Dion. et Brut.） ｜ Comparison of Dion and Brutus ｜《狄翁与布鲁图斯的对比》

27. Τιμολέων ｜ Vita Timoleontis Timoleon（Tim.） ／ ｜ Timoleon ｜《提摩勒昂传》

28. Αἰμίλιος Παῦλος ｜ Vita Aemilii ／ Aemilius Paulus（Aem.） ｜ Aemilius Paulus ｜《埃米利乌斯·保卢斯传》

—— Τιμολέοντος καὶ Παύλου Αἰμιλίου Σύγκρισις ｜ Comparatio Timoleontis cum P. Aemilio ／ Comparatio Aemilii Pauli et Timoleontis（Comp. Aem. et Tim.） ｜ Comparison of Timoleon and Aemilius ｜《提摩勒昂与埃米利乌斯的对比》

卷七

29. Δημοσθένης ｜ Vita Demosthenis ／ Demosthenes（Dem.） ｜ Demosthenes ｜《德摩斯梯尼传》

30. Κικέρων ｜ Vita Ciceronis ／ Cicero（Cic.） ｜ Cicero ｜《西塞罗传》

—— Δημοσθένους καὶ Κικέρωνος Σύγκρισις ｜ Comparatio Demosthenis cum Cicerone ／ Comparatio Demosthenis et Ciceronis（Comp. Dem. et Cic.） ｜ Comparison of Demosthenes and Cicero ｜《德摩斯梯尼与西塞罗的对比》

31. Ἀλέξανδρος ｜ Vita Alexandri ／ Alexander（Alex.） ｜ Alexander ｜《亚历山大传》

32. Γ. Καῖσαρ ｜ Vita Caesaris ／ Caesar（Caes.） ｜ Caesar ｜《凯撒传》
—— （现无"对比"内容存世）

卷八

33. Σερτώριος ｜ Vita Sertorii ／ Sertorius（Sert.） ｜ Sertorius ｜《塞尔托里乌斯传》

34. Εὐμένης ｜ Vita Eumenis ／ Eumenes（Eum.） ｜ Eumenes ｜《欧迈尼

斯传》

——Σερτωρίου καὶ Εὐμένους Σύγκρισις ｜ Comparatio Sertorii cum Eumene / Comparatio Sertorii et Eumenis（Comp. Sert. et Eum.） ｜ Comparison of Sertorius and Eumenes ｜《塞尔托里乌斯与欧迈尼斯的对比》

35. Φωκίων ｜ Vita Phocionis / Phocion（Phoc.） ｜ Phocion ｜《福基翁传》

36. Κάτων ｜ Vita Catonis / Cato Minor（Ca. Mi.） ｜ Cato the Younger ｜《伽图传》

——（现无"对比"内容存世）

卷九

37. Δημήτριος ｜ Vita Demetrii / Demetrius（Demetr.） ｜ Demetrius ｜《德米特里俄斯传》

38. Ἀντώνιος ｜ Vita Antonii / Antonius（Ant.） ｜ Antony ｜《安东尼传》

——Δημητρίου καὶ Ἀντωνίου Σύγκρισις ｜ Comparatio Demetrii cum Antonio / Comparatio Demetrii et Antonii（Comp. Demetr. et Ant.） ｜ Comparison of Demetrius and Antony ｜《德米特里俄斯和安东尼的对比》

39. Πύρρος ｜ Vita Pyrrhi / Pyrrhus（Pyrrh.） ｜ Pyrrhus ｜《皮洛士传》

40. Γάϊος Μάριος ｜ Vita Marii / Caius Marius（Mar.） ｜ Gaius Marius ｜《盖乌斯·马略传》

——（现无"对比"内容存世）

卷十

41-42. Ἆγις καὶ Κλεομένης ｜ Vita Agidis；Vita Cleomenis / Agis/Cleomenes（Agis/Cleom.） ｜ Agis and Cleomenes ｜《阿基斯和克勒奥墨涅斯传》

43-44.Τιβέριος καὶ Γάϊος Γράγχοι（Τ. Γράγχος；Γ. Γράγχος） ｜ Vita Tib. Gracchi；Vita C. Gracchi / Tiberius Gracchus/Caius Gracchus（TG/CG） ｜ Tiberius and Gaius Gracchus ｜《提比略·格拉古和盖乌斯·格拉古传》

—— Ἄγιδος καὶ Κλεομένους καὶ Γράγχων Σύγκρισις | Comparatio Agidis et Cleomenis cum Gracchis / Comparatio Agidis et Cleomenis cum Tiberio et Caio Graccho (Comp. Ag., Cleom. et Gracch.) | Comparison of Agis and Cleomenes and the Gracchi | 《阿基斯、克勒奥墨涅斯与格拉古［兄弟］的对比》

45. Φιλοποίμην | Vita Philopoemenis / Philopoemen (Phil.) | Philopoemon | 《斐洛泼门传》

46. Τίτος | Vita Flaminini / Titus Flamininus (Flam.) | 《提图斯·弗拉米尼努斯》

—— Φιλοποίμενος καὶ Τίτου Σύγκρισις | Comparatio Philopoemenis cum T. Quintio Flaminio / Comparatio Philopoemenis et Titi Flaminini (Comp. Phil. et Flam.) | Comparison of Philopoemon and Titus | 《斐洛泼门与提图斯·弗拉米尼努斯的对比》

卷十一（非对比性的单人传记）

47. Ἄρατος | Vita Arati / Aratus (Arat.) | Aratus | 《阿拉托斯传》

48. Ἀρτοξέρξης | Vita Artaxerxis / Artaxerxes (Art.) | Artaxerxes | 《阿塔薛西斯传》

49. Γάλβας | Vita Galbae / Galba (Galba) | Galba | 《伽尔巴传》

50. Ὄθων | Vita Othonis / Otho (Oth.) | Otho | 《奥托传》